내 인생의 나침반

내 인생의 나침반

발행일	2020년 6월 30일

지은이	소이원		
펴낸이	손형국		
펴낸곳	(주)북랩		
편집인	선일영	편집	강대건, 최예은, 최승헌, 김경무, 이예지
디자인	이현수, 한수희, 김민하, 김윤주, 허지혜	제작	박기성, 황동현, 구성우, 권태련
마케팅	김회란, 박진관, 장은별		
출판등록	2004. 12. 1(제2012-000051호)		
주소	서울특별시 금천구 가산디지털 1로 168, 우림라이온스밸리 B동 B113~114호, C동 B101호		
홈페이지	www.book.co.kr		
전화번호	(02)2026-5777	팩스	(02)2026-5747

ISBN 979-11-6539-292-5 03300 (종이책)　　　　979-11-6539-293-2 05300 (전자책)

이 도서의 국립중앙도서관 출판예정도서목록(CIP)은 서지정보유통지원시스템 홈페이지(http://seoji.nl.go.kr)와
국가자료공동목록시스템(http://www.nl.go.kr/kolisnet)에서 이용하실 수 있습니다.
(CIP제어번호: 2020026879)

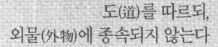

도(道)를 따르되,
외물(外物)에 종속되지 않는다

내 인생의
나침반

소이원 지음

인생의 사막에서 길을 잃지 않기 위해서는
성현의 가르침을 나침반 삼는 지혜가 필요하다.

욕망에 물들지 않고 도를 따라 사는 방법을 배운다면
마음에 걸림이 없는 인생을 살게 될 것이다.

북랩 book Lab

서언

사람, 삶이라는 말은 인간의 존재와 살아가는 모습을 나타내는 고유의 우리말이다. 사람은 살려고 하고, 살고 있으며, 살아가고 있는 삶을 지속하는 존재라는 의미이다. 한자에서 유래된 인생(人生)이란 단어도 사람의 삶을 말한다. 또한, 인생과 관련하여 생로병사(生老病死), 인생무상(人生無常)이라는 용어가 많이 사용된다. 생로병사는 사람은 세상에 태어나고 나이가 들면서 성장하고 늙고 노쇠해지며 병들고 죽는다는 의미이며, 인생의 진행 순서를 함축적으로 표현하는 단어이다. 인생무상은 사람의 삶은 일정하고 고정된 상태로 머물러 있지 않고 변화를 거듭하면서 진행되며 인생 자체가 덧없고 무상하다는 의미로 사용되기도 한다. 현대를 '100세 시대'라고 한다. 전후 세대의 한 사람인 필자의 나이도 어느덧 60대 중반에 접어들었다. 나이는 숫자에 불과하다는 말이 있지만, 모든 사람이 100세를 산다면, 필자도 향후 30년 이상 더 살 수 있는 연령대이다. 그러나 같은 또래의 60대 중반에 이른 친구들로부터 부모상(父母喪)이 아니라 본인 상(喪)을 당했다는 소식을 가끔 듣게 된다. 당황하고 놀란 마음에 장례식장에 가서 문상을 하다 보면 젊은 시절 친구들과의 추억을 회상하면서 생로병사와 인생무상이라는 말의 의미를 현실적으로 체감한다. 삶과 죽음이라는 인생의 근본 문제에 대하여 생각에 잠기게 된다.

- 사람은 왜 태어나고, 성장하고, 늙고, 병들고, 죽는가?
- 사람이 산다는 것과 죽는다는 것의 의미는 무엇인가?
- 사람이 영원히 사는 길은 없는가?
- 나는 누구인가?
- 나의 인생에서 가장 소중한 것은 무엇인가?
- 사람은 무엇이며 사람답게 산다는 것은 어떤 의미인가?
- 어떻게 사는 것이 잘 사는 인생이며 보람된 삶인가?

필자가 앞에서 언급한 삶에 대한 의문과 고민은 인생에 관한 가장 근원적인 주제이며, 인류가 지구상에 출현한 이후 지금까지도 끊임없이 연구와 사색을 통해 해답을 구하기 위해 노력하고 있는 과제이다. 또한 종교, 철학, 과학 등 인간의 사유 활동을 통해 이루어지는 모든 학문이 추구하는 궁극적 목표이기도 하다. 인간의 바람직한 삶과 관련하여 일생 동안 호학역행(好學力行)의 자세로 독서와 사색을 통해 유가 사상을 정립하고, 인생정로(人生正路)를 제시하여 인류의 위대한 스승의 한 분으로 존경받는 공자는 논어에서 육십이이순(六十而耳順)이라고 했다. 글자 그대로는 '육십이 되니 귀가 순해지더라.'라는 의미이다. 이를 확대 해석하면 60대에 접어 드니 사람의 감각 기관을 통해서 접하게 되는 모든 외부적 자극에 순응하면서 걸림이 없고 부드러워진다는 의미로 생각할 수 있다. 또한, 사람이 사람답고 올바르게 살면 60대에는 이와 같은 경지에 도달한다는 의미로 해석할 수도 있다. 그렇다면 필자의 60대는 어떤 상태인가? 그동안 살아온 삶을 반추해 보고 남은 인생을 어떻게 살 것인가를 고민하면서 삶과 죽음, 바람직한 삶 등 인생의 근본 문제에 대하여 경험과 독서, 사색의 결과를 정리하고 글로 쓰게 되었다. 세상 모든 사람은 자신의 삶을 살아가면서 순간순간 다양한 형태의 인생 문제에 직면할 때마다 생각하고, 판단하고, 결심하고, 행동하면서 살아간다. 각 개인에게는 인간과 인생에 대한 가치관, 세계관에 따라서 각자 자기 나름대로 생각하고, 판단하고, 행동하는 기준이 있다. 스스로 택한 판단 기준에 따른 순간순간의 생각과 말, 행동의 결과가 누적되어 각자의 인생이 되며 그 결과도 각자의 책임이다. 그렇다면 모든 사람이 삶과 죽음이라는 인생의 근본 문제를 해결하고 순간순간 삶의 제반 문제에 직면할 때마다 올바르게 생각하고 판단하고 행동하는 데 기준이 되는 규범은 무엇일까? 인간의 발명품 중에 나침반이 있다. 나침반의 용도는 이동 시 방향을 알려 주는 것이다. 나침반이 발명됨으로써 인간은 육로, 바닷길, 하늘길을 이용하여 지구촌 곳곳을 다니면서도 방향을 잃지 않고 목적지까지 안전하게 이동할 수 있게 되었다.

내 인생의 나침반

그렇다면 사람이 살아가면서 순간순간 제반 삶의 문제에 직면할 때마다 올바르게 살아가는 데 도움이 되는 인생의 나침반은 무엇이며, 어디서 구할 수 있을까? 필자가 내린 결론은 모든 사람에게 통용될 수 있는 인생의 나침반은 성현들이 남긴 삶에 대한 가르침이며, 그것은 경전에서 구할 수 있다는 것이다. 이유는 경전에 제시된 인생에 대한 가르침은 인간의 유구한 삶의 역사가 진행되면서 다양한 경험과 지식이 축적되고 필자가 앞에서 의문을 품은 인생의 근본 문제와 지혜로운 삶에 대한 교훈이 집대성되어 문자의 형태로 현대에 전승되고 있기 때문이다. 이와 같은 맥락에서 필자는 책의 제목을 『내 인생의 나침반』이라고 하였다. 그리고 부제목으로 '도(道)를 따르되 외물(外物)에 종속되지 않는다.'라고 함께 표기하였다. 부제목에 언급된 도(道)란, 쉬엄쉬엄 갈 착(辵)과 머리 수(首)가 결합된 것으로 '쉬엄쉬엄 가서 궁극적으로 닿는 곳'이라는 어원에서 유래한다. 고대 중국에서는 '사람과 사회와 자연의 존재를 가장 근본적으로 지배하는 원리'라는 의미를 상징적으로 표현하는 글자로 사용되어 왔다.[1] 본 책에서도 '사람과 사회와 자연의 존재를 가장 근본적으로 지배하는 원리'라는 의미로 사용하였다. 외물(外物)이라는 말에는 '바깥 세계의 사물'이라는 의미도 있고, '마음에 접촉되는 객관적 세계에 존재하는 모든 대상(對象)'이라는

---

[1] 중국의 제자백가 사상의 뿌리는 도(道)에 있다. 道가 근본이 되어 天命, 物理, 人性으로 각각 발현된다고 본다. 도가에서는 因道全生, 유가는 化道成仁, 법가는 因道全法, 병가는 因道全勝을 각각 주장한다. 이와 같은 맥락에서 도는 모든 것에 통하며 하나로 귀일한다(道通爲一)는 사상 체계가 정립된 것으로 보인다.

의미도 있다. 본 책에서 부제목에 언급된 외물을 '마음에 접촉되는 객관적 세계에 존재하는 모든 대상(對象)'이라는 의미로 사용하였다. 책의 제목과 부제목이 나타내는 의미는 사람이 일생 동안 살면서 삶의 나침반으로서 순간순간 생각하고 판단하고 행동해야 할 때 적용하고 따라야 할 기준은 도(道)이며, 일체외물에 종속되지 않아야 한다는 것이다. 필자는 이와 같은 제목과 부제목이 의미하는 것에 중점을 두고 사람이 살아가면서 왜 외물에 종속되지 않고 도를 따르는 삶을 살아야 하는가에 대하여, 동양과 서양의 성현들이 인생정로(人生正路)로 정립하고 후대에 남긴 도를 구하고 (求道), 도를 얻고(化道), 도를 따르는(從道) 삶의 여정에 대하여 '1장 인간과 인생', '2장 선조들의 삶의 역사와 정신적 유산', '3장 21세기 물질문명과 현대인들의 인생정로'로 구분하여 각 장의 세부 주제를 선정하고 경전(經典)의 관련 내용을 중심으로 논의를 진행하고자 한다. 논의를 진행하면서 추가적인 설명이 요구되는 부분에는 독자들의 이해를 돕기 위해 각주에 언급하였으며, 필자가 본 책을 발간하면서 주로 참고한 관련 서적에 관한 문헌 정보는 참고 서적에 수록하였다.

그렇다면 도(道)란 무엇이며, 사람은 왜 도를 따라야 할까? 도가 사상의 기본 경전인 도덕경에서는 "위대하고 온전한 덕을 구비한 사람은 오직 도만을 따른다. 사람은 땅의 존재 원리를 따르고, 땅은 하늘의 존재 원리를 따르며, 하늘은 도를 따르고, 도는 자연 운

행 법칙 자체이며 스스로 존재한다."[2]라고 했다. 도(道)의 성격과
하늘과 땅과 사람의 관계에 대해 언급한 대목이다. 중용(中庸) 첫머
리에 "하늘이 명한 것을 성이라고 하며, 성을 따르는 것을 도라고
한다. 도에 이르기 위해 노력하는 것을 교라고 한다. 인간의 삶은
잠시라도 도에서 벗어날 수 없다. 벗어날 수 있다면 그것은 도가
아니다."[3]라는 구절이 있다. 중용은 논어, 맹자, 대학, 중용 등 유교
의 사서(四書) 가운데 철학적 성격이 짙은 책이다. 중용 첫 구절에
사람과 사회와 자연의 존재를 가장 근본적으로 지배하는 원리와
인간의 삶에 관한 내용이 언급되고 있음을 보여 주고 있다. 이것
은 성현들의 가르침이 인생의 근본 문제와 관련이 있다는 것을 시
사해 주는 상징적 구절이다. 첫 구절이 의미하는 바는 자연의 일
부인 인간의 삶은 자연의 근본 운행 법칙인 도에서 벗어날 수 없으
며, 따라서 도에서 벗어나지 않도록 학문과 수도를 통해 도를 얻고
도를 따르며 사는 것이 하늘이 자신에게 부여한 모든 것을 온전하
게 발현하면서 살아가는 참다운 인생이라는 것이다. 이와 같은 맥
락에서 육도삼략(六韜三略)에서도 "물고기가 물을 떠나서는 살 수
없듯이 사람은 도를 떠나서 살 수 없다. 따라서 군자는 항상 도에
서 벗어나지 않도록 삼가고 두려워한다."[4]라고 했다. 인간의 삶은
도에서 벗어날 수 없다는 것과 일상에서 도에서 벗어나지 않도록
삼가고 경계해야 한다는 뜻으로, 앞의 중용에서 언급된 내용과 같

---

2) 孔德之容, 唯道是從. 人法地, 地法天, 天法道, 道法自然.
3) 天命之謂性, 率性之謂道, 修道之謂敎, 道者也 不可須臾離也, 可離 非道也.
4) 夫人之在道, 若魚之在水, 得水而生, 失水而死, 故君子常懼而不敢失道.

은 맥락이다. 논어에 "아침에 도를 들으면 저녁에 죽어도 여한이 없다."[5]라는 말이 있다. 이것은 구도를 향한 굳센 마음가짐을 강조하는 의미이기도 하고, 도를 깨닫고 나면 생과 사를 초월한다는 의미이기도 하다. 또한, 사람이 살면서 도를 구하고 도를 얻는 것이 가장 의미 있고 보람된 일이라는 뜻이기도 하다. 중국의 전국 시대를 살면서 유학을 집대성한 순자는 "세상에 도는 하나이며, 성인은 두 마음을 지니지 않는다."[6]라고 했다. 의미는 사람과 사회와 자연의 존재를 가장 근본적으로 지배하는 원리는 하나로 귀일되며, 이것에 통달한 성인은 항상 마음이 한결같다는 것이다. 또한, "사람이 일생 동안 살면서 도에 이르는 것보다 더 크고 의미 있는 일은 없으며, 일생 동안 화를 당하지 않는 것보다 더 큰 복은 없다."[7]라고 했다.

불교 경전인 법구경에 "병이 없고 건강한 것이 가장 이로운 일이며, 만족을 아는 자가 최고 부자이다. 신뢰가 사회적 인간관계에서 최고의 덕목이며, 학문과 수도를 통해 불법(佛法)에 통달하여 진리의 상태에 머무르는 삶이 최고의 즐거움이다."[8]라는 가르침이 있다. 또한, "진리를 깨닫지 못한 상태의 백 년의 삶보다 불법의 핵심을 깨달은 사람의 단 하루의 삶이 더욱 위대하다."[9]라는 말이 있다. 고대 인도를 배경으로 하는 불교 사상에서는 불(佛), 법(法), 불

---

5) 朝聞道 夕死可矣.
6) 天下無二道, 聖人無兩心.
7) 神莫大於化道, 福莫長於無禍.
8) 無病最利, 知足最富, 厚爲最友, 泥洹最樂.
9) 若人壽百歲, 不知大道義, 不如生一日, 學推佛法要.

내 인생의 나침반

법(佛法), 불도(佛道)라는 용어가 사용된다. 이는 중국의 도(道)와 유사한 의미를 지닌다. 고대 중국과 인도 사상에서 공통으로 나타나는 것은 사람은 도, 불법에 따르는 삶을 살아야 하며, 도를 이루고 불법을 이루는 것이 어려운 일이지만 어려움을 극복하고 도를 이루는 것이 인생에서 가장 의미 있는 보람되고 기쁜 일이라는 것이다.

서양의 기독교 사상을 상징하는 경전의 하나인 마태복음에 "인간은 빵만으로는 살 수 없다. 신의 모든 말씀을 삶의 순간순간에 필요로 한다."[10]라는 말이 있다. 사람이 사람답게 산다는 것은 단순하게 식욕을 비롯한 육체적 욕구를 충족하는 동물적 수준이 아니라, 신의 모습을 닮은 자신의 인격을 완성하는 것이며 순간순간의 삶이 진리에 입각해야 한다는 의미로 해석할 수 있다. 또한, 누가복음에 "진정한 행복은 신의 말씀을 올바로 깨닫고, 신의 말씀에 따르는 삶"[11]이라고 했다. 서양의 신(God), 진리(眞理)라는 말의 의미는 앞에서 언급한 동양의 도(道)와 인(仁), 법(法)과 일맥상통하는 면이 있다. 비록 문자의 형태가 다르고 표현 기법과 관점이 다소 차이가 있을 수 있지만, 근본적 의미는 '하늘과 땅과 사람 등 우주 만물의 존재와 변화를 하나로 관통하는 궁극적 원리'라는 의미를 지니고 있다.[12] 이와 같은 맥락에서 동양과 서양 구분 없이 도

---

10) Human beings can not live on bread alone, but needs every word that God speaks.
11) Happy are those who hear the word of God and obey it.
12) 존재의 궁극적 실체에 관해 역사·문화적 전통에 따라 하느님, 道, 仁, 天命, 佛, 眞如, 氣, 여호와, God, 알라, truth, self 등 여러 가지 용어 및 문자로 표현되고 있다.

에 따르는 삶, 신의 말씀에 따르는 삶, 진리에 입각한 삶, 진리를 알고 진리와 하나 되어 진리에 합치되는 삶을 사는 것이 인생에서 가장 보람되고 최고의 가치를 지니며 으뜸 되는 일이라는 것이 정립되어 세대를 이어서 교훈으로 전해지고 있는 것으로 보인다.[13]

 사람은 역사적, 사회적, 문화적 존재이다. 21세기에 살고 있는 현대인들의 삶도 유구한 선조들의 축적된 삶의 지혜와 역사적·문화적으로 연결되어 있다. 인간은 세상에 태어나면서 부모가 물려준 생물학적 유전 체계와 함께 선조들의 역사적·문화적 유산도 함께 물려받고 삶을 시작한다. 온고지신(溫故知新), 법고창신(法故創新)이라는 말이 있듯이, 모든 것을 처음부터 시작할 필요 없이 옛것을 참조하여 새롭게 하면서 살아갈 수 있으니 다행한 일이 아닐 수 없다. 인류의 삶의 경험은 아주 오래전부터 시작되고 축적되어 왔다. 지구상에 살기 시작한 현생 인류의 역사는 아프리카 에티오피아 일대에서 약 400만 년 전에 출현하여 오랫동안 진화 과정을 거쳐 현대에 이른 것으로 알려져 있다. 인류의 조상은 최초에 아프리카 대지구대에서 생활하다가 빙하기와 간빙기 등 주기적인 지구 환경 변화 및 생존 여건의 변화에 따라 적응했다. 물과 음식을 구하고, 추위와 각종 재해와 재난으로부터 안전을 보장받고 생존을 지속하기 위해 보다 나은 생존 환경을 찾아서 지구촌 전체로 이동을 하면서 다양한 생활 형태를 낳고 문명을 이루면서 오늘날에 이르게

---

13) 이와 같은 맥락에서 동양에서는 '依道不依人, 依法不依人', 서양에서는 'The only guidance is the guidance of the God'이라는 가르침이 정립된 것으로 보인다.

내 인생의 나침반

되었다. 인류는 생각하는, 사회적 동물이라는 정체성을 바탕으로 생각하는 능력과 정교한 사회적 공동체를 건설하고 다양한 환경에서 살아남았다. 인간의 집단 생활 경험과 지혜가 체계적으로 계승·발전되면서 인구가 증가하고, 밭을 경작하고 도시를 건설하는 등 인간의 영역과 인위적 요소가 비약적으로 증대해 갔다. 인간의 삶은 소규모 공동체를 이루어 자연 상태에서 이동하면서 식량의 수집과 채집을 위주로 하던 방식에서 대규모 공동체를 이루고 일정한 곳에 정착해 경작을 통해 식량을 생산하는 방식으로 발전해 온 것이다. 오늘날 인류는 큰 하천 주변에 정착해 대규모 집단을 이루면서 본격적으로 발전하게 되었다. 이를 문화(文化), 문명(文明)이라고 한다. 나일강 유역의 이집트 문명, 티그리스강과 유프라테스강 주변의 메소포타미아 문명, 인더스강과 갠지스강 일대의 인더스 문명, 황허강과 장강 주변의 황허 문명 등이 대표적이다. 한반도에서도 동아시아 문명 태동과 함께 서로 영향을 주고받으며 문명 단계로 접어든 것으로 알려지고 있다. 이들 문명은 시간이 경과함에 따라 이주 교역 전쟁이라는 다양한 형태의 상호 작용이 활발하게 이루어지면서 서로가 영향을 주고받았다. 인간이 이룬 문화와 문명은 인간의 삶을 풍요롭게 하고 편리하게 하는 긍정적인 기여도 했지만, 전쟁과 파괴 경쟁, 갈등 권력, 지배와 피지배, 빈부격차, 사회적 신분과 역할에 따른 차별과 고통 등 심각한 부작용도 발생했다. 이는 인간 삶의 방식이 단순함에서 복잡함으로, 소규모에서 대규모로 변했고, 느리고 여유로운 상태에서 빠르고 각박해지는 방향으로 진행되었음을 의미한다. 또한, 원시 상태의 단순하고 소박하고 순수했던 인간의 삶이 점점 더 인위적이고 작위적인 요소가 추가되어 복잡하고 혼탁해지고 세속적인 요소가 누적되었다는 것을 의미한다. 구약 성경 창세기에 언급된 아담과 이브가 에덴동산에서 뱀의 유혹으로 선악과를 먹은 사건은 최초 인류 공동체의 소박하고 단순하고 순수했던 삶이 시간이 경과하면서 인위적이고 세속적인 요소가 누적되었다는 것을 상징적으로 보여 주고 있다. 이는 인간이 일체외물의 유혹에 빠질 수 있는 속성을 지니고 있다는 것을 의미하기도 한다.[14] 그리고 이러한 사회적인 변화와 발전에 상응하여 점차 세계의 기원과 인간의 본성을 탐구하는 철학적인 사유도 발전하게 되어 다양한 사상과 종교 철학이 등장하였다. 많은 사상가와 종교인들 가운데 각 지역을 대표하는 인물과 사상의 예로는 중국의 제자백가 사상과 공자의 유교 사상, 인도 철학과 석가모니의 불교 사상, 그리스의 소크라테스, 플라톤, 아리스토텔레스로 이어지는 인간 철학을 들 수 있다. 불교와 유교는 동양 사상의 두 원류를 이루어 이후 2,000여 년간 동양 문화를 꽃피우게 하였으며, 그리스 철학은 서양 철학의 웅대한 전형을 이루고 기독교 사상과 이슬람 사상에도 영향을 미치면서 서구인들의 삶에 지대한 영향을 미치면서 현대에 이르렀다. 이와 같은 유구한 인류 문명

---

14) 이와 같은 인간의 속성을 불경에서는 마(魔, Mara), 성경에서는 죄(罪, sins) 등 다양하게 표현하고 있다. 항마성도(降魔成道), 'Turn away from sins, Kingdom of Heaven is near.'라는 말은 인간의 유혹에 빠지기 쉬운 마음의 상태를 극복하여 더 이상 마(魔)에 유혹당하지 않는 상태를 이루어야 한다는 의미이다.

내 인생의 나침반

사적 맥락에서 역사적, 사회적, 문화적으로 오랫동안 축적된 지혜가 성현(聖賢)들의 출현과 함께 집대성되고 꽃을 피우면서 바람직한 삶에 대한 기준을 정립하고 후세에 전하게 되었다.

그렇다면 인류 역사상 관념이나 이론의 세계가 아닌, 실제 현실에서 경전의 가르침과 같은 삶을 산 인물이 있을까? 인격이 완성된 사람을 성인(聖人)이라고 한다. 성인이란 귀(耳)+입(口)+왕[王=一(하늘)+一(땅)+一(사람)+丨(뚫을 곤)]이 합쳐서 만든 글자이다. 뜻은 하늘과 땅과 사람의 존재 실상과 세상 이치에 통달하고 순간순간의 생각과 말, 행동을 자연의 존재 원리에 부합되게 하는 사람이라는 의미이다.[15] 공자는 논어에서 "70대에 이르니 내 마음이 하고 싶은 대로 행동해도 법도에 어긋남이 없이 살게 되었다."라고 한다.[16] 이것은 공자의 일상생활에서의 생각과 말, 행동이 법도에 어긋남이 없이 자연의 운행 법칙과 동일한 상태가 되었다는 것을 뜻하며, 인간이 이룰 수 있는 최상(最上), 최적(最適)의 경지에 도달한 것을 표현한 것이다.[17] 또한, 일상생활에서 삶의 문제를 해결하기 위한 순간순간 생각하고 판단하고 행동하는 모든 것이 자연법칙에 부응하면서 균형과 조화, 자연스러움을 유지하게 되었다는 의미이기도

15) 서양의 예언자(預言者, Prophet: 신을 대신하여 신의 말씀을 인간에게 전하는 사람)라는 말도 이와 비슷한 의미이다. 동양은 누구나 노력하여 성인의 경지에 이를 수 있다는 입장이지만, 서양은 신이 선택하여 예언자를 보낸다는 입장이다.
16) 논어 위정편에 공자가 자신이 학문을 하면서 인격 완성을 이룩한 단계에 관해 연령대별로 '十有五 志于學, 三十而立, 四十而不惑, 五十而知天命, 六十而耳順, 七十而從心所慾不踰矩'라고 언급하고 있다.
17) 성인지도여천연(聖人之道如天然)이라는 표현처럼 인격이 완성된 성인은 천명(天命), 천도(天道)라는 자연의 존재 원리와 하나가 되어 자연스럽게 존재하는 상태가 되었다는 의미를 지닌다.

하다. 이른바 문도(聞道), 득도(得道), 화도(化道)를 성취한 것이다. 현대적인 의미로 해석하면 인격 완성과 자아 완성을 성취한 사람이라고 볼 수 있다. 인류 역사상 많은 성현이 출현했지만 인류의 4대 문명권을 대표하는 중국의 공자, 인도의 석가모니, 메소포타미아 문명권의 예수, 이집트의 무함마드가 대표적인 인물이다. 그리스의 소크라테스까지 포함해 이들을 문화적 관점에 따라서 4대 성인, 5대 성인으로 분류하기도 한다. 또한, 이들을 인격 완성을 이룬 성인(聖人)[18]으로 추앙하고 인류의 스승으로 여기고 있으며 사상과 가르침은 현대에 이르기까지 도덕과 윤리, 철학, 종교의 형태로 인류의 삶에 지대한 영향을 미치고 있다. 본 책에서는 제자백가 사상가 중 도(道)에 대한 사상을 정립한 노자를 포함하여 공자, 석가, 예수, 무함마드의 사상 및 가르침에 대해 중점적으로 논의한다. 성현들의 가르침은 구전 또는 문서의 형태로 후세에 전해지고 있는데, 동양에서는 경전(經傳)이라고 하며 서양에서는 Scripture, Bible이라고 한다. 동양의 경전으로는 중국에서 전래된 시경, 서경, 주역, 춘추, 예기 등 오경과 논어, 맹자, 대학, 중용 등 사서가 있으며, 인도에서 전래된 베다 경전, 우파니샤드와 불교 경전이 있다. 서양에는 구약 성서로 알려진 유대교의 기본 경전 토라(Torah)와 신약 성서로 알려진 가스펠(Gospel), 이슬람교의 기본 경전 코

---

18) 동양에서는 성인(聖人)이라고 하고, 서양에서는 예언자(Prophet)라고 한다. 본 책에서는 인격 완성을 이룬 사람이라는 의미로 사용한다.

란(Koran)이 있다.[19]

독일의 철학자 칼 야스퍼스(Karl Jaspers, 1883-1969)는 BC 8세기에서 AD 2세기까지 600여 년 동안 동양과 서양에서 동시다발적으로 발생한 사유의 창조적 혁명을 통해 정립된 새로운 윤리적·철학적·종교적 사상 체계의 출현을 인류 역사의 기축시대(基軸時代, axial age)라고 하였다. 이것은 인간이라는 사회적 동물이 어떻게 사는 것이 가장 바람직하고 인간다운 것인가를 안내하고, 판단하고, 비평하고, 반성하는 하나의 기준(基準)이 정립되었다는 것을 의미한다. 이와 같은 기준의 정립은 단순히 생활에 편의를 제공해 주는 특정 유형의 도구의 발명과는 차원이 다른 인간의 삶 전반을 아우르는 무형의 정신적 가치 기준 및 윤리 체계의 정립을 의미한다. 또한, 인류의 삶 전반에 일대 혁신의 계기를 마련하는 역사적 의미를 지닌다. 인류가 나침반을 올바른 방향을 식별하고 결정하는 판단 기준으로 삼을 수 있었듯이, 성현의 출현과 가르침의 정립은 이른바 올바른 인생을 위한 삶의 나침반인 것이다.

경전에 제시된 성현의 가르침은 현대인들에게도 삶에 대한 바른 길을 알려 주고 있다. 다음 내용은 동양과 서양의 현자들이 후대에 남긴 인생과 바람직한 삶에 관한 교훈이다. 필자가 이 책에서

---

19) 인격이 완성된 사람을 성인(聖人)이라고 하며, 그의 말씀을 경(經)이라고 한다. 성인이 되기 위해 노력하는 사람을 현인(賢人)이라고 하며, 그의 말씀을 전(傳)이라고 한다. 성경현전(聖經賢傳)을 줄여서 경전이라고 한다. 이슬람 문화에서는 큰 스승(Rasul)과 작은 스승(Nabi)으로 구분한다. 고전에서 "經에 이르기를", "傳에 이르기를", "Scripture says", "Philosopher says"이라고 인용되는 예가 많은데, 이는 경전에서 근거하고 있음을 뜻한다.

중심 주제로 논의하게 될 '도를 따르되 외물에 종속되지 않는다.'라는 문장의 의미를 이해하는 데 도움이 되었으면 하는 바람에서 서론부에 소개한다.

- 사람이 태어나고 죽는 생사 문제는 밤과 낮이 존재하는 것과 같은 일상적인 자연현상으로써 사람이 인위적으로 개입할 수 없는 자연의 섭리이다. 세상 만물의 모든 생멸 현상은 이와 같은 자연의 섭리에서 벗어날 수 없다.[20]
- 자연의 운행 법칙을 인위적으로 변경하지 말고, 일이 자연스럽게 이루어짐을 재촉하지 말라. 도에 넘치면 모두가 불필요한 덧붙임이 된다. 인위적인 변경과 재촉은 만사를 위태롭게 할 뿐이다. 자연의 운행 법칙을 따르면서 인위적으로 덧붙임 없는 삶을 살아야 한다. 중도를 생각과 말, 행동의 기준으로 삼고, 외물에 집착하지 않고 마음의 자연스러운 상태를 유지한다. 순간순간의 삶을 순리에 따른다. 그와 같은 경지에 이르면 삶과 죽음을 초월한 상태이다.[21]
- 대자연은 내 몸의 형체를 구성하여 세상에서 존재하게 하며, 몸을 움직이면서 생명을 이어가게 하고, 늙어가게 함으로써 나를 편안하게 하며, 죽음으로 나를 쉬게 한다. 인간의 생로병사는 대자연 생명 현상의 밤과 낮과 같은 것이다. 그러므

---

20) 死生命也, 其有夜旦之常, 天也. 人之有所不得與, 皆物之情也.
21) 無遷令, 無勸成, 過度益也. 遷令勸成殆事. 常因自然而不益生也. 緣督以爲經, 乘物以遊心, 安時而處順, 能入於不生不死.

내 인생의 나침반

로 자신의 삶을 사랑하는 사람은 자신의 죽음도 사랑한다.[22]

- 사람이 태어나서 살아가는 것은 한 조각의 구름이 피어나는 것과 같고, 사람이 죽는다는 것은 한 조각의 구름이 흩어지는 것과 같다. 하늘의 구름은 먼지와 물방울이 모여 생기는 것으로, 그 자체는 실체가 없다. 사람이 태어나고 죽는 것도 이와 같다. 예로부터 이와 같은 자연의 진리를 체득한 진인은 태어남을 기뻐하지도 않고, 죽음을 싫어하지도 않았다. 사람이 수도를 통해 이와 같은 경지에 도달하면 죽음을 극복하고 영원히 자연과 함께 존재하게 된다.[23]

- 태어나는 것이 삶이고 돌아가는 것이 죽음이다. 온전한 삶을 사는 사람도 열 사람 중 세 사람이고, 온전한 죽음을 맞는 사람도 열 사람 중 세 사람이다. 사람이 살아가면서 스스로 죽음을 재촉하는 사람도 열 사람 중 세 사람이다. 왜 그럴까? 그것은 너무 잘 살아 보겠다고 인위적으로 무리하기 때문이다. 진정으로 삶을 올바르게 사는 사람은 죽음을 재촉하지 않은 삶을 사는 것이다.[24]

- 인생은 끊임없이 흐르는 거센 강물과 같다. 거센 강물을 건너는 지혜는 머무르지도 않고, 애쓰지도 않는 것이다. 머무르면 강물에 가라앉고, 애쓰면 강물에 휩쓸린다. 순간순간 어떻게

---

22) 夫大塊, 載我以形, 勞我以生, 佚我以老, 息我以死, 故善吾生者, 乃所以善吾死也.
23) 生也一片浮雲起, 死也一片浮雲滅. 浮雲自體本無實, 生死去來亦如然. 故之眞人, 不知悅生, 不知惡死. 能入於不死不生.
24) 出生, 入死. 生之徒, 十有三. 死之徒, 十有三. 人之生, 動之死地, 亦十有三. 夫何故? 以其生生之厚. 善攝生者, 以其無死地.

머무르지도 않고 애쓰지도 않는 상태를 유지할 것인가? 생각을 하되 생각에 머무르지 말고, 어디에도 집착함이 없는 마음 상태를 유지하라.[25]

• 사람이 따라야 할 최고의 삶에 대한 지침은 신의 뜻을 따르는 것이다. 네 삶에서 순간순간 생각하고 말하고 행동하는 모든 것이 신의 뜻 그 자체이도록 하라.[26]

이와 같은 동양과 서양의 인생에 대한 바른길이 현대에까지 전승되고 있는 것은 무엇보다도 고대로부터 전승되어 오던 다양한 삶의 지혜를 술이부작(述而不作), 온고이지신(溫故而知新)[27]의 정신으로 집대성하고 체계적으로 정립하여 당대의 사람들에게 전파하고 확산한 성현들의 역할이 크다. 그러나 이를 전수받은 사람들이 기억하고 가르침을 후세에 전달하고 또 후세의 뜻있는 사람들이 이를 결집하여 문서의 형태로 오늘날까지 전해질 수 있도록 노력했다는 사실도 결코 과소평가할 수 없다. 따라서 고전이란 선조들의 모든 삶의 경험과 지혜 그리고 후손들의 마음이 녹아 있는 정신적 유산이라고 할 수 있다. 이는 고대로부터 문자를 만든 사람의 마음과 삶의 지혜를 집대성한 사람의 마음 그리고 가르침을 후대에 전해 준 사람의 마음이 모두 하나로 연결되어 있는 것이다.

---

25) 乘物以遊心. 應無所住而生起心.
26) The only guidance is the guidance of the God. Letting God be God in you.
27) 예로부터 전해지는 성현의 가르침을 자의적으로 변경하거나 의도적으로 왜곡하지
     않고 있는 그대로 서술하되, 현실에 맞게 새롭게 한다는 의미이다.

내 인생의 나침반

이를 현대에 맞춰 온고지신하여 당대에 실천하고, 나아가 후세에
도 전하는 것은 현대를 살고 있는 모든 사람에게 주어진 삶의 권
리이고 축복이면서 의무와 책임이다. 이와 같은 맥락에서 고전에
서 전하고 있는 가르침에 군자는 돈독한 믿음으로 학문에 뜻을 두
고 근본에 힘쓰면서 도를 이룬다. 세상에 나아가면 원칙과 능력에
기반하여 자신의 직분을 완수하여 국가와 사회 발전에 기여하고
공동체 구성원들과 함께 선을 구현하고 업적을 세워 후세에 모범
이 되게 한다. 그리고 여건이 불비하고 뜻을 펼칠 수 없으면 물러
나서 학문에 정진하면서 조용히 자신의 인격 완성을 위해 노력하
면서 스스로 올바름을 유지하고 자신이 살아온 삶의 경험과 학문
성과를 후진들에게 전수하고 남겨서 후세에 참고가 되게 해야 한
다는 교훈이 전해진다.[28] 그리고 학문을 완성하여 도를 이루고 외
부의 평판이나 외물의 유혹에 추호의 동요도 없이 오직 도를 따라
서 사는 것이 최고의 삶의 목표이며 인격이 완성된 성인만이 할 수
있는 최고의 경지로 숭상되었다.[29]

현대 사회는 물질 숭배 사상과 인간의 도구적 이성이 강조되면
서 돈, 과학 기술, 상품 개발 및 판매, 이익의 극대화가 삶의 핵심
가치로 등장하였다. 이와 연계되어 물질문명이 고도로 발달하고
사회적 관계가 매우 복잡하며 인간성 상실과 소외 현상이 심화되

---

28) 중국 고전에서 바람직한 인간상을 군자라고 하고, 군자의 인생정로에 대해 "君子
     篤信好學, 務本化道. 進出, 以道事職, 行道求時, 兼善天下, 立功垂後. 不可則退 ,
     隱居求志, 獨善其身, 立言垂後."를 일관되게 강조해 왔다.
29) 人不知而不慍不亦君子乎, 君子 依乎中庸, 遁世不見之而不悔, 唯聖者能之.

고 삶이 점점 더 권력, 부, 명예 등 외물(外物)의 지배를 받는 정도가 심해지고 있다. 또한, 권력과 부, 명예를 더 많이 차지하기 위한 무한 경쟁이 심화되고 있으며 고전에 제시된 "덕(德)이 근본이고 재(財)는 말단이다."[30], "도(道)를 따르며 외물(外物)에 종속되지 않는다."[31]라는 가르침에 따라 인생을 사는 것은 시대착오적이며 비현실적이라는 사고방식이 팽배해지고 있다.[32] 그러나 삶이 성현들의 가르침에서 멀어질수록 더욱 스트레스가 심하고, 고통스럽고, 비극적 결말을 맺는 안타까운 모습을 주변에서 자주 보게 된다. 왜 그럴까? 성현들이 후세에 전한 인생 전반에 대한 교훈은 역사적 인물의 일회적 인생 경험에 의해 작성된 가벼운 삶의 경험담이 아니다. 성현들의 가르침은 인류의 유구한 삶의 역사적 경험과 지혜가 농축되고 교훈이 집대성된 바람직한 삶에 대한 간결하고도 상식(Common Sense)적이며 보편적 인간성(Common Humanity)과 우주적 공통성(Cosmic Community)을 구비한 심오한 윤리 체계이며 진리를 내포하고 있기 때문이다. 특히, 인류의 위대한 스승으로 추앙되며 각 문명권을 대표하는 석가, 공자, 예수, 무함마드 등의 성현은 인간, 사회, 자연, 삶과 죽음 등 인생의 근본 문제에 대

---

30) 대학(大學)에 제시된 "德本財末, 外本內末, 爭民施奪(덕이 근본이고 재물은 말단인데 본말이 전도되면 사람들은 재물을 더 차지하기 위해 서로 싸우는 세상이 된다)."을 말한다.

31) 依道不依人, 君子役物, 小人 役於物.

32) 오늘날 정치적으로는 자유 민주주의, 경제적으로는 자본주의 시장 경제 체제를 기반으로 하는 삶의 패러다임을 신자유주의라고 한다. 이는 태생적으로 물질 숭배 사상이 강하고 권력과 부와 명예를 더 많이 획득하기 위한 무한 경쟁의 삶을 강요한다.

내 인생의 나침반

하여 깊은 철학적 고민과 성찰을 하면서 도를 구하고(求道), 도를 얻고(得道), 도를 따르는 삶(從道)을 살았다. 사회적 동물로서 인간, 사회, 자연의 존재 원리에 대해 사람이 도달할 수 있는 최상최적(最上最適)의 경지에 도달한 이들이라 할 수 있다. 등산에 비유하자면 지금껏 아무도 시도해 보지 못한 지구상에서 가장 높은 산맥, 히말라야 최고봉 등정에 성공한 후 그 경험과 등산 안내 지도를 후대에 남긴 것이다. 지구촌 각 문명권의 특색에 따라 문자와 표현 방법은 상이하지만, 모두가 인생에 대한 최고의 가르침을 후대에 전하고 있다는 것은 동일하다. 그러나 현대인들의 삶은 황금만능주의가 지배하면서 물질문명에 집착하고 경전의 가르침을 경시하고 외물 지향적 무한 경쟁의 방식에 함몰되어 있다. 물질 숭배 사상이 강하고 황금만능주의가 팽배한 현대 사회에서 외물(外物)에 지배당하면서 무한 경쟁적 삶을 고통스럽게 영위해야 하는 굴레에서 벗어나 자유롭게 인간답게 살 길은 무엇인가? "도는 높을수록 편안함이 더해지고, 세는 높을수록 위험이 증가한다."[33]라는 교훈이 상징하듯이 성현들의 가르침에 인생의 올바른 방향과 처방전이 이미 제시되어 있다.

그렇다면 어떻게 해야 자신의 인격을 완성하고 도를 따라서 자연과 영원히 함께하는 삶을 영위할 수 있을까? 장자 내편에 "도는 모든 것에 통하여 하나로 귀일되는데 오직 도를 터득한 자만이 이

---

33) 道高益安, 勢高益危.

에 이를 수 있다."[34]라고 했다. 사람이 세상에 태어나서 자신의 인격을 완성하는 것은 결코 쉬운 일이 아니다. 유교 경전을 집대성한 순자는 경전에 제시된 성현의 말씀을 올바르게 이해하기 위한 학문의 중요성을 강조하면서 "끈이 짧은 두레박으로는 깊은 샘의 물을 길을 수 없고, 지혜가 부족한 사람은 성인의 말씀을 제대로 이해할 수가 없다."[35]라고 했다. 나침반을 사용하는 방법을 올바르게 알아야 이를 실제로 적용할 수 있듯이, 깊은 우물 속의 깨끗한 물을 얻기 위해서는 두레박 끈을 늘이는 노력을 게을리해서는 아니된다. 또한, 논어에 "사람이 스스로 노력으로 도를 넓혀 가는 것이지, 사람은 노력하지 않는데 도가 저절로 사람을 완성하지는 않는다."[36]라고 했다. 자업자득(自業自得)이라는 말이 의미하듯이 나침반으로 방향을 판단해서 목적지까지 도착하는 것은 스스로 노력해야 하는 일이며, 이것은 그 누구도 대신해 줄 수 없다. 중용에서는 "오직 천하의 지극한 성실함만이 자신이 하늘로부터 부여받은 성(性)을 다할 수 있으며, 오직 천하의 지극한 성실함만이 도에 이를 수 있다."[37]라고 했다. 도에 이르는 데 안일한 지름길은 없으며, 오직 자신의 성실한 노력만이 바른길이라는 의미이다. 그리고 고전에 제시된 성현들의 가르침을 현대적으로 적용하면서 반드시 명심해야 할 것이 있다. 금강경에서 "불교 경전에서 언급하고 있는 모

---

34)　道通爲一, 唯達道者知通爲一.
35)　短經不可以汲深井之泉, 知不幾者 不可與及聖人之言.
36)　人能弘道, 非道弘人.
37)　중용 22~23장. 唯天下至誠 爲能盡其性, 唯天下至誠 能能化.

　　　　　　　　　　　　　　　　　내 인생의 나침반

든 가르침은 달을 가리키는 손가락과 같은 것이며, 석가모니 부처님이 행한 모든 설법은 강을 건너기 위한 뗏목과 같은 것이다."[38]라고 했다. 이는 경전은 진리 자체가 아니라 성현들이 체험한 진리에 대한 문자로 표시된 지식 체계에 불과하니 문자와 지식에 함몰되는 어리석음을 범하지 말고 스스로 의미를 올바로 깨달아야 한다는 것이다.[39] 또한, 후대에 전해지고 있는 경전은 등산 안내서, 나침반, 교통 표지판, 처방전에 비유할 수도 있다. 따라서 공부를 통해 경전의 지식만 이해하는 것은 나침반의 사용 방법만 아는 것과 같다. 나침반을 사용해서 대양과 대륙을 건너 목적지에 도달해야 의미가 있으며, 등산 안내 표시판을 보고 본인이 직접 에베레스트 산 정상에 올라야 진정한 목적을 달성하는 것이다. 처방전에 따라 약을 정성스럽게 복용해야 건강 회복 및 증진 효과를 볼 수 있는 것이다. 본 책이 삶에서 길을 찾기 어려울 때 스스로 도를 구하고(求道), 도를 얻고(得道), 도와 함께(從道)하면서 인생의 주인공으로서 자유롭고, 자연스럽게 불후와 영생의 보람된 인생을 살아가는 데 도움을 주는 나침반이 되기를 기원한다.

마지막으로 외국에서 학업에 정진하고 있는 아들과 며느리가 건강에 유념하면서 어려움을 잘 극복하고 학문적 성취를 이루기를 응원한다. 또한, 2019년 9월 7일에 태어나 첫돌을 맞이한 손녀 아린이의 생일을 축하한다. 앞으로 건강하고 예쁘게 성장하여 자신

---

38) 佛典敎說 標月直指, 知我說法 如筏喩者.
39) 견지망월지우(見指忘月之愚): 달을 보지 못하고 손가락만 보는 어리석음을 의미한다.

을 완성하고, 이웃을 사랑하며, 자연과 함께하면서 행복한 삶을
살아가기를 기원한다.

단기 4353년, 서기 2020년 9월 7일

소이원

차례

제1장

인간과 인생

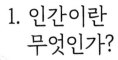

1. 인간이란 무엇인가?

가. 생각하는 존재

'사람의 특성과 고유성, 정체성과 관련된 인간이란 무엇인가?' 이와 관련하여 여러 가지로 설명할 수 있겠지만 가장 먼저 언급할 내용은 사람은 생각하는 존재라는 것이다. 이는 사람에 관한 동양과 서양의 명칭에서도 잘 나타나고 있다. 먼저, 고대 인도인들은 인간을 마누사(Manusya)라고 했다. 산스크리트어 마누(manu)는 '생각하다'라는 의미이다. 따라서 마누사란 생각하는 존재를 뜻한다. 또한, 그리스어로 인간을 뜻하는 안드로포스(anthropos)는 'haopope(자기가 본 것)'와 'anathrein(탐구하다)'이 결합된 것으로 알려졌다. 자신이 본 것을 탐구하고 유추하며 상징화할 수 있는 동물이라는 뜻이다.[40] 그리고 인간이 생각하는 존재라는 것

---

40) 인류학이라는 용어 'anthropology' 어원이다.

은 현대의 현생 인류를 뜻하는 학술 용어가 호모 사피엔스 사피엔스(Homo Sapiens Sapiens)인 것에도 잘 나타난다. 지성인(知性人, Human Wise Wise)은 용어 자체가 사람이 사유 능력을 지닌, 생각하는 존재라는 것을 상징적으로 표현하고 있다. 이와 같이 인간을 의미하는 단어는 동서양을 불문하고 사람을 생각하는 존재로 규정하고 있다.

한편, 영어 사전에서는 현생 인류의 특징을 "두 발로 직립보행을 하고, 뇌 용량이 1,400~1,600cc 정도이며 언어를 사용하고 복잡한 도구를 제작하고 활용할 줄 아는 종"[41]이라고 기술하고 있다. 현생 인류의 특징을 직립보행, 뇌 용량의 크기, 언어 및 도구 사용으로 기술하고 있는데 이것 역시 생각하는 존재와 관련이 있다. 인간은 다른 동물과 비교 시 신체 크기에 비해 상대적으로 뇌의 용량과 기능이 가장 큰 유기체로 알려져 있다. 두뇌 용량과 사유 능력, 언어 및 도구 사용에 관한 언급은 생각하는 존재로서의 인간의 정체성을 나타내는 상징적인 요소 중 하나이다. 특히, 서양에서 제정된 인간에 관한 용어는 개인의 정신적 역량, 사고력, 이성적 능력에 주안을 두고 정립된 듯하다. 이와 같은 맥락에서 소크라테스, 플라톤은 "인간은 이성적 동물"이라고 했다.[42] 이는 서양의 지적·사

---

41) Homo Sapiens Sapiens(知性人): the species of bipedal primates to which modern humans belong, characterized by a brain capacity averaging 1400cc and by dependence upon language and the creation and utilization of complex tools.
42) 이성(理性), 오성(悟性), 지능(知能) 등 다양한 용어가 사용되지만 모두가 인간의 생각하는 능력과 관련된 것으로 보인다.

상적 전통의 중요한 요소를 점하고 있는 개인주의, 이성주의, 인간 존엄 사상으로 이어진다. 이와 같은 생각하는 존재로서의 인간의 특징에 관하여 파스칼은 "생각하는 갈대"라고 했다. 파스칼(Blaise Pascal, 1623-1662)은 그의 저서 『팡세』에서 "인간은 우주에서 보면 갈대처럼 약한 존재이지만 인간의 생각하는 능력은 인간을 위대하게 만든다. 왜냐하면 인간의 생각 속에는 모든 것을 다 포용할 수 있기 때문이다."라고 했다. 프랑스 조각가 로댕은 그의 작품 〈생각하는 사람〉을 통해 이를 상징적으로 잘 표현했다.

그리고 한자어 '생각할 사(思)'는 인간의 뇌 모양(田)과 심장(心)이 결합한 것이다. 따라서 인간의 사유 활동은 두뇌와 심장의 상호 작용 상태를 뜻하는 것으로 볼 수 있다. 이는 사람의 생각하는 모든 활동이 인체에서 가장 중요한 두 기관인 심장과 두뇌의 상호 작용으로 이루어지는 것을 표현하는 글자로, 사회적 동물의 정체성을 가장 잘 나타낸다.[43] 이와 같은 맥락에서 불교 화엄경에 '일체유심조(一切唯心造)', 법화경에 '일념삼천(一念三千)'이라는 말이 있다. 또한, 의상대사의 「법성게」에는 시공간적으로 무한대의 모든 것이 인간의 한 생각에 달려 있다는 말이 있다.[44] 표현 방법은 다르지만 모두가 인간은 생각하는 존재이며 인간의 생각 속에 시공간과 우주의 모든 것이 포용된다는 의미로 이해할 수 있다. 이와 같이 다

---

43) 인체의 신체 부위 상호 간 중요도를 단순하게 비교할 수는 없지만, 인체는 두뇌와 심장을 최우선으로 보호하고 건강을 유지하는 데 특별한 기제가 작동하는 것으로 알려져 있다. 이것은 뇌와 심장이 인체에서 차지하는 비중과 중요성이 매우 높다는 것을 의미한다.

44) 無量遠劫 卽一念, 一念卽時無量劫(무량원겁즉일념, 일념즉시무량겁).

내 인생의 나침반

른 동물이 환경과 직접 상호 작용하면서 기계적으로 반응하는 단순한 생존 활동을 하는 것과 달리 인간이 가진 고도의 생각하는 능력은 형이상학적이고 추상적인 생각과 상상력 등 생각의 폭을 계속 확장해 왔다. 인간은 권력과 부, 명예 등 세속적 개념으로부터 분리된 신, 이데아, 절대정신, 유토피아 등 현실적 삶의 고통과 어려움이 모두 극복된 이상 사회를 그리기도 했다. 이를 구현하기 위해 노력하는 다양한 종교, 철학, 정치, 사회, 문화, 과학을 발전시키기도 했다. 이와 같은 맥락에서 바라보면 오늘날 인간이 이룩한 학문적 성취도 모두가 생각의 결과물인 것이다.

불확정성 원리에 대한 연구로 노벨물리학상을 받은 독일의 물리학자 하이젠베르크(Werner Karl Heisenberg, 1901-1976)는 자연 과학을 연구하는 인간의 생각과 인식 과정 그리고 그 결과물의 속성에 대해 다음과 같이 주장했다.

"자연 과학은 엄밀하게 말하면 연구자가 100% 가치 중립성을 지니고 자연을 단순히 기술하고 설명하는 것이 아니다. 자연 과학의 모든 연구 활동은 연구자와 자연 사이에 일어나는 상호 작용의 일부이다. 과학자가 관찰하는 자연은 자연 그 자체가 아니라 연구자의 질문 방식에 따라 도출된 자연이다."

생각하는 존재인 사람이 자연을 관찰하고 연구하는 학문 활동의 실상을 꿰뚫고 표현한 말이다. 연구자인 인간과 연구 대상인 자연은 객관적으로 별도의 개체로 분리될 수 없으며, 단일한 상호 작용체로서 존재할 뿐이다. 따라서 현존하는 모든 과학, 예술, 문화는 모두 인간 생각의 결과물인 것이다. 그리고 인간의 모든 생각의 산물은 그 자체로 각각 고유의 의미가 있으며, 상호 존중되어야 한다. 상호 존중을 바탕으로 지속적 상호 작용을 통해 새로운 생각의 산물이 나타나기 때문이다.

그렇다면 인간은 왜 생각하는 능력이 우수한 종으로 진화했을까? 인류의 유구한 진화 역사를 개관해 보면 지구상에 인류가 출현한 이래 인간은 직립보행을 하기 전에는 나무 위, 숲속에서 살기에 적합하게 네 다리로 이동하고 두뇌도 현재보다는 용량이 적고 능력도 비교적 단순했던 것으로 알려졌다. 기후 변화로 나무와 숲속에서 더 이상 살 수 없는 환경이 도래하자 생존을 위한 대변화가 필요했다. 살아남기 위한 마지막 선택은 나무에서 내려와 평지에서 식량을 구하는 것이었다. 직립보행에 익숙하지 않던 인류에게 평지는 나무 위나 숲속보다 위험 요소가 많고 복잡했다. 인간은 더 멀리 보고 안전을 확보하기 위해 두 다리로 직립해서 걷기 시작했고, 안전과 식량을 효과적으로 확보하기 위해 협동하고 두뇌를 더 사용하기 시작했다. 신체적 한계를 극복하기 위해 손을 활용해서 도구를 제작하고 사회적 협력에 필요한 소통을 위해서는 입을 이용한 언어와 문자를 사용했다. 생각과 판단의 기능을 담당하는 뇌 용량도 커지고 마침내 직립보행을 완성했으며, 두 손은 더욱 정교한 도구를 제작할 수 있게 되었다. 이처럼 인간은 환경 변

내 인생의 나침반

화에 따라 생존하기 위해 두뇌 능력을 향상하는 진화 전략을 선택하고 이를 획기적으로 발달시켜서 신체적 약점과 한계를 극복하는 다양한 도구를 제작·활용했다. 또한, 사회적 존재로서 공동체 역량을 증진하기 위해 소통을 위한 언어와 문자를 사용해 온 것으로 보인다. 항온 동물인 인간은 더위와 추위, 밤과 낮, 빙하기와 간빙기 등 외부 환경의 변화에 적응하면서 동시에 수분과 영양분을 지속적으로 섭취하고 체온은 36.5도를 유지해야 생명을 유지할 수 있다. 다양한 환경에서의 도구 제작 및 활용과 언어·문자를 통한 소통에는 고도의 생각하는 능력이 요구된다. 이는 뇌의 발달과 연계된 것으로 알려졌다. 인류는 생존을 위해 물과 음식을 구하고, 도구를 만들고, 불을 이용하고, 농작물을 경작하고, 야생동물을 길들여 가축으로 활용하는 등 자연과의 끊임없는 상호 작용을 거치면서 생각하는 능력이 비약적으로 발달한 것으로 보인다. 오랜 시간이 흐르면서 사족소뇌(四足小腦)형의 인간에서 이족이수대뇌(二足二手大腦)형의 인간으로, 직립보행을 하는 호모 에렉투스(Homo Erectus)에서 생각하는 능력이 향상된 호모 사피엔스(Homo Sapiens), 호모 사피엔스 사피엔스(Homo Sapiens Sapiens)로 진화하여 현대에 이르게 된 것으로 보인다. 이와 같은 진화 역사를 현대 뇌 과학적 관점에서 분석해 보면 사유 활동의 중추적 기능을 수행하는 인간의 뇌는 중심핵, 변연계, 대뇌로 구성되어 있다고 한다. 인간 유기체의 생물학적 활동 우선순위는 인체의 항상성과 정체성 유지를 위한 것이다. 이는 뇌의 중심핵 부위에서 주로 수행하는 생명 유지 기능이다. 이어서 변연계 대뇌에서 사회적 관계와 고등 정신 활동과 관련된 생각, 판단, 행동하는 기능을 수행하는 것으로 보인다. 이것은 인류의 진화 과정에서 원인(遠人), 구인(舊人), 신인(新人)을 거치는 동안 점점 더 뇌가 커지고 용량이 확대되어 왔으며 그 역할과 기능이 점점 더 중요해졌다는 것을 의미한다. 이와 같은 역할과 기능은 상호 상승 작용을 하면서 인간의 두뇌 발달에 획기적으로 기여했고, 현재도 계속 진행 중인 것으로 보인다.

그렇다면 인간의 생각하는 능력에는 한계가 있는가? 현재까지 축적된 지식에 의하면 사람의 사고력은 무한대에 가깝다. 이는 현대 동물학, 생물학, 신경 과학에서도 입증되고 있다. 인간은 포유류 중에서 신체 크기에 비해 두뇌가 차지하는 비중이 가장 높은 유기체로 알려져 있다. 두뇌가 크다는 것은 뇌의 역할과 기능이 중요하고 능력 또한 뛰어나다는 것을 의미한다. 사람의 뇌는 매우 정교하고 고도화된 조직 체계로 이루어져 있다. 특히, 대뇌는 다른 유기체에 비해 인간에게 가장 발달된 부위로, 사고와 언어와 기억을 담당하는 것으로 알려져 있다. 사람이 다양한 언어를 사용하는 이유는 사회적 존재로서 다른 사람과 소통해야 하기 때문이다. 현대 뇌 과학에 의하면 인간의 두뇌는 뉴런이라는 신경 세포로 구성되는데, 대뇌에만 140억 개 이상의 신경 세포가 있으며 이들 뉴런과 뉴런 상호 간에 시냅스 연결망이 형성되는 과정에서 거의 무한대에 가까운 연결이 가능하다는 사실이 규명되고 있다. 이와 같

내 인생의 나침반

은 맥락에서 인간의 두뇌는 고도로 정교하고 조직화된 정보 처리 및 저장 활용, 창조 기능을 갖춘 용량 무한대의 인공 지능 컴퓨터에 비유할 수 있다. 인류는 이와 같은 생각하는 능력을 활용하여 빙하기와 간빙기를 비롯한 자연의 혹독한 환경 변화에도 고도의 융통성과 적응력을 발휘하면서 생존, 성장, 유전자 영속성 보장을 위해 끊임없이 진화를 거듭하여 현대에 이르렀다. 인류가 고대로부터 현대에 이르기까지 이룩한 모든 문명은 인간 생각의 산물인 것이다. 인간이 학문을 통해 인격을 완성한다는 것은 용량 무한대의 컴퓨터를 최대한의 기능을 발휘하게 만드는 것과 유사하다. 따라서 진정한 인간의 힘이란 생각하는 능력이며, 인간 완성이란 이와 같이 생각하고 판단하는 능력을 극대화하여 최고·최적의 상태에 도달하는 것이라고 볼 수 있다.

그러나 인간의 생각하는 활동은 외부로부터 감각 기관을 통해 입력된 정보를 기초로 작동한다. 그런데 시각, 청각, 후각, 촉각, 미각 등 인간의 감각 능력에는 한계가 있어서 자연의 모든 실상을 감지하지 못한다. 인간이 지각한 추상적 인식의 세계는 자연의 실상과 거리가 있다. 감각 기관의 정보에 의존한 인간의 생각하는 능력과 사유 패턴은 이와 같은 자신의 한계를 올바르게 자각하지 못하고 자신이 인식한 추상적인 세계를 자연의 실상으로 믿고 행동하는 우를 범할 수도 있다.[45] 따라서 생각하는 존재로서 인간답게

---

45) 금강경에서는 일체유위법(一切有爲法), 여몽환포영(如夢幻泡影)이라고 했다. 인간의 생각이 만든 모든 것은 꿈, 허깨비, 물거품, 그림자와 같은 것이라는 뜻이다.

산다는 것은 학문을 통해 인간과 사회와 자연에 대해 올바르게 생각하고 판단하고 행동하는 능력을 끊임없이 키우는 것이다. 이와 같이 인간이 학문을 한다는 것은 그 근원이 생각하는 데 있으며, 생각하는 능력이 인간의 진정한 힘인 것이다. 이와 같은 연유에서 수시로 생각하여 마음의 깨달음을 얻는 것이 인생의 즐거움이며 학문이 추구하는 목표라고 예로부터 강조되고 전해져 오고 있는 것이다.[46]

인간의 생각하는 능력은 생물학적·유전적 영향도 받으면서 기존의 사회·문화·역사적 제요소에도 영향을 받는다. 그러나 스스로의 생물학적·유전적 한계를 극복하고 기존의 사회·문화·역사적으로 고정된 틀에 얽매이지 않고 돌연변이와 같은 새롭고 창의적인 생각의 결과물이 출현할 때 인류의 의식주를 비롯한 삶의 전반적 모습에 많은 변화가 있었다. 자주적, 주체적, 창의적 인간이란 기존의 역사적·문화적 굴레와 한계에 머무르지 않고 이를 뛰어넘는 사람을 말한다. 논어에 제시된 군자불기(君子不器)라는 구절이 의미하는 바와 같이 인간이 기계와 다른 점은 바로 이와 같은 능력을 지닌 것이다. 이와 같은 맥락에서 오스트리아 출신의 유대인 철학자 칼 포퍼(Karl Popper, 1902-1994)[47]도 저서 『열린사회와 그 적들』에서 인간의 주체적·창의적·비판적 사고가 보장되는 열린사회의 중

---

46) 學原於思, 學而時習, 思而心得. 學而時習之不亦說乎.
47) 과학철학사에 있어서 반증주의 이론을 정립하여 많은 영향을 남긴 철학자이다. 그는 역사정칙주의, 역사법칙주의로 명명되는, 세상에 완전하고 불변의 그 무엇이 있다고 주장하는 플라톤, 마르크스, 헤겔과 같은 이들의 철학적 태도에 반기를 들면서 서구의 전체주의, 공산주의 이론과 체제를 비판했다.

내 인생의 나침반

요성을 강조하면서 세상에는 이미 완성된 불변의 그 어떤 것도 존재하지 않는다고 말했다. 또한, 자연 과학 분야를 포함하여 인간이 만든 모든 이론은 반증할 수 있으며 또한 반증해야 한다고 했다. 이와 같은 맥락에서 세상에는 이미 완성된 그 무엇이 있다고 주장하며 개별 인간의 새롭고 창의적인 사고를 제한하고 기존에 구축된 질서와 체제에 수동적인 적응과 복종을 강요하는 사회는 열린 사회에 적이 되는 것이라고 했다. 각 개인이 지닌 이와 같은, 생각하는 능력이 온전히 발현될 수 있도록 보장되고 장려하는 열린사회가 건전한 사회이며 이런 사회만이 지속 가능한 상태를 유지할 수 있다.

그리고 인간이 자연계의 다른 생명체와 다른 점은 대부분의 생명체가 생물학적 유전체에 의한 세대와 세대 간 종의 영속성 유지가 이루어지는 데 비해, 인간은 생물학적 유전체뿐만 아니라 생각하는 능력의 산물인 문화·사회·역사적 축적물이 세대와 세대 간 계승되면서 종의 영속성이 유지된다는 것이다. 따라서 인간은 생물학적 성장과 성숙뿐만 아니라 사회적 공동체를 유지하기 위해서 인간 상호 간 협력과 소통을 하면서 사회적 성장과 성숙도 동시에 이룩해야 한다. 이를 위해서는 언어와 문자 습득이 필수적이다. 학습과 언어와 문자 습득 및 활용과 생각하는 능력과는 긴밀한 연관이 있다. 인간은 자연계의 다른 종에 비해 두뇌가 발달하고 그 역할과 기능이 중시되고 있다. 이는 앞서 언급한 것처럼 대뇌와 긴밀한 관련이 있다. 이처럼 인간은 진화의 결실을 유전자와 대뇌피

질 발달이라는 생물학적 방법으로 후세에 전하기도 하고, 생각하는 활동을 통해 성취한 사회문화적 결실을 언어와 문자의 형태로 다양한 방법으로 후세에 남기기도 했다. 이것은 사회적 동물인 인간에게만 나타나는 독특한 모습이다. 특히, 후대에 전해지고 있는 책은 선조들의 삶의 지혜가 농축된 정신적 유산이다. 따라서 책을 읽는다는 것은 곧 그 사람의 마음을 읽는 것이며, 시간적·공간적 제한을 극복하면서 그 사람과 상호 교감하는 것이다. 이와 같은 맥락에서 프랑스 철학자 데카르트(Rene Descartes, 1596-1650)는 "좋은 책을 읽는 것은 과거 몇 세기의 가장 훌륭한 사람들과 대화를 하는 것과 같다."[48]라고 했다. 글이란 글을 쓴 사람의 마음이 문자의 형태로 표현된 것이다. 그러므로 독서를 한다는 것은 시간과 공간을 초월하여 책의 저자와 영혼의 대화를 나누는 것이다. 책 속에는 저자가 자신이 처한 환경과 상호 작용하면서 정리한 정신 활동의 결과가 글로써 잘 표현되어 있기 때문이다. 따라서 독자가 책 속의 구체적 내용과 개념, 의미를 파악하기 위해 읽고 생각하는 두뇌 활동은 시공간의 제한을 뛰어넘는 저자와의 정신적 상호 작용 과정이다. 이것은 사회적으로 다양한 인간관계 속 직접 대화와 토론을 통한 상호 작용 과정에 못지않게 중요한 활동이다. 따라서 다양한 독서를 한다는 것은 다양한 분야의 사람과 정신적 상호 작용을 하는 것과 동일하다.

---

48) "The reading of all good books is like a conversation with the finest men of past centuries."

내 인생의 나침반

특히, 성현(聖賢)들의 가르침을 기록한 것을 경전(經傳)이라고 하는데, 이는 성현들의 가르침을 사후에 제자들이나 당대의 사람들이 기억하거나 구전되던 것을 결집하여 토론하고 종합하여 문자의 형태로 전한 것이다. 이는 성현들의 마음이 제자들과 당대 사람들의 마음을 거쳐 후대에 이어지고 있는 것이다. 고전(古典)이 현대에도 중요한 의미를 지니고 생명력을 발휘하는 것은 인류가 수많은 시행착오를 거치면서 얻은 검증되고 정립된 삶의 지혜와 교훈을 구전(口傳)과 기전(記傳)의 형태로 전하는 지혜의 보고이기 때문이다. 인류의 오랜 삶의 경험이 구전 또는 문자의 형태로 후세에 전해지는 것은 곧 선조들의 마음이 후손들에게 전해지는 것이다. 말과 글은 사람의 정신 작용이 밖으로 표현되는 형태이다. 따라서 고전을 읽는 것은 선조들의 마음을 읽는 것이며, 시공을 초월한 선조들과의 정신적·영적 교류이다. 따라서 오랫동안 인류의 경험과 지혜가 농축·정리된 고전은 시간적 영속성과 공간적 보편성을 지닌 귀중한 정신문화유산이라고 할 수 있다. 따라서 고전을 읽고 현대적으로 해석하고 적용하는 것은 선조들의 가르침을 간접적으로 전수받는 것과 같다. 그러나 성현들이 체험했던 진리의 세계를 말이나 글로 표현한 경전은 성현들의 육성이 녹음된 것이 아니라 제자들이나 동시대 또는 후대의 사람들에 의해 구전이나 문자의 형태로 전해진 것이다. 성현들이 체험한 진리를 글자로 표현한 것에 지나지 않으며, 진리 그 자체는 아닌 것이다. 또한, 이와 같은 경전이 언어와 문자가 다른 나라에서 원본과 똑같이 번역될 수도 없으며, 세대와 세대를 이어서 전승되는 과정에서 언어와 문자가 지닌 한계에 따라 원래의 내용과 의미도 달라질 수 있다. 따라서 성현의 가르침이 기록되어 후대에 전수되고 있는 경전의 내용도 비유하자면 지도이지 영토는 아닌 것이다.[49] 이와 같은 맥락에서 동서양의 고전을 평생 연구해 온 김용옥 선생은 고전은 끊임없이 재해석되는 것이 필요하다고 했다.

현대를 살고 있는 사람이 독서와 사색(學 & 思, Reading & Thinking)을 통해 경전을 읽고 해석하고 내면화하는 과정에서 조심해야 할 점이 있다. 성현들의 가르침은 진리이기 때문에 맹목적으로 추종하면서 무조건 믿음으로 읽기만 하면서 문자와 개념 자체에 종속되면 이른바 '견지망월지우(見指忘月之愚)[50]', '매독환주지폐(買櫝還珠之蔽)[51]', '박학다문지해(博學多聞之害)[52]'에 빠지게 된다. 그리고 경전을 외면하고 혼자서 사색만 하게 되면 내 마음만 있게 된다. 공자는 논어에서 이와 같은 폐단을 "배우기만 하고 생각함이 없으면 어리석음에 빠지게 되고, 생각하기만 하고 배움이 없으면 위태

---

49) 지도는 영토가 아니다. 사진은 실물이 아니다. Perceived reality is not actual reality. Knowledge about the Truth is not Truth it self. The menu is not the meal. 道可道非常道, 名可名非常名. 法可法非常法, 所謂 佛法者 則非佛法. 문자에 따라 표현 방법은 다르지만 모두 같은 맥락이다.

50) 견지망월지우(見指忘月之愚): 경전은 달(진리)을 가리키는 손가락(방향 안내)인데, 달은 보지 못하고 어리석게 손가락만 본다는 의미이다.

51) 매독환주지폐(買櫝還珠之蔽): 경전은 성현들이 체험한 진리의 세계를 문자로 표현한 것으로, 책은 진리를 담고 있는 껍데기이다. 이는 보석을 포장한 상자에 비유할 수 있는데, 어리석은 사람이 포장용 상자만 사고 상자 속에 있는 보석은 쓸모없다고 되돌려 주는 것과 같다는 비유이다.

52) 박학다문지해(博學多聞之害): 자신의 것으로 내면화되지 않은 광범위한 학문과 지식 습득은 진리에 도달하는 데 오히려 해롭다는 의미이다.

내 인생의 나침반

롭게 된다."[53]라고 했다. 또한, 열반경에서도 "고요하게 생각하는 것은 많고 밝은 지혜가 적으면 어리석음이 커지고, 밝은 지혜는 많은데 고요하게 생각하는 것이 적으면 사악한 견해가 증가한다. 따라서 모든 깨달은 부처는 생각함과 지혜를 함께 구비하고 밝게 불성을 보고 어디에도 걸림이 없는 상태에 도달한다."[54]라고 했다. 화엄경에도 "단순하게 넓게 공부하고 많이 들어서 얻은 지식의 폐단은 비유하자면 어느 가난한 사람이 밤낮으로 다른 사람의 보물을 열심히 헤아려 보았지만 자신의 것은 하나도 없는 것과 같다. 광학다문도 이와 똑같다. 다른 사람의 보물을 헤아리지만 말고 자기 자신만의 보물을 만들어야 한다."[55]라고 했다. 근사록에서도 "단순하게 외워서 넓게 안다는 것은 마치 장난감을 갖고 놀아서 본심을 상실한 것과 같다."[56]라고 했다. 영국의 철학자 존 로크(John Locke, 1632-1704)는 "독서는 단순히 지식의 재료를 얻는 것에 불과하다. 그 재료를 자기 것으로 만드는 것은 오직 사색의 힘으로 가능하다."라고 했다. 영국의 정치사상가 에드먼드 버크(Edmund Burke, 1729-1797)도 "사색 없는 독서는 소화되지 않는 음식물을 먹는 것과 같다."라고 했다. 조선 중기 성리학자 퇴계 이황도 "낮에 읽은 것은 반드시 밤에 깊이 사색해야 한다."라고 했다. 동양과 서양을 막론하고 독서와 사색의 중요함을 강조하고 있다. 따라서 유

---

53) 子曰 學而不思則罔 思而不學則殆.
54) 定多慧少增長無明, 慧多定少增加邪見. 諸佛世尊, 定慧等故, 明見佛性, 了了無碍.
55) 華嚴經, 廣學多聞之弊, 譬如貧窮人, 日夜數他寶, 自無半錢分, 廣學多聞亦如是.
56) 近思錄, 以記誦博識, 爲玩物喪志.

가에서 강조하는 학사(學思), 학문(學問)[57], 불교에서 강조하는 계정혜 삼학균수(戒定慧, 三學均修), 오늘날 강조되는 독서와 사색은 이와 같은 맥락에서 올바르게 이해하고 실천되어야 한다. 독서란 내가 책이라는 수단을 통해 글자로 기록된 다른 사람의 마음을 그냥 바라보는 것이고, 사색이나 명상은 독서를 통해 입력된 정보를 나 자신의 것으로 다시 만드는 것이다. 다른 사람의 마음만 바라보고 그것에 전적으로 의존하면 내 마음이 없고 다른 사람의 마음에 의존하고 휘둘리게 된다. 입력된 외부 정보를 재처리하여 자기 것으로 내면화하여 저장, 활용하지 않고 입력된 정보 자체에 의존하게 되면 생각의 주체로서의 심각한 오류가 발생할 수도 있는 것이다.[58] 또한, 내 마음만 바라보면 우물 안 개구리가 되기 쉽다. 따라서 내 마음의 중심을 기반으로 하여 다른 사람의 마음도 보는 것이 바람직하다.

근사록에서는 "'인(仁)이란 무엇입니까?' 이천 선생 왈, '인이란 무엇입니까?'라고 질문하는 그대의 생각 속에 있다. 성현들이 언급한 진리에 대한 말씀을 유추하고 종합해서 스스로 마음속에 새기고 터득해야 한다."라고 했다.[59] 이는 아주 중요한 가르침이다. 진리를 인식하는 주체는 각자의 마음이며 각자의 마음이 진리를 인식하

---

57) 박학(博學), 심문(審問), 신사(愼思), 명변(明辯), 독행(篤行)을 말한다.
58) 이와 같은 병폐를 중국의 혜능 대사는 법화경의 글자에만 함몰된 제자 법달(法達)을 지도하면서 심미 법화전(心迷 法華轉), 심오 전법화(心悟 轉法華)라고 했다(네 마음이 미혹한 상태에 있으면 법화경이 너를 지배하고, 네 마음이 깨어 있으면 네가 법화경을 지배한다는 의미이다).
59) 問仁, 伊川先生曰, 此在諸公自思之. 將聖賢所言仁處, 類聚觀之, 體認出來.

고 진리와 함께할 수 있다는 것이다.[60] 따라서 사람이 학문을 할 때는 다양한 독서와 사색을 통해 내 마음과 성현들의 마음을 하나의 마음(一心)으로 일치시키는 것이 가장 바람직한 것이다. 이는 곧 현재를 사는 나의 마음과 과거 성현들의 마음, 그리고 이를 후대에까지 전해 준 모든 사람의 마음이 하나가 되는 것으로 볼 수 있다. 이른바 도(道)에 이른다는 것은 성실한 독서와 사색을 반복하여 나의 마음과 성현들의 마음이 하나가 된 상태에 도달한다는 것을 의미한다고 볼 수 있다.

이와 같은 맥락에서 고대로부터 학문(學問)의 중요성이 강조되어 왔다. 중국의 철학자 순자는 "생각하는 존재로서 사람은 학문을 하지 않을 수 없다. 학문을 하여 인격을 완성하면 사람다운 사람이 되고, 학문을 포기하면 짐승의 수준에 머무른다."[61]라고 했다. 그러나 학문을 한다는 것은 외부로부터 받아들인 특정 지식이나 정보에 익숙해지고 길드는 것에 머무르는 것이 아니다.[62] 외부 정보를 받아들이고 분석하고 정리하고 종합하는 과정이 반복되고 누적·심화[63]되어 자연, 사물, 사람의 존재 원리와 삶의 실상에 활연관통[64]하여 궁극적으로 도의 상태에 머무르고 삶의 순간순간이

---

60) 예수도 "천국은 네 마음속에 있다(Kingdom of Heaven is within you)."라고 했다.
61) 君子曰, 學不可以已, 爲之, 人也, 舍之, 禽獸也(순자, 권학편).
62) 學: 인간의 감각 기관이 외부 정보를 받아들이는 과정
63) 思: 받아들인 정보를 분석하고 정리하고 종합하여 저장하는 과정
64) 豁然貫通: 외부 정보를 받아들이고 분석하고 정리하고 종합하는 과정이 반복되고 누적·심화되어 마침내 진리에 도달하는 것

도와 함께하는 곳에 이르러야 끝나는 것이다.[65] 이와 같이 학문의 종착지는 인간과 사회와 자연의 존재 원리에 통달하고 이와 같은 원리에 순응하여 순간순간의 삶을 사는 데 있다. 인간은 태어나서 성인이 되기까지 많은 시간이 필요한 동물이다. 그리고 오로지 학문을 통해 미완성의 상태에서 완성의 상태에 도달할 수 있다. 인간이 신체적 성장이 완성되는 성인(成人)에 머무르지 않고 정신적 성숙이 완성되는 성인(聖人)에 도달할 수 있다는 사실이 인간의 존엄성을 나타내 주는 지표이며, 인격 완성을 위해 노력하는 과정이 인간이 인간답게 사는 길이라고 볼 수 있다. 또한, 이와 같은 삶의 여정에서 독서와 사색을 통해 형성된 자신의 정신세계를 본인이 직접 저술 활동을 해서 책을 발간하는 것은 자신의 마음을 후세에 남기는 것과 같다. 그리고 참다운 영생의 길이기도 하다. 사람이 일생을 살다 가면서 천수를 다하면 육신은 자연으로 돌아가고 가족, 재산, 사회적 관계를 통해 다른 사람을 위해 베푼 덕을 남기게 된다. 양질의 책을 후세에 전하는 것은 그 무엇보다도 귀중한 것이다. 책에는 그 사람의 인생 전반에 걸친 정신세계가 고스란히 담겨 있고, 문자의 형태로 전수되기 때문에 후대에도 여러 사람이 접하고 참고할 수 있기 때문이다. 이와 같은 연유에서 예로부터 군자가 사회적 역할을 다하고 물러난 후에는 자연과 함께하면서 자신의 정체성을 지키고, 학문을 계속하여 자신을 완성하고 그 결과물을

---

65) 覺(學+見): 학과 사를 통해 사람과 사회와 자연을 올바르게 보고 도(道), 진리(眞理)를 깨닫는 것

내 인생의 나침반

후대에 남기는 삶을 살아야 한다고 강조되어 왔다.[66) 또한, 석가모니 부처님은 금강경을 설하면서 당시 제자들과 사람들에게 물질적으로 다른 사람을 도와주는 것도 좋은 일이지만 금강경의 한 구절만이라도 올바르게 이해하고 실행하면서 다른 사람들이 불법을 올바르게 깨닫고 진리의 삶을 살 수 있도록 도와주는 행동이 더욱 의미 있고 중요한 일이라고 가르쳤다.[67) 따라서 독서, 사색, 저술은 생각하는 존재인 인간의 고도의 정신적 사유 및 창작 활동으로 사람이 사람답게 산다는 것을 보여 주는 중요한 요소의 하나이다. 그리고 물질적으로 다른 사람을 도와주는 것보다 더욱 값진 일이다.

나. 사회적 존재

'인간이란 무엇인가?'라는 물음과 관련된 두 번째 논의 주제는 '사람은 사회적 존재'라는 것이다. 사회(社會)라는 단어는 제사를 지낼 때 사람들이 질서정연하게 모여 있는 모습에서 유래했다고 한다. 즉, 사회적 존재란 사람들이 무리를 이루어 사는 존재라는 의미이다. 인간[사람 인(人)+사이 간(間)]이라는 단어의 의미도 사람과 사람 사이라는 의미이다. 인간(人間)이라는 한자는 사람의 외형적 신체적 모습과 공동체를 이루어 사는 모습을 상형 문자화한 것

---

66) 君子退, 隱居求志, 立言垂後.
67) 금강경, 무위복승분(無爲福勝分): 於此經中乃至受持四句偈等, 爲他人說, 勝前福德.

으로 보인다. 인간이라는 단어 자체에 사람은 공동체를 형성하여 살아가는 사회적 존재라는 의미를 함축하고 있다. 동양의 사람에 대한 용어인 인간은 사람을 하나의 개체로 보기보다 무리를 이루어 사는 사회적 공동체와 분리시키지 않고 개인과 사회를 하나로 보고 있다. 이는 일즉다 다즉일(一則多 多則一)[68]이라는 동양 사상의 근원과 맥락을 같이하는 것으로 보인다. 독일의 철학자 피히테 (Johann Fichte, 1762-1814)는 "사람은 사람들 사이에 있어야만 사람이 된다."라고 했다. 인간이라는 사회적 존재와 관련한 철학적 표현이다. 이와 같이 인간은 개인적으로는 생각하는 능력을 지닌 주체적 독립 인격체이면서 동시에 사회적 공동체 구성원으로서 개인적 독존(獨尊)과 사회적 공존(共存)을 동시에 구현해야 하는 운명을 지닌 존재인 것이다. 그렇다면 인간은 왜 사회적 존재일까? 왜 인간은 단독으로 살지 않고 사회적 공동체를 이루어 살게 되었을까?

모든 사람은 태어날 때부터 부모로부터 각각 반반씩의 유전자를 물려받고 세상에 태어난다. 모든 인간은 잉태 과정에서부터 부모 공동의 노력이 있어야 하며, 양육 과정도 가족과 사회라는 인간의 울타리를 벗어나서는 생존이 불가하다. 또한, 인간은 독립 개체로서는 신체적 구조나 생물학적 외형 자체가 다른 동물에 비해 특별히 강한 존재가 아니다. 그러나 생각하는 능력과 사회적 협동을 통해 공동체를 이루어 단체로 발휘하는 힘은 그 어느 동물보다

---

68) 인간은 자연의 일부이며 인간과 자연은 하나로 귀결된다. 하나가 곧 전체이며, 전체가 곧 하나라는 의미이다. 개인은 사회를 떠나서 생각할 수 없고 사회는 개인이 없이는 존재할 수 없다는 사상이다.

내 인생의 나침반

크고 강하다. 이처럼 인간은 개인의 생각하는 능력과 사회적 협동 능력이 합해져야 강한 존재로서 지속적 생존에 유리한 고지를 점령 할 수 있었던 것으로 보인다. 이처럼 인간은 존재 자체가 사회적이며 사람과 사람 사이의 '간존재(間存在, inter-being)'인 것이다. 앞에서 이미 언급한 바와 같이 인간의 대뇌는 인류가 진화 과정에서 독특하게 발달시킨 신체 기관의 하나이다. 대뇌의 주기능은 생각하고 판단하고 기억하고 언어를 사용하고 다른 사람과 소통하는 것이다. 인간이 도구를 제작하여 신체적 약점을 보완하고 육체적 역량을 확장한 것에 비해, 언어의 기능은 나 자신과 다른 사람과 의사소통을 하여 사회적 역량을 증진시켜 사회적 공존 능력을 높이는 데 있다고 볼 수 있다. 나 아닌 다른 사람과 사회적 관계 증진을 위한 언어와 소통을 담당하는 뇌 부위의 발달과 진화는 사회적 존재로서의 생물학적 필요성과 요청에 의해 이루어진 것이다. 이와 같이 인간은 생물학적으로도 사회적 존재라는 본질적 속성을 지니고 있다. 이와 같은 맥락에서 인간은 태어나서 성체로 성장하기까지 많은 시간이 소요되는데, 이는 개체로서의 육체적 성숙뿐만 아니라 사회적 존재로서 생존에 필요한 언어와 문자, 사회적 관습 등을 습득해야 하기 때문이다. 그리고 개체로서의 육체적 성장과 정신적 성숙, 사회적 관계 역량이 동시에 성숙되어야 온전한 인간이라고 할 수 있다. 또한, 자신이 이 세상에서 유일하고 귀중한 존재이듯이 다른 사람도 이 세상에서 유일하고 귀중한 존재라는 사실 인식이 필수적이며, 사람이 모여 사는 공동체가 개별적 주체성, 정체성, 유일성, 존엄성을 기반으로 하여 사회적 공존, 조화, 화합을 동시에 추구해야 한다는 것을 자각해야 한다.

이와 같은 인간의 사회적 존재와 관련하여 그리스의 철학자 아리스토텔레스는 인간은 정치적, 언어적 동물이라고 했다. 정치라는 단어에 내재된 의미는 공동체의 질서 유지, 공공선의 구현이다. 또한, 언어는 다른 사람과 소통하기 위해 생겨난 것이다. 정치적, 언어적 동물이라는 말은 인간은 공동체를 이루어 살아가는 존재라는 의미를 내포하고 있다. 이와 같이 사회적 존재로서의 인간에게 개인 스스로의 존엄함과 사회적 공존 및 화합은 동시에 추구해야 하는, 동전의 양면과 같은 것이다. 개인의 자유는 사회 최적의 평등, 개인의 평등은 사회 최적의 자유라는 말이 있다. 이 말이 상징하듯, 동서고금을 막론하고 민주와 공화, 자유와 평등, 개인적 독존과 사회적 공존은 동전의 양면과 같은 것이다. 이는 어느 한 면도 소홀하게 취급할 수 없는 대등한 가치를 지닌다. 이와 같은 연유에서 인간은 사회적 존재로서 개인과 사회, 공동체 구성원 상호 간 바람직한 관계 정립이 인류 공동체의 지속 가능한 생존과 관련하여 중요한 문제로 인식되었다. 이와 관련된 내용이 동양과 서양의 고전에 공통적으로 강조되고 후세에도 전해지고 있다. 먼

내 인생의 나침반

저 논어에는 인(仁)[69], 충서(忠恕)[70], 기소불욕 물시어인(己所不欲 勿施於人)[71], 화이부동(和而不同)[72]이라는 가르침이 있다. 각주에 추가 설명된 바와 같이 이는 각 개인의 존엄성과 주체성을 기반으로 모든 사람이 동일하게 존엄하고 소중한 존재라고 인정하는 것이 인간이 사회적 공동체를 구성하여 살아가는 바람직한 도리라는 가르침이다.

독일의 철학자 칸트(Immanuel Kant, 1724-1804)는 "네 의지의 준칙이 항상 동시에 보편적 입법의 원리로서 타당하도록 행동하라, 너 자신을 포함한 모든 사람의 인격을 목적으로 대우하고 결코 수단으로 사용하지 말라."라고 했다. 이는 모든 인간의 존엄성을 간결하게 잘 표현한 말이며, 앞에서 언급된 공자의 가르침과 맥락을 같이 한다. 예수도 자신의 정체성과 인격을 유지하면서 다른 사람과 화합해야 함을 소금에 비유하여 강조하고 있다.[73] 또한, 바람직한 인간관계에 대해 내가 바라고 원하는 것을 먼저 상대방에게 베풀라고 강조하면서 이와 같은 가르침이 모세의 율법서와 모든 선

---

69) 논어 전반에 언급되는 인(仁=人+二)은 글자 그대로 사람과 사람의 올바른 관계에 관한 진리를 뜻한다. 수기치인(修己治人)이라고 표현되는 유학의 근본은 현대적 의미로 사람과 사람 사이의 올바른 관계 정립을 위한 자기 계발 및 인간관계학이라고 볼 수 있다.

70) 충서(忠恕)는 인(仁)이 구체적으로 실현될 때 내 마음을 헤아려 상대방을 대한다는 의미이다.

71) 내가 원하지 않는 것은 상대방에게도 강요하지 말라는 의미이다.

72) 나 자신의 주체성을 유지하면서 상대방과 화합한다는 의미이다.

73) Mark 10: Salt is good, but if it loses its saltiness, how can you make it salty again? Have the salt of friendship among yourselves, and live in peace with one another.

지자들의 가르침이 지향하는 것이라고 했다.[74] 이와 같이 철학과 종교의 근본 가르침을 통해 나 자신이 이 세상에서 유일하고 귀중한 존재이듯이, 다른 사람도 이 세상에서 유일하고 귀중한 존재라는 것을 인식해야 한다. 그리고 그 가르침에서 사람이 모여 사는 공동체가 '개별적 주체성, 정체성, 유일성, 존엄성+사회적 공존, 조화, 화합'을 동시에 추구해야 한다는 당위성에 대해 공통적으로 언급·강조하는 것을 알 수 있다. 서구 근대 민주주의의 이념적 기초가 되는 프랑스 혁명의 이념은 자유, 평등, 박애를 기초로 한다. 이는 공동체 구성원의 개인적 존엄성, 그리고 공동체 구성원 간 평등성, 구성원 모두를 사랑과 포용으로 감싸는 박애 정신을 강조하는 사상이다. 자유, 평등, 박애는 역사적으로 개인의 존엄성만 강조하거나 공동체 전체만 중요시했을 때 문제가 발생한 경험에서 도출된 정치사상이다. 이것이 현대의 대부분 국가가 채택하고 있는 민주 공화 체제의 기본 이념이다.[75] 또한, 한민족의 건국 이념인 모든 인간을 이롭게 한다는 홍익인간(弘益人間) 사상도 같은 이와 같은 맥락에서 이해될 수 있다.

독일의 철학자 칼 마르크스(Karl Marx, 1818-1883)는 인간은 역사적·사회적 관계의 총체이며, 노동하는 존재이며 계급적 존재라고

---

74) Matthew 7: Do for others what you want them to do for you. This is the meaning of the Law of Moses and teaching of the prophets.
75) 민주공화(民主共和)란 공동체 구성원 각 개인이 주권자이며, 국가 권력의 원천이고, 개인의 주체성과 존엄성을 바탕으로 사회적 공동체의 화합과 조화를 지향한다는 의미이다.

　　　　　　　　　　　　　　　내 인생의 나침반

했다.[76] 역사적·사회적 존재란, 인간은 혼자서는 살 수 없으며 기존의 역사적 축적물과 문화적 축적물의 영향을 받으면서 살 수밖에 없다는 의미이기도 하다. 또한, 인간은 식량을 얻기 위해 노동을 하지 않을 수 없으며, 사회적 존재로서 공동체를 효율적으로 유지하기 위한 역할과 책임에 따라 계급이 발생하는 것으로 보았다. 그런데 사회적 존재인 개인에게 사적 소유를 허용하는 자본주의는 자본가가 노동자를 착취하고 지배하게 함으로써 빈익빈 부익부 (貧益貧 富益富) 현상을 초래한다. 그 결과 노동자는 사회 공동체로부터 소외당하게 되고, 자신의 본성을 자연스럽게 발현하지 못하게 된다. 따라서 재산의 사적 소유를 없애고 모든 사람이 공유하고 노동을 통해 자유롭게 각자의 능력을 발현케 하는 공산주의 사회가 가장 바람직한 사회라고 했다.

스위스 태생 유대인 철학자 랜드만(Michael Landmann, 1913-1984)은 "사람은 역사적, 사회적, 문화적 존재이다."라고 했다. 이는 사람은 자신이 태어나고 살아가는 시간과 공간의 영향을 받으며 자신보다 먼저 살면서 선조들이 구축된 삶의 방식에 영향을 받을 수밖에 없다는 의미이다. 문화란 언어와 문자를 포함하여 의식주 전반 그리고 사회적 관계에 따른 관습, 윤리 등 인간의 삶과 관련된 역사적·사회적 축적물 전반을 포함하는 의미이다. 독일 철학

---

76) 마르크스는 자유방임주의 정치와 경제 패러다임이 지배하던 유럽에서 빈익빈 부익부 현상이 심화되는 사회적 모순을 냉철하게 분석하여 자본론을 저술하고 사회적 평등 문제에 관심을 촉구했다. 공산주의 이론의 기초를 마련하고 사회주의 국가 출현의 이론적·철학적 바탕을 제공하는 사상사적 역할을 했다.

자 피히테(Johann Fichte, 1762-1814)는 "사람은 사람들 사이에 있어야만 사람이 된다."라고 했다. 또한, 독일 철학자 하이데거(Martin Heidegger, 1889-1976)는 "사람의 실존은 세계 내 존재이다."라고 인간의 사회적 존재에 관해 철학적 표현을 했다. 한국의 철학자 이규호(1926-2002)는 그의 저서 『사람됨의 뜻』에서 "인간은 자연으로부터 받은 제1천성인 넋과 성장하면서 역사적·사회적·문화적으로 얻게 되는 제2천성인 얼을 구비한 존재이다. 사람은 넋과 얼을 갖추어야 사람다운 사람이 될 수 있으며 사람됨이란 태어나서 사회화하는 과정에 민족과 사회의 얼을 구비하는 과정"이라고 했다.[77] 이와 같이 사람의 존재에 관해 철학적으로 성찰한 학자들이 이구동성으로 인간의 사회적 존재에 관해 언급하고 있음을 알 수 있다.

그러나 인간이 사회적, 역사적, 문화적 존재라는 말의 진정한 의미는 기존의 역사적·사회적 관계의 모든 것에 고착, 집착, 조정, 지배, 통제되어 변화한 현재 상황에 적합성과 실효성을 상실한 채로 수동적·피동적 상태의 삶을 살아야 한다는 의미가 아니다. 옛것을 기초로 하되, 자신이 주인이 되어 스스로 새롭게 이를 해석하고 창조적으로 적용하여 변화된 실제 상황에 적합하게 적용하면서 주체성을 지니고 자유롭고 창의적으로 살아야 한다는 것이다. 이와 같은 연유에서 영국의 철학자 베이컨(Francis Bacon, 1561-1626)은 경험에 의한 지식 축적과 올바른 이해를 강조하면서 기존의 사회적, 역사적, 문화적, 인종적 우상의 굴레에서 벗어나야 한다고 했

---

77) '겨레의 얼'이라는 말처럼 한민족이 살아오면서 구축한 유·무형적 삶의 방식 총체.

다.[78] 또한, 논어에서도 군자는 기계나 물건처럼 사는 존재가 아니며 주체적 독립 인격체로서 모든 것을 자기 자신에게서 찾고, 자연의 탓으로 돌리거나 사회 공동체 탓으로 돌리지 않아야 한다고 가르쳤다.[79] 금강경에서도 아상, 인상, 중생상, 수자상 등 인위적 지식 축적으로 형성된 분별하는 마음과 고정관념의 폐해에 대하여 언급한다. 이를 타파하고 무의무착무분별(無依無着無分別)의 마음 상태를 유지해야 한다고 가르치고 있다.[80]

독일의 철학자 짐멜(Georg Simmel,1858-1918)은 개인이 모여서 형성된 사회적 공동체가 개인을 초월하여 실재한다는 개념에 반대하고, 사회란 개인과 개인 간의 상호 작용일 뿐이라고 했다. 그가 살고 활동하던 시대 유럽 일부 국가에서 개인의 존엄성이 무시되고 전체주의적 사고가 지배했다. 이런 경직된 시대적 풍조를 비판한 것으로 보인다. 이와 같이 사람이 사회적 존재로서 사는 것은 공동체 구성원 각 개인이 자율적인 삶의 의지에 따라 주체적, 창의적으로 삶을 영위하면서 사회 공동체가 구성되고 유지되는 것이 자연스럽다. 각 개인이 삶의 의지가 없는데 사회 공동체에 의해 저절로 개인이 삶을 살게 되는 것은 아니며, 역으로 사회 공동체가 개별 구성원이 주체적으로 살 수 없는 환경을 조성해서도 안 된다. 이와 같은 연유에서 독일의 심리학자 에리히 프롬(Erich Fromm,1900-1980)은 "건전한 사회는 아무도 다른 사람의 목적을

---

78) 베이컨의 4대 우상론: 극장의 우상, 시장의 우상, 동굴의 우상, 종족의 우상.
79) 君子不器, 君子 求諸己, 不怨天, 不尤人.
80) 四相: 我相, 人相, 衆生相, 壽者相.

위한 수단이 아니고, 예외 없이 자기 자신이 목적이며, 따라서 자기 자신의 인간적 능력 발휘 이외의 다른 어떤 목적을 위해 이용되거나 행동하는 일이 없는 사회이다."라고 했다. 사회적 존재인 사람 개인의 인격적 존엄성이 보장되고 사회 공동체적 화합과 조화가 올바로 달성되기 위해서는 모든 사람이 목적으로 대우받아야지 결코 수단으로 전락해서는 안 된다는 것이다. 이와 같은 사회가 건전한 사회라고 주장하고 있다. 사회적 존재로서 인간의 개별적 존엄과 사회적 공존은 분리할 수 없는 동전의 양면과 같은 속성을 지닌 것이다.

다. 동물적 존재

'인간이란 무엇인가?'의 세 번째 논의 주제는 인간은 '동물적 존재'라는 것이다. 지구상에 존재하는 다양한 생명을 체계적으로 분류한 계통수(系統樹, tree of life)에서 보듯이 인간은 동물(動物)로서 자연의 구성원이다. 이는 인간이 자연의 일부로서 자연환경과 상호 작용하는 존재이며, 인간의 삶이 자연법칙에서 벗어날 수 없다는 의미이기도 하다. 또한, 생명 다양성이 상징적으로 보여 주듯이 지구상의 수많은 꽃과 나무가 각각 고유한 정체성을 지니면서 서로 조화를 이루고, 수많은 동물이 각각 다른 모습으로 공존하고 있다. 식물은 동물의 먹이가 되어 주고, 동물은 서로의 먹이가 되어 준다. 동물의 배설물은 식물의 거름으로 작용하여 새로운 생명 순환의 고리가 되어 준다. 먹이사슬이라는 고리로 연결된 이들은 외적인 모습은 다르지만 모두가 자연계를 구성하는 기본 원소가 이합집산하면서 구성되었다는 점에서는 동일하며 상호 의존 관계에 있다. 자연의 일부인 인간도 이와 같은 우주의 존재 실상에서 벗어날 수 없다. 이와 같은 맥락에서 고대 중국의 장자는 "자연과 인간은 다 함께 생겨나고 존재하고 있으며 따라서 세상 만물은 모두가 하나이다."[81]라고 했다. 근대 독일 철학자 셸링(Friedrich Schelling, 1775-1854)도 "자연은 드러나 보인 정신이며, 정신은 드러나 보이지 않은 자연이다."[82]라고 했다. 모두가 자연과 인간과의 관계에 관해서 인간은 자연의 일부이며 자연과 분리될 수 없는 존재라고 언급하고 있음을 알 수 있다. 또한, 근사록에 "자연이 존재하는 근본 원리를 명(命)이라고 하고, 사물의 존재 원리를 이(理)라고 한다. 사람에게 있는 것을 성(性)이라고 하고, 육체의 주인이 되는 것을 마음(心)이라고 하는데 사실은 모두가 하나이다."[83]라고 했다. 자연, 사물, 인간의 마음이 모두가 하나라는 가르침이다. 이와 같은 연유에서 논어 마지막 장에 군자는 반드시 자기 자신을 알고, 성현의 말씀을 올바로 이해하고, 역사적·문화적·사회적 관습과 제도를 알아야 하며, 마지막으로 자연의 근본 존재 원리를 알아야 한다고 했다.[84] 일생 동안 배우고 익히는 것을 즐거움으로 알고 노

---

81) 천지여아병생(天地與我竝生), 만물여아위일(萬物與我爲一).
82) Natur der sichtbare Geist, Geist unsichtbare Natur.
83) 在天爲命, 在物爲理, 在人爲性, 主於身爲心, 其實一也.
84) 지기(知己), 지언(知言), 지례(知禮), 지명(知命)

력한 공자가 학문의 종착지가 '나를 알고, 사회를 알고, 자연을 아는 것'이라고 강조하고 있음을 알 수 있다.

왜 그럴까? 몸은 모음이라는 뜻이다. 모여서 이루어진 것이 몸이다. 사람의 몸은 우주구성 물질인 탄소, 수소, 질소, 산소, 황, 인, 기타 미량의 여러 가지 원소로 구성되어 있다고 알려졌다.[85] 인간의 몸 자체가 소우주이며 물리학, 화학, 생물학의 제반 법칙이 인간의 육체에도 동일하게 적용되는 것이다. 따라서 사람이 성실하게 학문을 하여 지식이 축적되고 앎이 궁극적인 경지에 이르면 나와 자연이 별도로 분리된 존재가 아니고 하나로 연결되어 있다는 것을 깨닫게 되는 것이다. 이는 인간의 감각 기관에 의존하는 지각 활동을 벗어나서 외물에 대한 사량 분별심이 없어지고 나 자신과 외물이 분리되지 않고 하나가 된 상태를 스스로 느끼고 체험하는 경지를 일컫는다.[86] 생각하는 존재로서 인간이 인식한 우주 존재의 본모습은 인간, 자연, 식물, 동물, 무생물 등 인간의 사량 분별심이 만든 삼라만상이다. 이중 더 이상 분리될 수 없는 개별 존재의 형태로, 더 이상 변하지 않는 영원불변의 상태로 세상에 존재하는 것은 하나도 없다. 모든 존재는 그물망처럼 상호 연결되어 있고 오직 존재하려는 경향성과 발생하려는 경향성이 지배하는 자연의 법칙에 따라 끊임없이 생성, 변화, 소멸의 과정만 있을 뿐이

---

85) 불교에서는 사대오온(四大五蘊)이라고 표현한다. 地, 水, 火, 風 등 4원소와 색(色), 수(受), 상(相), 행(行), 식(識)이 모이고 쌓인 것이 인간이라는 것이다.
86) 신라 시대 고승 의상대사가 지은 법성게에 "무명무상절일체, 증지소지비여경"이라고 표현되어 있다. 중국에서 화엄학을 연구한 대사는 인간, 사회, 자연, 우주의 존재 실상에 대해 210자로 간명하지만 깊은 의미가 있는 글을 남겼다.

내 인생의 나침반

다.[87] 이와 같은 사실은 현대 양자 물리학에서도 규명하고 있다. 과학자들이 물질을 쪼개고 또 쪼개어서 분리할 수 있는 극미(極微)의 소립자(素粒子) 단계까지 이르러 보니 더 이상 분리할 수 없는 독립 입자의 형태로는 존재하지 않고, 서로 당기는 힘과 밀어내는 힘이 상호 작용하는 상태로만 존재한다는 것이다. 양자 물리학에서 사용되는 양자, 전자, 중성자, 중간자, 소립자로 지칭하는 극미(極微) 세계와 극대(極大)의 세계인 우주에는 이들이 별도로 분리된 궁극적 독립 개체로서 존재할 수 없다는 것이다. 우주 만물은 오직 강핵력, 약핵력, 전자기력, 중력으로 구분되는 4가지 종류의 만유인력(萬有引力)과 만유척력(萬有斥力)의 상호 작용에 의해 존재하려는 경향성과 발생하려는 경향성을 보이면서 끊임없는 상호 작용 과정의 모습으로 존재한다.[88] 이와 같은 사실은 우주가 계속해서 움직이고 변화하는 상태라는 것을 말해 준다.[89] 인간의 존재 실상도 이와 같은 우주 존재의 본모습과 같다. 이와 같이 현대의 물리학, 화학, 생물학적 관점에서 바라보아도 사람은 분명하게 자연의 일부이다. 자연계를 구성하는 원소의 일부가 사람의 몸을 구성하

---

87) 불교 경전에 體性非有亦非無, 一切萬物無常存者, 帝網刹海, 重重無盡緣起, 永遠回歸 등으로 언급되어 있다.
88) 현대 물리학은 양자역학과 상대성 이론을 중심으로 물체와 우주를 설명한다. 첨단 실험 도구를 활용하여 물질의 극미 세계를 관찰해 본 결과, 변하지 않는 궁극적 물질이라는 실체는 발견할 수가 없고 모든 것은 운동과 변화의 과정으로만 관찰된다는 사실을 밝혔다. 이와 같은 원리는 물질의 극미 세계와 우주 공간의 극대 세계에 동일하게 작용한다는 것이다. 이는 우주는 움직이고 변화하는 하나의 단일체로 존재한다는 것을 의미한다.
89) 불교에서는 이를 諸法無我, 色卽是空, 諸行無常, 一微塵中含十方 등 다양하게 표현하고 있다.

며 인체는 항상성 유지를 위해 끊임없이 자연으로부터 공기와 물, 음식을 공급받고 생명 유지 활동을 이어 간다. 산소와 물, 음식은 자연의 원소로 구성되어 있고 인체에 들어와서 전체를 순환한다. 우주의 기와 에너지가 끊임없이 순환하고 있는 것이 사람의 몸이며 삶의 실상이다.

이와 같은 맥락에서 인도의 철학자이며 정치가인 라다크리슈난 (Radhakrishnan, 1888-1975)은 "생(生)은 사물(事物)도 아니요, 사물(事物)의 상태도 아니다. 생(生)은 끊임없는 움직임(動)이요, 변화(變化)이다."라고 했다. 이슬람을 창시한 무함마드(Muhammad, 570-632)도 "생로병사로 지칭되는 인생이란, 끊임없는 탈바꿈의 과정이며, 죽음도 인간이 자연 상태로 되돌아가기 위한 탈바꿈 단계"라고 했다. 이와 같이 인생에 변하지 않고 영원한 것은 없다. 생로병사(生老病死)로 지칭되는 인간의 삶이란 대자연의 무궁무진한 변화의 과정에 나타나는 지극히 미미한 순간순간의 생멸 현상에 불과하다. 인간이 집착하고 두려워하는 삶과 죽음이라는 것도 인간의 생각이 만들어 낸 허상에 불과하다. 태어남도 인연생기의 법칙의 결과이며, 죽음이라는 것도 변화와 순환의 과정이다. 현대를 100세시대라고도 한다. 이는 인간의 의학적 지식과 기술 발달 덕분이기도 하다. 그러나 아무리 의학이 발달하고 좋은 약이 발명되고 인간의 수명 연장을 위한 지식과 기술이 축적되어도 생명의 물리적 유한성은 극복되지 않는다. 의학적 지식과 기술, 약은 인간의 수명을 일시적으로 연장하는 기능은 수행할 수 있으나, 인간을 생물학적·물리적 죽음으로부터 완전하게 해방시킬 수는 없다.

현대인들의 삶을 냉철하고 객관적인 시선에서 올바르게 바라보면 현대인들의 삶에 내재된 근본 문제는 인간 생각의 산물에 지나지 않는 과학 기술을 지나치게 중요하게 여긴다는 것이다. 인간의 편의를 위한 각종 도구 제작 활용과 삶의 전반적인 면에 인위적 요소가 지나치게 누적되어, 자연 상태의 조화와 균형에서 벗어난 것이 현대인들의 삶과 건강에 부정적 요소로 작용하는 근본 원인이다. 이와 같은 인위적 요소가 과다하여 초래한 부조화와 불균형 문제를 자연 상태로 복귀하여 조화와 균형 회복을 통한 정상화 노력을 하기보다 또 다른 인위적 처방을 더함으로써 극복하려는 것 자체가 자연의 순리에 어긋나는 것이다.[90] 이와 같은 맥락에서 현대인들이 자연의 근본 질서에 순응하면서 건강하게 살기 위해서는 의약(醫藥)은 인체가 자연 상태에서의 유기체적 역할을 온전히 다할 수 있도록 도와주는 선에서 최소의 개입을 하는 것이 최선이라고 생각된다. 고대로부터 자연의 순리를 따르면 흥하고, 자연의 순리에 역행하면 망한다는 가르침 있다.[91] 이와 같은 맥락에서 장자 내편에 인간의 바람직한 삶은 자연의 근본 질서를 항상 삶의 중심에 두면서 자연 상태로 흘러가는 삶에 불필요하게 인위적인 덧칠을 하지 말라고 했다.[92] 그는 도를 깨달은 "진인(眞人)은 부지열생

---

90) 히포크라테스, "병은 자연이 치료하고 돈은 의사가 받아 간다."
91) 순천자흥(順天者興), 역천자망(逆天者亡).
92) 불이심연도(不而心捐道), 불이인조천(不而人助天), 상인자연이불익생(常因自然而不益生).

(不知說生), 부지오사(不知惡死)"라고 했다. 진인은 태어남을 기뻐하지도 않고, 죽음을 싫어하지도 않는다는 뜻이다.

또한, 불교 초기 경전인 숫타니파타에서는 인생을 거센 강물에 비유하여 지혜로운 삶에 관한 가르침이 전한다. "내가 애를 쓰면 강물에 휩쓸리게 되고, 내가 멈출 때는 강물에 가라앉았습니다. 나는 애쓰지도 않고, 멈추지도 않으면서 거센 강물을 건넜습니다." 석가모니 부처님이 체득하고 전파한 중도의 진리를 대중들이 알기 쉽게 비유적으로 설법한 내용이다. 이와 같이 인생이란 끊임없이 흐르고 있는 큰 강물 위에 작은 배를 타고 있는 나그네의 모습에 비유할 수 있다. 강물의 흐름은 일정하지가 않다. 때로는 잔잔하게 흐르기도 하고, 때로는 빠르게 흐르기도 한다. 폭포를 이룰 때도 있고 급류와 파도를 일으키기도 한다. 작은 배는 큰 강물의 흐름을 거슬러 역류할 수 없다. 큰 강물이 흘러 마침내 바다에 이르면 바닷물이 된다. 망망대해에서 작은 배는 너무나도 보잘것없는 존재이다. 배는 머지않아 바닷물에 용해되어 자연의 일부가 된다. 바닷물은 자연의 순환 질서에 따라 증발되어 구름이 되기도 하고, 비가 되기도 한다. 땅에 내린 비는 다시 수많은 생명체를 살아가게 하는 생명의 근원이 된다.

논어에 나오는 "공자가 강가에서 말하길, 자연의 존재 실상이 흘러가는 저 강물과 같구나. 밤낮을 가리지 않고 흘러가는구나"[93]라는 표현과 같이 영원히 흐르는 것이 인생이고 우주 만물 존재

---

93) 논어: 子在川上曰, 逝者如斯夫, 不舍晝夜.

내 인생의 나침반

의 본모습이다. 근사록에도 끊임없이 움직이고 변화하는 우주 만물의 실상에 관한 내용이 언급되어 있다. "태극이 곧 무극이요, 무극이 곧 태극이다. 움직임이 극에 달하면 고요해지고, 고요함이 극에 달하면 다시 움직임으로 되돌아온다. 움직이고 고요해지는 것이 지속적으로 반복되는 것이 천지 만물 존재의 실제 모습이다. 천하의 이치는 끝이 있으면 다시 처음으로 돌아온다. 영원함이란 끝이 없는 것이다. 따라서 영원하다는 것은 고정된 일정한 것이 아니다. 일정한 것은 영원할 수가 없다. 오로지 수시로 변화하는 모습이 도의 실체이다. 하늘과 땅이 영원히 존재하는 이치는 천도를 깨닫지 않고서는 알 수가 없다. 천도를 깨달은 사람을 성인이라고 한다. 따라서 성인은 항상 중정인의 상태에 머무르면서, 하늘과 땅의 운행 법도에 부합하면서 하늘과 땅과 사람과 함께한다."[94] 이와 같이 자연은 움직임이 극에 달하면 고요해지고, 고요함이 극에 달하면 다시 움직임으로 되돌아온다. 움직이고 고요해지는 것이 반복되는 것이 천지 만물 존재의 실상이다. 인간도 자연의 일부로서 이와 같은 작동 원리에 의해 생명 유지 활동을 지속한다. 인체는 유기체의 항상성을 유지하기 위해 외부 환경과 끊임없이 상호 작용한다. 몸은 섭씨 36.5도, 혈액 산성도 ph7.3~7.5를 유지해야 한다. 혈액 산성도 ph7.3~7.5 수준은 순수 자연 상태의 물의 산성도

---

94) 근사록: 太極而無極, 無極而太極, 動極而靜, 靜極復動, 一動一靜而天地萬物實相). 天下之理終而復始, 所以恒而不窮, 恒非一定之謂也, 一定則不能恒矣. 唯隨時變易乃常道也, 天地常久之道, 天下常久之理, 非知道者孰能識之 達於天道者 爲聖人, 故聖人定之以中正仁義, 聖人與天地合其德.

와 동일하다고 한다. 인체가 70% 이상의 물로 구성되어 있는 것을 고려하면 인간은 자연 상태와 가까울수록 건강하고 안전한 상태라고 볼 수 있다. 인간의 몸은 외부 환경 변화에 대응하면서 항상 이와 같은 일정한 상태를 유지하기 위한 각종 생명 유지 장치를 지닌 복잡한 존재이다. 외부 환경 변화에 따라 인체는 활성화 모드가 작동해야 할 경우에는 흥분 및 경고 과정을 거쳐 저항하고 적응한다. 인체가 활성화되어 에너지가 소진되면 안정화 모드가 작동되어 회복 단계를 거쳐 정상 상태로 복귀하게 된다. 따라서 활성화 모드와 안정화 모드가 원활하게 작동·유지되어야 건강하다. 인체가 항상성 상태에서 이탈하면 이상 징후가 발생하고 인체는 항상성을 회복하기 위한 각종 비상조치가 이루어진다. 인체의 건강 유지와 인간의 삶 자체는 자연 상태의 순수성과 균형점을 지향하는 과유불급, 중용을 그 근본으로 삼는다고 할 수 있다. 그러나 유기체가 감당할 수 없는 만성적 스트레스 상태(allostatic load)가 지속되면 이상 불안 상태가 야기되고, 정신적·육체적으로 적응 실조성 질환이 발생하게 된다. 스트레스는 만병의 근원이란 말은 여기서 연유한다. 항상성에서 이탈한 상태가 장기간 지속되고 이를 회복할 수 없는 상태가 되면 생명이 다하게 된다. 다한 생명은 발생하려는 경향성, 존재하려는 경향성에 따라 또 다른 형태의 모습으로 변화하면서 무궁전변(無窮轉變)하게 된다. 이와 같은 연유에서 동양에서는 학문의 궁극적 종착지로 성인(聖人)이 되어 자연과 하나가 되는 것을 강조했다. 영원히 흐르고 있는 강물 위에 떠 있는 나그네가 영원히 사는 법은 흐르는 강물과 하나가 되는 것이다. 이처럼 성현들이 남긴 지혜로운 삶에 대한 교훈은 자연과 함께 자연의 변화에 동참하라는 것이다.[95] 이와 같이 인간의 삶은 잠시라도 도에서 벗어날 수 없다. 도에서 벗어나지 않는 생활, 도를 따르는 삶이란 삶의 순간순간에 균형 잡힌 식사와 적당한 정신적·육체적 활동 그리고 충분한 휴식과 수면 등 이른바 일상생활 속의 중용을 실천하는 것이다. 이는 곧 자연과 함께하면서 자연의 운행 법칙을 따르는 것이며, 건강 관리의 지름길인 것이다. 그러나 오늘날 인격 완성을 지향하는 학문은 퇴조하고 물질 숭배 사상과 연계되어 과학 기술을 활용한 상품 개발, 이윤 추구에 주안을 두는 학문이 주를 이루고 있다. 인간의 도구적 이성과 자본과 과학 기술이 결합되어 물질 숭배와 이윤 추구를 향한 끊임없는 욕망을 발현하는 것이 현대인들의 삶의 모습이다. 또한, 인류가 자연과의 균형과 조화를 이룬 지속 가능한 생존 수준을 초과하여 과학 기술과 도구 제작 능력을 무제한 발전시켜서 인간만의 편의와 탐욕을 위한 과도한 인위적 영역을 확대하는 것은 궁극적으로 자연계의 균형을 상실케 하여 인류의 삶에 심각한 부정적 영향을 미친다. 현대인들의 삶이 이와 같은 상태에 머물고 있는 것은 그들의 생각이 사람과 사회, 자연과의 관계에서 최적의 균형 상태에서 심하게 이탈했다는

---

95) 이를 순응자연(順應自然), 물아일체(物我一體)라고 한다. 장자는 자연주의 철학자 노자의 사상을 계승했다. 그는 중국 고대 문명의 시간적, 공간적 축적물에 의존하여 세상을 바라보고 삶을 살아야 한다는 제자백가 사상을 비판하고, 인간의 생각의 산물인 모든 인위(人爲), 유위(有爲)는 사람의 삶을 자연 상태에서 멀어지게 하며 자연과 직접적 상호 작용을 방해하는 걸림돌로 인식했다.

것을 모를 정도로 인위적 요소에 편향된 의식 구조를 지니게 되었다는 의미이다.

영국의 과학자 조지프 니덤(Joseph Needham, 1900-1995)은 "유럽 철학이 실체(實體)에서 실재(實在)를 찾으려고 했다면 동양 철학은 관계(關係)에서 실재(實在)를 찾으려고 했다."라고 동양과 서양의 사유 방식의 차이에 대해 언급한 바 있다. 서양에서는 (인간을 포함한) 자연을 구성하는 모든 물질을 더 이상 분리될 수 없는 궁극적 기본 단위로 생각한다. 인간이 신으로부터 부여받은 특별한 지위와 권한으로 자연을 지배·통제하는 것이 신의 뜻이며, 인간의 권리라는 자연관을 바탕으로 한다.[96] 이와 연계하여 인간은 이성적 동물이라는 전통을 이어받아서 학문과 연구 활동 전반에 귀납적·경험주의적·분석적·실험적 접근이 강조되어 왔다. 이와 같은 태도는 과학 기술의 발달을 가져오는 원동력으로 작용하기도 했으나, 인간과 사회와 자연을 분리시키고 정지와 불변의 상태로 인식하는 서로 다른 철학을 잉태하기도 하였다. 그 결과 너와 나는 각각 다른 존재이며, 인간은 자연을 무한정 지배·통제할 수 있으며, 게르만 민족과 앵글로 색슨 민족은 서로 다른 민족이라는 배타적 민족주의 사상까지 출현케 했다. 이는 범세계적인 전쟁의 고통과 자연 훼손

---

96) 구약성서 창세기: God said, "And now we will make human beings. They will be like us and resemble us. They will have power over the fish, the birds, and all animals, domestic and wild, large and small."

내 인생의 나침반

이라는 부작용을 초래하기도 했다.[97]

이에 반해 동양에서는 천명, 물리, 인성은 하나이다. 인간을 포함하여 모든 존재는 상호의존적 존재이며 더 이상 분리될 수 없는 궁극적 실체는 없다는 자연관을 바탕으로 한다. 따라서 인간의 삶도 자연법칙에 따르는 것이 순리이며, 학문과 사유 활동 전반에 연역적 직관과 통찰 전일적 접근이 강조되어 왔다.[98] 이와 같은 태도는 서양에 비해 자연 과학이나 과학 기술의 획기적 발달을 촉진하는 데는 부정적으로 작용하였으나, 인간과 인간, 인간과 자연과의 조화와 공존이라는 보다 높은 가치를 보존하는 데 기여했다. 동양과 서양이 발달시킨 각각의 자연관은 생각하는 동물이자 사회적 동물인 인간이 각자 처한 환경에서 나름대로 최선을 다한 생각의 산물이다. 동양은 도(道)의 뿌리를 보고 '도'라고 하고, 서양은 도(道)의 가지를 보고 '도'라고 하는 차이가 있을 뿐이다. 모두 도에 관해 고민하고 성찰한 인류 사상사의 일부이며, 인류 공동체 생각의 자산이다. 다행스럽게도 자연 과학의 기초가 되는 물리학자들이 밝힌 우주와 물질의 존재 원리가 고대 동양인들이 직관과 통찰력으로 생각한 전일적 우주, 동적인 우주, 무궁전변(無窮轉變)하

---

97) 현대인들의 생각의 한계와 우매한 점은 첨단 과학 기술을 이용하여 인간과 자연이 지속 가능한 인류 전체의 삶의 질 향상에 모든 노력을 경주하기 보다, 인간 집단 간에 위협을 주고 지배하기 위한 군사적 목적의 무기 개발에 더 많은 노력을 경주하고 있다는 것이다. 인류 공동체, 천지인 공동체보다 국가 공동체, 민족 공동체를 우선시하는 좁고 어리석은 생각에 머물고 있는 것이다.

98) 天命=物理=人性: 사람도 자연의 일부이다. 자연과 함께하면서 영원히 '무진연기'하는 것을 자연의 숭고한 법칙으로 받아들이고 '순응자연'해야 한다(Human being is also a part of universe, his way of life must be harmony with nature, coincide with natural law).

는 우주와 근접하고 있다. 그동안 서양인들이 정립하여 현실에서의 삶의 방식을 지배해 온 인간 중심의 우주와 인간의 존재와 삶에 대한 전통적 생각이 하루아침에 변하기는 어렵지만, 변해야 하는 과학적 근거는 마련되고 있는 것이다. 사람의 현실적 삶은 역사적·문화적 영향을 받으며, 관성(慣性)과 타성(惰性)을 유지하려는 경향이 있다. 그러나 동양과 서양이 서로의 장점을 취합하여 인류 전체 차원에서 지혜를 모으고 올바른 삶에 대해 심사숙고해야 할 시점에 처해 있다. 자연이 지속 가능한 상태의 복원력을 유지하는 가운데 인간에 의한 자연 개발 방향과 방법, 한계에 관하여 동양의 전일적 통섭적 사고와 서양의 개별적·분석적 사고를 결합하여 인간과 자연 모두가 조화롭게 공존·공생할 새로운 패러다임을 정립해야 한다. 자연 상태의 인간은 사람과 사람 사이에 존재하는 사회적 간존재(間存在, inter-being)이면서 동시에 자연의 일부인 동물로서 시간적·공간적으로 자연과 함께 존재하는 인·시·공간적(人·時·空間的) 존재인 것이다. 따라서 진정으로 지혜로운 인간이란 자연의 일부인 인간이 자연을 정복 대상으로 여기는 오만한 인간 중심의 호모 사피엔스 사피엔스(Homo Sapiens Sapiens) 상태에서 한 단계 더 성숙해야 한다. 자신도 알고, 사회도 알고, 자연도 알면서 자연의 구성원으로서 인간의 존엄성을 유지하면서 영원히 지속 가능한 삶의 패러다임을 정립하는 호모 사피엔스 사피엔스 사피엔스 (Homo Sapiens Sapiens Sapiens)로 새롭게 태어난 인간이어야 한

내 인생의 나침반

다.[99] 태양계의 하나뿐인 지구를 공동생활 터전으로 삼고 있는 인류가 현재보다 한 차원 더 성숙한 호모 사피엔스 사피엔스 사피엔스로 재탄생하여 인간과 자연이 진정으로 함께하는 지속 가능한 삶의 방식을 재정립해야 한다. 그래야만 오늘날 인간만의 편의를 위해 개발이라는 명분으로 행하고 있는 자연에 대한 제한 없는 파괴와 정복으로 인한 문제가 좀 더 빨리 해결될 수 있을 것이다.

---

99) 현생 인류를 호모 사피엔스 사피엔스라고 한다. 이 책을 집필하면서 필자가 한 단계 더 성숙한 인간을 호모 사피엔스 사피엔스 사피엔스로 표현했다. 이는 인간(人間)이라는 2차원적 존재에서 인·시·공간적(人·時·空間的), 3차원적 존재로 성숙한 인간을 의미한다.

2. 인생이란 무엇인가?

가. 유일회성(唯一回性) 인생

'인생이란 무엇인가?' 이와 관련하여 첫 번째 주제는 '인간이 사람의 모습으로 산다는 것은 유일회성'이라는 것이다. 유일회성이라는 말에는 유일성, 일회성, 유한성의 의미가 함께 포함되어 있다. 이것은 사람은 세상에서 단 하나뿐인 유일한 존재로 태어나서, 시간상으로 한계가 있는 일회의 삶을 산다는 것이다. 개인이 사람의 몸으로 우주에서 존재할 확률은 10^{11}분의 1이라고 알려져 있다. 이와 같은 확률적 의미는 태초부터 종말까지 개인은 우주에서 오직 하나뿐인 사람의 모습으로 태어나서 단 한 번의 일생을 사는 존재라는 의미이다. 이와 같이 한 사람의 인간이 우주를 구성하는 수많은 별 가운데 지구라는 행성에서 인간의 몸을 형상으로 태어나 지구상에 존재하는 것 자체가 기적 중에 기적이며 불가사의한 일이다. 불교에서는 이를 천상천하 유아독존(天上天下 唯我獨尊)이라는 말로 표현하고 있다. 동일 유전자가 지속적으로 다음 세대에 유전될 시 질병과 환경 변화에 취약하고, 유전자의 다양성 확보가 종(種)의 생존과 직결된다는 진화 경험이 토대가 되어 모든 사람이 세상에서 하나뿐인 상태로 태어나는 것으로 알려져 있다. 이처럼 개인은 유일자(唯一者)이며, 인생은 단 한 번만 주어지며(唯一回), 사람의 형상을 지니고 이 세상에 존재할 수 있는 시간적 한계가 있는 유한(有限)한 존재인 것이다. 그리고 사람의 몸을 받고 태어나는 것 자체가 엄청난 행운이며 자신을 완성하고 온전한 인격을 구비하고 진리에 합당하게 사는 것이 가장 의미 있는 삶인 것이다. 이와 같은 맥락에서 불교 가르침에서는 사람의 몸으로 태어나는 것은 매우 어려운 일이며, 불법을 만나는 것도 매우 어려운 일이라고 했다.[100]

또한, 앞에서 이미 언급한 것처럼 우주 존재 실상은 태극이 곧 무극이요, 무극이 곧 태극이다. 움직임이 극에 달하면 고요해지고, 고요함이 극에 달하면 다시 움직임으로 되돌아온다. 움직이고 고요해지는 것이 지속적으로 반복되는 것이 천지 만물 존재의 실제 모습이라고 했다. 이를 무궁전변(無窮轉變), 무진연기(無盡緣起)라고도 한다. 자연의 일부인 사람의 인생도 이와 같다. 이와 같은 사실을 직시하는 것이 생각하는, 사회적 동물인 사람이 가장 먼저 알고 깨달아야 할 지혜이며 인생의 출발점이다. 이와 같은 맥락에서

---

100) 인신난득(人身難得), 불법난봉(佛法難逢).

예로부터 중국에서도 "하루에 새벽이 두 번 오지 않듯이 인생도 두 번 오지 않는다. 세월은 결코 사람을 기다려 주지 않으니 순간순간 최선을 다하며 살아야 한다."라는 교훈적 시가 전해진다.[101] 이와 관련하여 어린 시절부터 인격 완성을 위한 학문의 중요성에 대해 강조하는 시도 전해진다.[102] 특히, 장자는 인생의 유한성을 올바로 인식하고 인위적 과욕을 경계하고 순응자연 하는 삶을 살 것을 강조했다. 장자는 "인생은 유한한데 인간의 욕망은 무한하다. 무한한 욕망으로 유한한 인생을 살다 보면 위험이 있기 마련이다. 그럼에도 불구하고 과욕을 부리면 반드시 위험에 처한다. 따라서 착한 일을 하더라도 다른 사람들의 칭찬이 자자할 정도로 하지 말고, 악한 일을 하더라도 형벌을 받을 정도는 하지 말라. 지나침도 모자람도 없는 중도, 중용의 삶의 태도를 견지하면 위험에 처하지 않고 온전한 삶을 살고 천수를 누리게 된다."라고 했다.[103]

이와 같이 유일회성 인생이란 내 인생의 주인공은 그 누구도 아닌 나 자신이라는 것과 나에게 주어지는 순간순간의 시간은 단 한 번만 주어진다는 것을 자각하는 일이다. 이를 자각하게 되면 가장 자기답게 살아가는 모습이 우주 만물의 존재의 실상이라는 사실을 올바로 알게 되고 삶의 순간순간에 주체적 생각, 주체적 행동이 가능하게 되는 것이다. 이와 같은 맥락에서 프랑스 철학자 몽

---

101) 盛年不重來, 一日難再晨, 及時當勉勵, 歲月不待人.
102) 少年易老學難成, 一寸光陰不可輕, 未覺池塘春草木, 階前梧葉已秋聲.
103) 吾生也有涯, 而知也無涯. 以有涯隨無涯, 殆已. 已而爲知者, 殆而已矣. 爲善無近名, 爲惡無近刑. 緣督以爲經, 可以保身, 可以全生, 可以養親, 可以盡年.

테뉴(Michel de Montaigne, 1533-1592)는 "세상에서 가장 위대한 일은 자기 자신을 찾아서 그 자기 자신으로 있을 줄 아는 것"이라 했고, 그리스 철학자 소크라테스(Socrates, BC469-BC399)도 "너 자신을 알라."라고 했다. 예수도 "네 자신의 십자가를 지고 나를 따르라."라고 했다. 인도의 위대한 시인인 타고르(Rabindranath Tagore, 1861-1941)는 "당신 자신에게 가장 가까이 가는 것은 가장 먼 길이며, 그 시련은 가장 단순한 음조를 따라가는 가장 복잡한 길입니다. 여행자는 자신의 문에 이르기 위해 낯선 문마다 두드려야 하고, 마지막 가장 깊은 성소에 다다르기 위해 온갖 바깥 세계를 방황해야 합니다."라고 했다. 또한, 불교 초기 경전인 숫타니파타에 무소의 뿔처럼, 소리에 놀라지 않는 사자처럼, 진흙에 물들지 않는 연꽃처럼, 그물에 걸리지 않는 바람처럼 혼자서 가라는 가르침이 있다.[104] 잡아함경에 오직 자기 자신에 머무르면서 자신에게 의지하고, 법에 머무르면서 법에 의지하고, 일체외물에 머물거나 의지하지 말라는 가르침이 전해진다.[105] 사람의 형상으로 태어난 인간은 우주에서 오직 홀로 존엄한 존재로서 자신의 주체성과 정체성을 지니고 삶을 살라는 의미이다.

당나라 때의 고승 임제의현선사는 인간 존재의 유일성과 인생의 유일회성과 관련하여 인간의 삶의 실상에 대해 올바른 이해와 자각을 진정견해(眞正見解)라고 하고, 이와 같은 사실을 직시하고 온

---

104)   如犀角獨步行, 如獅子聲不驚, 如蓮花不染塵, 如風不繫於網.
105)   住於自洲, 住於自依, 住於法洲, 住於法依, 不異洲不異依.

전히 깨달은 사람을 무위진인(無位眞人)이라고 했다.[106) 무위진인의
삶은 순간순간 일체외물에 얽매이거나 속박되지 않고 시간·공간적
으로 항상 자기 자신이 주체적·창의적·독립적으로 주인인 상태로
수처작주(隨處作主)의 삶을 사는 사람이다. 이와 같은 삶을 사람이
순간순간 진리의 상태에서 사는 모습이라고 했다.[107) 상기 임제의
현선사가 언급한 주인이라는 의미의 주[主, ㆍ(불꽃)+王(촛대)]는 촛
대 위의 불꽃을 표현하는 글자이다. 이는 촛불처럼 스스로 타면서
불을 밝히고, 주위에 광명을 펼치며 사는 존재라는 의미를 지니고
있다. 또한, 권력과 부와 명예를 비롯한 일체외물에 종속되지 않고
자유롭고 자연스러우며, 스스로의 힘으로 존재하는 자유(自由), 자
연(自然), 자재(自在)의 삶을 사는 사람이라고 할 수 있다. 이와 같이
각 개인의 인생은 각자의 고유하고도 유일한 것이다. 그 어느 누구
도 대신할 수 없다. 수처작주(隨處作主)는 삶의 순간순간을 자신이
주인이 되도록 한다는 의미이다. 주인이 된다는 것은 실존(實存)의
주체가 누구도 아닌 자유로운 자기 자신이며, 삶의 순간순간마다
일체외물에 얽매이거나 종속되지 않는다는 뜻이다. 입처개진(立處
皆眞)은 사람의 순간순간의 삶이 이와 같은 상태에서 진행될 때 그
것이 진리의 상태이며, 가장 자유로운 자연 상태의 삶이라는 의미
이다. 동양과 서양을 막론하고 인간과 인생에 대해 깊은 성찰을

---

106)　성인(聖人), 진인(眞人), 무위진인(無位眞人), 무의도인(無依道人), 대장부(大丈
　　　夫), 초인(超人) 등 여러 명칭으로 표현되고 있으나, 한 사람의 인간으로서 인격이
　　　완성되어 가장 자연스러운 사람됨의 상태에서 사는 인간이라는 의미는 동일하
　　　다.
107)　無位眞人, 眞正見解, 隨處作主, 立處皆眞.

　　　　　　　　　　　　　　　내 인생의 나침반

한 사람들은 모두 우주에서 유일한 나 자신과 한 번뿐인 인생에 대해 자각하고 순간순간 최선을 다해 자신의 삶을 살 것을 강조했다.

이와 같이 각 개인은 고유한 개성을 지닌 꽃과 같다. 자신이 지닌 고유한 색깔의 꽃을 남김없이 피울 때 가장 아름답고 의미가 있는 것이다. 서로 간에 우열이나 상하의 개념이 없으며 각각의 개성과 특유성에는 그 나름대로의 정체성과 고유성, 각각의 의미가 있을 뿐이다. 따라서 다른 사람의 인생을 흉내 낼 필요도, 부러워할 필요도 없는 것이다. 내가 하는 생각과 말, 행동이 내가 살아 있는 모습이며 곧 내 인생인 것이다. 이와 같은 존재 원리는 자연계의 모든 생명체와 관계에서도 동일하다. 자연계도 생명 다양성이 많을수록 건강하고 조화로운 상태이다. 다양한 생명 현상의 신비로운 조화와 공존 상태가 자연이 가장 물리적·화학적·생물학적 균형과 평형을 이룬 상태이다. 우주에 존재하는 모든 생명체가 각각 유일한 모습으로 단 한 번의 삶으로, 나는 나답게, 너는 너답게 그리고 우리 모두 다 함께 아름답게 자연과 조화와 공존의 형태로 존재하는 것이 개인과 사회, 자연이 존재하는 본래 모습이다. 중용에는 이와 같은 신비로운 생명 다양성과 조화 현상을 우주의 모든 만물이 다 함께 자라나고 있으면서도 서로에게 해를 끼치지 않으며, 각각의 서로 다른 모습과 방법으로 살아가고 있지만 서로 엉키지 않는다고 했다.[108] 또한, 의상대사의 법성게에서도 생명을 이롭

---

108) 萬物竝育而不相害, 道竝行而不相悖.

게 하는 보배로운 비가 허공에 가득하게 내리고 있는데 모든 생명
은 각자의 그릇 크기만큼 수시로 알맞게 얻어서 자신의 삶을 살아
가고 있다고 표현하고 있다.[109] 이와 같은 같은 맥락에서 대학 첫
장에는 인간이 학문을 하는 목적은 자신이 본원적으로 구비한 밝
은 덕을 밝히고, 다른 사람들의 덕도 밝혀 모두가 지극히 선한 상
태에 머무르기 위함이라는 가르침이 있다.[110] 개인이 구비한 덕이
란 자연계의 생명체로서 자신의 고유한 정체성을 말한다. 그리고
덕을 밝히는 것은 스스로 노력해야 하며, 노력하지 않는데 외부의
어떤 존재에 의해 저절로 밝혀지지는 않는다. 또한, 밝혀진 덕을
촛불에 비유해 보면 자신의 정체성이 온전히 발현된 상태라고 할
수 있다. 따라서 인간이 학문을 하는 목적은 마음의 촛불을 밝히
는 것이라고 볼 수 있다. 그리고 밝혀진 촛불로 다른 사람에게 불
을 옮겨도 자신의 불은 꺼지지 않는다. 촛불은 하나일 때보다 두
개일 때가 더 밝고, 많을수록 사회는 더 밝아진다. 모든 사람의 촛
불이 다 밝혀진 상태가 되면 사회는 더 이상 어두운 곳 없이 광명
의 세계가 된다. 그리고 나 자신의 촛불을 밝히고 다른 사람의 촛
불 밝히는 것을 도와주는 일은 사람이 살면서 해야 할 일 중에서
도 가장 중요한 일이다. 그리고 내가 가진 하나뿐인 물건을 다른
사람에게 주면 내 것은 없는 상태가 되지만, 내 마음의 촛불이 다
른 사람에게 옮겨붙어도 꺼지지 않고 계속 타오른다. 이것이 촛불

---

109) 雨寶益生滿虛空, 衆生隨器得利益.
110) 大學之道, 在明明德, 在 新民, 在止於至善.

78   내 인생의 나침반

의 신비로운 면이다. 사람이 학문과 수도를 통해 마음의 촛불을 밝혀 나 자신을 밝히고 주변을 비추면서 다른 사람들의 촛불도 밝혀 주는 일이 인생에서 가장 중요한 것이며 인간이 존엄한 이유이다.

특히, 많이 배운 사람일수록 자신이 살고 있는 시대와 사회 현실에 대해 깊이 성찰하고 오염된 부분을 양식으로 치료하고 오염을 방지하기 위해 노력해야 한다. 그것이 학자의 도리요, 사회 지도층의 책무이다. 그리고 오염된 사회를 청정하게 하는 지름길은 자기 자신부터 오염에서 탈피하고 청정한 상태를 회복하고 이를 유지하는 것이다. 이와 같은 개인의 인격 완성을 통한 솔선수범은 사회 구성원들에게 영향을 주면서 사회 공동체가 더 바람직한 방향으로 변화하는 데에도 자연스럽게 영향을 준다. 이는 마치 스스로 내면의 촛불을 먼저 밝히고 촛불을 밝히는 방법을 다른 사람들에게 알려 주는 것과 같다.

이와 같은 맥락에서 노자는 "인격이 완성된 성인은 매사를 인위적·의도적 생각 없이 자연스럽고 순수하게 처리하며, 불필요한 말이 없이 행동으로 다른 사람에게 영향을 준다."라고 했다.[111] 그리고 이와 같은 원리는 현대의 모든 인간관계에도 적용된다. 어린 자녀를 교육하는 부모와 자녀 사이, 학교 교육을 담당하는 스승과 제자 사이, 직장에서 업무를 하는 상관과 부하 사이, 기타 사회적 인간관계 속에서 모든 인간은 남녀노소 지위고하를 불문하고 서

---

111) 聖人 處無爲之事, 行不言之教.

로가 서로에게 목적 그 자체이며 수단으로 전락할 수 없다. 모든 인간은 세상에서 하나뿐인 유일한 존재이며 독립적 인격체이기 때문이다.

나. 열려 있는 가능성의 인생

두 번째 주제는 '인생이란 개방과 가능성을 지니고 있다.'라는 것이다. 이는 인간의 삶은 폐쇄적이고 고정불변의 상태가 아니라, 사회와 자연 시간과 공간에 무한대로 개방되고 열려 있으며 성장 가능성을 지니고 있다는 것이다. 사람은 생물학적 성체로 성장하기까지 다른 유기체에 비해 태어나서 긴 시간을 필요로 하는 존재로 알려져 있다. 또한, 생물학적 성체로 성장한 후에도 특정 상태에 정지하는 것이 아니라 신체적·정신적으로 용(用), 불용(不用)의 원칙에 따라 지속적으로 성장·쇠퇴·변화하는 것으로 알려져 있다. 이처럼 인간은 육체적 성장 및 쇠퇴뿐만 아니라 생각하는 존재로서 정신적 성장 가능성이 다른 생명체에 비해 뛰어나다. 독일의 철학자 야스퍼스(Karl Jaspers, 1883-1969)는 사람은 "사람임(Menschsein)이 아니고 사람됨(Menschwerden)이다."라고 했다. 또한, 스위스 출신 유대인 철학자 랜드만(Michael Landmann, 1913-1984)도 "인간은 미완성 교향곡이다."라고 했다. 무한한 가능성과 가변성을 지닌 인생에 대하여 간명하고도 의미 있는 철학적 표현이다. 유교 경전인 대학에서도 "모든 개인에게 지혜를 다 이룰 수 있는 마음의 신령함을 지니고 있으나 노력이 부족하여 이루지 못하고 있을 뿐, 누구나 노력하여 사물의 궁극적 이치를 밝히면 마침내 활연관통하여 마음 전체의 큰 작용이 밝지 아니한 것이 없게 된다."라고 했다.[112] 불교 경전인 대열반경에서도 "모든 사람은 불성(佛性)을 지니고 있으나, 마음에 많은 번뇌가 쌓여 있어서 이를 보지 못할 뿐"이라고 했다.[113] 이와 같이 모든 인간은 완성에 이를 수 있는 가능성을 지니고 태어난다. 또한, 인간은 생물학적·유전적 유산과 사회·문화적 유산의 영향을 받으면서 사는 존재이다. 생물학적·유전적 한계는 노력으로 극복하는 데 한계가 있지만, 사회·문화적 한계는 노력으로 극복 가능하다.

현대 심리학에서도 인간은 천성적(nature) 고정성·완전성보다 후천적(nurture) 가소성·가변성이 크기 때문에 지속적 변화된 환경과 상황에 적합성 유지를 위한 노력이 요구된다고 언급하고 있다. 현대 생물학, 심리학에서 유전과 환경과의 관계에 대한 연구 결과에 따르면 인간은 부모로부터 물려받은 유전자에 의해 변하지 않는 생물학적 요소도 있지만, 성장 환경에 따라 달라지는 것도 많다는 것이다. 특히, 일란성 쌍생아를 대상으로 한 연구 결과는 사람이 환경에 따라 변화하고 달라진다는 것을 잘 보여 준다. 일란성 쌍생아는 생물학적 유전 체계가 동일하다. 인간이 고정적·불변적 존재라면 이들은 각자가 처한 환경에 상관없이 세월이 지나도 모든 것

---

112) 대학, 격물보존: 蓋人心之靈莫不有知, 而天下之物莫不有理, 惟於理 有未窮故, 其知有不盡也. 以求至乎其極, 豁然貫通, 吾心之全體大用 無不明矣.
113) 대열반경 18: 一切衆生 悉有佛性 常爲無量煩惱所覆故 不能得見.

이 똑같아야 한다. 그러나 연구 결과, 서로 상이한 환경에서 성장한 일란성 쌍생아는 다른 사람에 비해서는 유사한 점이 많지만, 세월이 경과할수록 서로 다른 점도 많이 나타난다. 이와 같이 사람은 태어나면서부터 불변의 형태로 존재하지 않는다. 사람은 미완성의 상태에서 태어나 환경과의 지속적인 상호 작용을 하면서 성숙성, 적합성을 지닌 상태로 변화한다. 따라서 인생이란 지속적인 사람됨의 과정이라고 할 수 있다. 이와 같이 사람이 살아가는 데에 영원불변하고, 최종적이며, 결정적이고, 고정되고, 유일무이한 그 무엇은 존재하지 않는다. 따라서 인간은 사회와 자연에 대해 시공간적으로 열려 있으며, 항상 변화 가능성의 상태로 살아간다. 따라서 인생이란 환경과 영원한 상호 작용을 하는 과정이며 사람됨의 과정에 최종 종착지는 없다. 자유 의지에 따라 사람됨의 과정에 순간순간의 생각과 행동을 스스로 결정하는 것이 삶의 진면목이라고 할 수 있다. 또한, 자작자수(自作自受), 자업자득(自業自得), 자승자박(自繩自縛), 인과응보(因果應報)라는 말이 의미하듯이 자신의 생각과 말, 행동은 곧 자기 자신이며 인생이다. 이와 같은 맥락에서 공자는 군자는 "위로는 하늘을 원망하지 않고, 아래로는 다른 사람 탓으로 돌리지 않는다."[114]라고 했다. 그리고 일생 동안 노력하여 70대에 이르러서야 순간순간의 생각과 말, 행동이 지나침도 모자람도 없이 주변 상황과 조화를 이루게 되었다고 한다.[115]

---

114) 上不怨天, 下不尤人.
115) 七十而 從心所慾不踰矩.

독일의 철학자 니체(Friedrich Nietzsche, 1844-1900)는 인간은 권력에의 의지(Wille zur Macht: 삶에 대한 의지, 살려는 의지)를 지닌 확정되지 않은 동물이라고 했다. 권력에의 의지란 기존의 종교적 권위, 역사·문화적 사회와 도덕적 관습 등 일체의 외적인 속박과 집착 의존 상태에서 벗어나서 스스로 자유로운 삶을 영위하려는 삶에 대한 긍정적 에너지 및 힘을 말한다. 그는 권력에의 의지야말로 인간이 가장 자연스러운 상태에서 인간답게 살아갈 수 있는 근원적 동력이며 이를 강화하고 성숙하는 과정이 인간의 삶이라고 했다. 그는 사람들이 권력에의 의지가 약할 때 현실의 삶을 스스로 개척할 의욕을 상실한다고 했다. 현실을 회피하면서 신이나 피안 또는 미래의 이상 사회라는 허상을 만들고 그것에 의존하게 되며, 이와 같은 인위적 가공의 신기루에 의존하는 성향은 점점 더 스스로의 권력에의 의지를 약화시킨다. 따라서 참다운 권력에의 의지란 현실적 삶의 문제를 외부 신기루에 의존하지 않고 자신의 힘으로 해결하기 위해 자신을 강화하고 극복하려는 삶에 대한 긍정적이고 진취적인 노력이라고 했다. 이와 같은 맥락에서 기존의 종교적 권위, 역사·문화적 사회와 도덕적 관습 등 일체의 외적인 속박과 집착·의존 상태에서 벗어나서 자기 자신의 내적인 권력에의 의지를 강화하면서 인격 완성에 도달하려고 노력하는 인간을 초인(超人)이라고 했다. 그리고 인간이 독립적이고 권력에의 의지가 강한 상태가 되기 위해서는 우선 이데아(Idea), 신(God), 미래의 이상 사회와 같은 허구적인 것에 의존하는 상태에서 벗어나 자기의 현실적 삶을 스스로 개척하려는 독립적이고 주체적인 성인(成人)으로 거듭나야 한다고 했다. 그리고 자신의 삶에 대한 긍정적이고 자율적인 의지를 바탕으로 추상적이고 가상적인 외물에 의존하는 상태에서 벗어난 초인(超人)의 상태로 현실적 삶에서 직면하는 모든 것을 긍정하는 아모르 파티(Amore Fati)의 자세로 정진하는 삶을 사는 것이 참다운 인생이라고 했다. 아모르 파티란 운명애(運命愛)를 뜻한다. 즉, 자신의 현실적 삶에 직면하게 되는 모든 것에 대한 긍정적 자세와 사랑하는 마음 그리고 이를 극복하려는 긍정적이고 적극적인 삶의 태도이다. 그는 이와 같은 자세로 "모든 것은 죽고 모든 것은 다시 태어나면서 영원회귀한다는 것을 깨닫고 스스로 현실적 삶에 충실하는 것만이 의미 있는 인생"이라고 했다.[116]

프랑스 철학자 사르트르(Jean Paul Sartre, 1905-1980)는 "실존(實存)은 본질(本質)에 앞선다."라고 했다. 실존이란 인간이 현재의 순간순간 삶에 충실한 것을 의미한다. 삶을 초월하면서 영원히 이상적으로 존재하는 것은 없다는 의미이기도 하다. 이와 같이 인간의 삶이란 미성숙에서 성숙, 미완성에서 완성으로 나아가는 사람됨의 과정이라고 할 수 있다. 사람됨이란 생물학적 육체적 성장뿐만 아니라 사회적·문화적·정신적 성숙과 완성을 향해 지속적으로 추구하고 노력하는 과정이다. 그리고 사람됨의 자유는 인간에게 주어

---

116) 니체는 서구인들의 삶을 '유대-크리스천 전통'의 역사적·문화적 축적물에 세뇌되고, 잘 길들여진 상태의 수동적·노예적 삶이라고 진단했다. 특히 "신은 죽었다."라는 파격적인 선언을 하면서 각 개인의 내면에서 용솟음치는 '삶에의 의지'가 온전히 발현될 수 있도록 주체적 개인으로 거듭나서 자연과 직접 상호 작용하는 삶을 살 것을 주장했다.

내 인생의 나침반

진 위대한 영광임과 동시에 가장 무거운 짐이다. 자신의 인생에 대한 책임은 일체 자기 자신에게 있기 때문이다. 사람들은 이 자유의 무거운 짐을 회피하기 위해서 때로는 하나님의 섭리(攝理) 탓으로 돌리기도 하고, 운명을 말하기도 하고, 선천적 유전을 말하기도 하고, 외부 환경 탓으로 돌리기도 한다. 그러나 하나님의 운명이나 섭리는 존재하지 않는다. 유전적 요인이나 외부 환경은 개인의 존재에 영향을 주는 부분적 요소는 될 수 있으나 개별 인간 인생의 모든 것을 엄격하게 결정하지는 못한다. 따라서 개인 삶의 주된 결정 요소는 개인의 자유 의지에 따라 행해지는 순간순간의 생각과 말, 행동이다. 개인의 삶에 대한 궁극적 책임은 개인에게 달려 있다. 이처럼 사람은 변화하는 환경에 적합성을 추구하기 위해 항상 새롭게 거듭나야 하는 영원한 나그네이다. 이것이 본래 면목이고 인생의 실상이라고 할 수 있다.

그렇다면 참다운 이기주의(利己主義)와 자기사랑(自己愛)이란 무엇일까? 진정한 행복이란 무엇일까? 행복(幸福)이란 단어는 행[幸=夭(요절할 요)+逆(거스를 역)]과 복(福=示(나타날 시)+畐(술동이 복)]이 결합된 것이다. 의미는 사람이 태어나서 젊은 나이에 요절하지 않고, 술동이에 술이 가득한(풍부하고 넉넉한) 상태가 계속 유지되면서 자연 수명을 누리는 것이라는 뜻을 지니고 있다. 신막대어화도(神莫大於化道), 복막장어무화(福莫長於無禍)라는 말이 있다. 이는 인생에서 가장 의미 있는 일은 도를 이루는 것이며 가장 큰 복은 화를 당하지 않는 것이라는 의미이다. 이를 종합해 보면 행복이란 사람이 태어나서 육체적 생명 유지에 필요한 물질적 부족함에 시달리지 않고, 자연재해나 인위적 화를 당하지 않으면서, 자연 수명을 누리면서 사는 것이라고 볼 수 있다. 이것은 고대 중국인들이 빈번한 자연재해와 전쟁, 빈곤, 기아, 높은 유아 사망률, 젊은이들의 죽음을 경험하면서 생긴 행복에 대한 간절하고도 소박한 소망을 반영한 듯하다. 이와 같은 맥락에서 사람이 도를 이루기 위해 기본에 힘쓰고, 도를 따르는 삶에 충실하는 길이 화를 피하고 복을 누리며 천수를 다하는 최선의 길이라는 가르침이 정립되고 전수되어왔다.[117)]

독일의 철학자 쇼펜하우어(Arthur Schopenhauer, 1788-1860)는 "사람의 본질은 이성이 아니고 의지이다."라고 했다. 의지(意志)란 살아 있는 상태를 유지하려는 마음자세이며 살려는 욕구 등을 전반적으로 뜻하는 것으로 볼 수 있다. 쇼펜하우어가 말한 의지란 인간은 생각하는 사회적 동물로서 육체적 항상성을 유지하기 위한 생물학적 욕구와 사회·문화적 욕구 등 다양한 욕구를 발현하려는 복합적이고 불확정적 존재라는 것을 지칭한 것으로 볼 수 있다. 인간의 다양한 욕구와 관련하여 미국의 심리학자 매슬로우(Abraham H. Maslow, 1908-1970)는 '욕구 단계설'을 주장하였다. 그는 인간의 욕구에는 기본적인 생물학적 욕구부터 기본 욕구가 충족되고 난 후에 활성화되는 복잡한 사회·문화적 욕구까지 다양한 욕

---

117) 務本, 化道, 從道, 無禍, 盡年.

구들의 위계가 있다고 하였다.[118] 미국의 심리학자 칼 로저스(Carl Rogers, 1902-1987)는 '자아실현 경향성'을 주장하였다. 그는 인간이 성장하고 성숙하려고 하며, 긍정적 변화를 추구하는 선천적 경향성을 지니고 있다고 주장했다. 그는 인간 유기체를 동기화시키는 기본 힘은 이와 같은 유기체의 역량을 증진하거나 잠재력을 실현하는 방향으로 나아가려는 선천적 경향성이라고 보았다. 이를 자아실현 경향성이라고 하였다.

앞의 철학자와 심리학자들의 주장을 현대 뇌과학적 측면에서 바라보면 인간의 생물학적 활동 우선순위는 인체의 항상성 유지가 최우선이다. 앞에서 언급한 생존과 안전의 욕구이다. 이는 뇌의 중심핵 부위에서 주로 수행하는 생명 유지 기능이다. 이어서 변연계, 대뇌에서 사회적 관계와 고등 정신 활동과 관련된 기능을 수행하는 것으로 알려져 있다. 이것이 사회적 욕구와 자아실현의 욕구이다. 인간의 뇌세포 숫자와 세포와 세포 간 연결망 형성의 가능성에 관해서는 앞에서 이미 언급한 바와 같다. 이와 같이 인간은 생물학적으로 무한대의 욕망과 실현 가능성을 지닌 존재라고 볼 수 있다. 앞에서 언급된 사람은 자아실현 경향성을 지니고 있다는 말이나, 예수의 인간은 빵만으로는 살 수 없으며 신의 말씀을 필요로 한다는 말은, 진정한 자기사랑과 이익 행복이란 육체적 생존을 넘어 더 높은 곳에 있음을 시사해준다. 또한 욕구충족은 한 개인

---

118) 인간은 생물학적 욕구, 안전의 욕구, 소속과 인정의 욕구, 존중감 욕구, 인지적 욕구, 심미적 욕구, 자아실현의 욕구 등 다양한 욕구가 있다고 했다.

의 부분적인 욕구를 만족시키는 것보다는 그 사람의 인격 전체의 욕구를 만족시키는 것이 바람직하며, 사회 공동체 구성원 소수의 욕구를 충족시키는 것보다 다수의 욕구를 충족시키는 것이 바람직하다는 것이다.

사람은 누구나 자기 자신을 사랑하며 자기 자신의 이익을 극대화하기 위해 생각하고 행동한다. 그러나 자기 자신을 구성하는 것 가운데 가장 귀중한 것이 무엇이며 자신의 가장 큰 이익이 진정으로 무엇인가에 대하여 깊이 생각하지 않는 까닭에 자신에 대한 사랑과 이익 추구가 알맹이를 잃는다. 자신의 본성(本性), 인격보다도 소지품, 재산, 헛된 명성, 사회적 지위, 권력, 순간적 쾌락 등 실체가 없는 일체외물을 더욱 소중하게 여기고 종속되어 결과적으로 자신을 상실하는 우를 범하게 되는 것이다. 우주 구성원의 일부인 사람도 자신이 하고 싶은 욕구를 충족하면서 순간순간 만족의 상태에 머무르면서 우주 만물의 존재 원리에 부합하는 상태가 바람직한 삶의 모습이다. 그러나 욕구의 적정 기준이 부재하여 과도하거나, 부족하여 만족을 모르는 상태가 지속되면 균형과 조화를 상실하고 불행의 상태에 빠지게 된다. 따라서 자신의 정체성에 맞게 상족(常足)의 상태를 지속적으로 유지하는 것이 중요하다. 상족(常足)이란 더 이상 욕구 불만의 상태가 생기지 않는 것, 항상 만족의 상태에 머물러 있는 것을 말한다. 노자 도덕경에서는 "절제되지 않은 욕망을 따르는 것이 가장 큰 죄이며, 만족을 모르는 것이 가장 큰 화이다. 만족을 알면 욕을 당하지 않고, 언제나 만족 상태에 있

내 인생의 나침반

는 것이 최고이며 오래도록 지속할 수 있다."라고 했다.[119] 그리고 불교 경전인 법구경에서는 "병이 없고 건강한 것이 가장 이로운 일이며, 만족을 아는 자가 최고 부자이다. 신뢰가 사회적 인간관계에서 최고의 덕목이며, 학문과 수도를 통해 불법(佛法)에 통달하여 진리의 상태에 머무르는 삶이 최고의 즐거움"이라고 전하고 있는 것이다.

반야심경에서는 인간의 신체를 비롯하여 일체외물이 실체가 없는 허망한 것이라는 것을 올바르게 자각하고 깨달아야 삶의 모든 고통으로부터 벗어날 수 있으며, 인간의 감각 기관이 지닌 제한된 능력으로 인식한 일체외물을 실체로 여기고 이것에 집착하는 잘못된 몽상으로부터 벗어나야 궁극적인 자유와 즐거움을 누릴 수 있다고 했다.[120] 해탈, 열반, 극락은 사람이 일체외물에 종속되는 상태에서 벗어나 가장 자유롭고, 자연스럽고, 만족스러운 상태에서 스스로 존재하는 상태를 의미한다. 이것은 종교에서 극락(極樂), 법열(法悅), 천당(天堂)이라고 다양하게 불리고 있으나 같은 맥락의 의미라고 볼 수 있다. 오늘날 극락왕생(極樂往生)이란 말은 통상 사람이 생물학적 수명이 다한 후 항상 즐거움과 기쁨이 충만한 곳에 다시 태어난다는 의미로 사용되고 있다. 특히, 죽은 사람을 위한 불교 의식에서 극락왕생할 것을 소망하고 기원하는 의미로 사용된다. 그러나 본래의 뜻은 '지극할 극(極)+즐거울 락(樂)+일

---

119) 罪莫大於可欲, 禍莫大於不知足, 知足不辱, 知足之足 常足, 可以長久.
120)   照見五蘊皆空, 度一切苦厄. 遠離顚倒夢想, 究竟涅槃.

정한 곳에 이를 왕(往)+살 생(生)'으로 지극한 즐거움이 일정한 상태를 이루면서 사는 모습, 항상 기쁜 상태의 삶, 순간순간의 생각과 말, 행동이 즐겁고 기쁘고 기복이 없이 일정한 상태를 유지하는 삶이라는 의미이다. 도극락처무락(到極樂處無樂)이라는 말의 의미하듯이 극락왕생의 세계는 즐거움, 기쁨, 슬픔, 만족, 불만족 등 일체의 상대적 감정의 기복이 없고 항상 여여(如如)한 상태이다. 그리고 극락의 상태는 인체의 생물학적 항상성을 유지하기 위한 육체적 욕구 충족 상태에 머무는 수준이 아니고, 인간만이 본원적으로 구비한 인격 완성을 통한 궁극적 욕구가 충족된 상태에서만 가능하다. 다시 말해 인간의 마음과 몸이 학문과 사색 활동을 통해 최적의 상태로 활성화되어 개인과 사회와 자연이 순간순간 조화와 균형을 이룬 상태로 볼 수 있다.

그리스 철학자 아리스토텔레스는 "인생에서 참다운 행복, 성공한 인생이란 헤도니아(Hedonia)가 아니라 유다이모니아(Eudaimonia)를 추구하고 이루는 데 있다."라고 했다. 헤도니아란 수단으로서 좋은 것을 추구하는 행복을 말한다. 이는 유한하며 일시적인 속성을 지니고 있다.[121] 유다이모니아는 목적으로서 좋은 것을 추구하는 행복을 말한다. 이는 무한하며 영원한 속성을 지니고 있다.[122] 그는 인간 삶의 목적은 인간다운 인간이 되는 데 있다고 했다. 인간다운 인간이란 그가 지닌 탁월성(arete, excellence)을 가

---

121) 후(朽), 유루복(有漏福)과 같은 맥락이다.
122) 불후(不朽), 무루복(無漏福)과 같은 맥락이다.

장 잘 발휘하고 실현하는 사람인데, 탁월성이란 인간을 인간이게 하는 최고의 능력을 말한다. 최고의 능력이란 가장 좋은 것(善, good)을 추구하는 능력을 말하며, 사람은 이성적 동물이기 때문에 이성의 활동이 극대화되어 나타나는 행복이 최고의 선이라고 했다. 그는 사람이 느낄 수 있는 최고의 행복은 감각적, 육체적 욕망 충족을 통해 느끼는 일시적, 일회적 쾌락(快樂, Hedonia)이 아니라 자신의 인격이 완성되었을 때 정신적 안정(安定)을 통해 달성되는 극락(極樂, Eudaimonia)이라고 한 것이다.

이와 같이 동물적·육체적·생물학적 욕구 충족에 머물지 않고 고차원적이고 정신적인 차원의 인격 완성에 관한 충족 욕구는 인간만이 갖고 있으며, 이것이 인간을 인간답게 하는 중요한 요인이며 인간이 존엄한 이유이다. 나아가 사람의 생각과 말, 행동이 인격 완성을 위한 목표 지향적 삶을 추구할 때, 생각하는 사회적 동물로서의 존엄성 고유성과 정체성이 있을 수 있다. 또한, 자신의 인격 완성을 위해 정진하는 것이 인생에서 가장 중요한 과업이고 의미 있고 보람된 일이며 궁극적으로 도달해야 할 최후의 목표인 것이다. 생각하는 사회적 동물인 인간이 자신의 생각하는 능력을 향상시켜 100% 발휘하기 위해 노력하지 않는다면 자신에게 주어진 보물을 사장하는 것과 같다. 이와 같은 상태에 도달하기 위한 공부가 진정한 학문의 길이며, 기타 모든 종교와 철학에서 궁극적으로 추구하는 수행의 길이자 구도(求道)의 길이다. 이와 같은 연유에서 공자는 도를 이루는 데 뜻을 두고, 덕을 근거로 하여, 인에 의지하며, 예에 노닌다고 했다.[123] 이처럼 삶과 죽음에 대한 초월적 이해와 극복을 통해 궁극적 행복에 이르는 길을 발견하고 정립하여 후세에 전한 가르침이 인류의 성인들이 이룩하고 후세에 남긴 가장 귀중한 유산이다. 보통 사람들은 일체외물에 종속되면서 일시적, 일회적 쾌락을 추구하는 삶에서 벗어나지 못했지만, 성인들은 도를 따라서 순간순간 영원을 추구하며 궁극적 행복을 누리면서 살았다. 사람마다 완성에 도달할 수 있는 천성을 부여받고 세상에 태어나지만, 모든 사람이 완성에 도달하는 것은 아니다. 이는 각자의 노력의 산물이며 그 책임과 결과도 각자의 몫이다.

이와 같은 맥락에서 순자는 "사람이 사람답다는 것은 성실하게 학문을 연마하고 축적하여 인격을 완성시키는 데 있다. 사람이 학문을 하는 목적을 상실하고 학문을 잠시라도 포기하면 짐승과 다를 게 없다. 군자는 자신의 인격 완성을 위해 공부를 하고, 소인은 먹고사는 수단으로 공부를 한다. 인격 완성을 위한 학문은 평생의 과업이다. 공부는 죽어서야 끝이 난다."[124]라고 했다. 근사록에서 "자아 완성을 통해 성인을 이루겠다는 확고한 목표 의식을 가져야 함께 공부할 수 있고, 독서와 사색을 통해 좋은 습관이 길러져야 도에 나아갈 수 있다. 마음에 얻음이 있으면 함께 설 수 있고, 함께 서야 도와 하나가 되며 생각과 말, 행동이 시간·공간적으로 항

---

123) 子曰, 志於道, 據於德, 依於仁, 遊於藝.
124) 學惡乎始惡乎終? 其義則始乎爲士, 終乎爲聖人, 若其義則不可須臾舍也, 爲之人也, 舍之禽獸也, 君子之學也 以美其身, 小人之學也 以爲禽犢, 眞積力久則入, 學至乎沒而後止也.

상 마땅함과 적당함을 유지할 수 있다."[125]라고 했다. 또한, "군자가 학문을 하면 하루하루가 늘 새로워야 한다. 새롭다는 것은 향상이 있다는 것이다. 새롭지 않으면 퇴보가 있을 뿐이다. 새롭지도 않고 퇴보도 없는 경우는 없다. 오직 성인의 도만이 향상도 없고 퇴보도 없다. 성인은 인격이 완성된 상태로서 이미 지극한 경지에 도달했기 때문이다."[126]라고 했다.

그리스어 philosophia는 philo(추구하다, 구하다, 노력하다)와 sophia(지혜, 전지, 진지: 智慧, 全知, 眞知)가 합해진 것으로, 올바른 앎과 참다운 앎을 위해 노력하는 일이라는 뜻을 지니고 있으며, 오늘날 철학(philosophy)의 어원이다. 이와 같이 철학이라는 말이 지닌 원래 의미는 온전한 앎을 위해 노력하고 추구하는 일이라는 뜻이다. 철학을 하는 사람을 철학자(philosopher)라고 하는데, 프랑스 철학자 앙리 베르그송(Henri Bergson, 1859-1941)은 "인간은 철학 하는 동물이다."라고 했다. 이와 같이 철학자만이 철학을 하는 것이 아니라 실제로는 생각하는 사회적 동물인 사람은 모두가 삶의 순간순간마다 철학을 하는 것이라고 할 수 있다. 이와 같은 맥락에서 그리스어 philosophia[philo(추구하다)+sophia(참된 지혜)]는 동양의 구도(求道)와 비슷한 의미라고 할 수 있다. 중용에서 "성(誠)은 자연의 도(道)다. 성(誠)은 애쓰지 않고도 적중하며 생각하지

---

125) 有求爲聖人之志, 然後可與共學, 學而善思, 然後可與適道. 思而有所得, 則可與立. 立而化之, 則可與權.
126) 君子之學必日新, 日新者日進也, 不日新者必日退, 未有不進而不退者, 唯聖人之道 無所進退, 以其所造者極也.

않고도 얻게 되고 항상 중도를 따르니 성인(聖人)의 경지이다. 성해지려고 노력하는 것은(誠之者) 사람의 도(道)"라고 했다. 성자(誠者)를 sophia에, 성지자(誠之者)는 philo에 비유해 보면 서양의 철학(philosophy, 哲學)은 동양의 성학(聖學), 구도(求道)와 일맥상통한다. 그리고 보통 사람이 성인의 경지에 도달하기 위한 구도의 방법에 관해, "널리 배우고(博學), 자세히 물으며(審問), 신중히 생각하고(愼思), 명확하게 분별하며(明辯), 돈독히 행한다(篤行)."[127]라고 했다. 이를 줄여서 학문(學問)이라고 한다. 따라서 학문이란 생각하는 사회적 동물인 인간이 인격 완성에 도달하기 위해 생각하고, 판단하고, 행동하는 모든 것을 지칭한다고 볼 수 있다. 이와 같은 맥락에서 근사록에서도 올바른 학문 방법은 박학, 심문, 신사, 명변, 독행이라고 강조하고, 5개 요소 중 하나라도 누락되면 학문이 아니라고 했다. 예수도 하늘에 계신 아버지가 완전한 존재이듯이, 너희들도 완전한 상태가 되도록 노력해야 한다고 했다. 이를 위한 방법으로 끊임없이 묻고, 추구하고, 도전할 것을 강조했다.[128] 자연의 이치, 신의 섭리에 도달하기 위해 성실하게 노력할 것을 강조하는 서양의 철학이나 성인의 경지를 이루기 위한 동양의 성학이나 모두 같은 학문이며 인간의 사유 활동을 표현하고 있는 것이다. 그리고 동양과 서양이 표현 방식은 다르지만, 구도와 학문의 최종 목적지는 완성과 완전에 이르는 것이라는 점은 동일하다. 그러나 학문의

---

127) 博學之, 審問之, 愼思之, 明辯之, 篤行之, 五者廢其一非學也.
128) You must be perfect, as your Father in heaven is perfect. ask, seek, knock.

길은 결코 순탄하지 않다. 예로부터 "도(道)가 한 척만큼 높아지면 마(魔)는 10척 높아진다."[129]라는 교훈이 전해진다. 또한, 법구경에서는 "몸에 해로운 나쁜 행동은 쉽게 행하고, 몸을 편안하게 하는 좋은 행동은 하기 어렵다."[130]라고 했다. 그리고 "잡초가 논과 밭을 망치듯이 탐욕이 인간을 해친다."[131]라고 했다. 유대인들의 삶의 지혜가 기록된 탈무드에는 "죄(sin)는 태아(胎兒) 시절부터 인간의 마음에 싹터서 인간이 성장함에 따라 점점 강해진다. 죄는 처음에는 거미집의 줄처럼 가늘다. 그러나 마지막에는 배를 잇는 밧줄처럼 굵고 강하게 된다."라는 가르침이 있다. 또한, "죄는 처음에는 손님이다. 그러나 그대로 방치하면 손님이 그 집 주인이 되어 버린다."라는 말이 있다. 성경에도 악행의 유혹에 빠지기 쉬운 인간의 마음과 진정한 참회의 어려움이 자주 언급되고 있다.[132] 그럼에도 불구하고 예수는 대부분의 사람이 가고자 하는 쉽고, 넓은 지옥의 길로 가지 말고 어렵고 힘들지만, 좁은 길을 택하여 생명의 문을 열어야 한다고 했다.[133]

---

129) 道高一尺 魔高一丈.
130) 惡行危身, 愚以爲易, 善最安身, 愚以危難.
131) 雜草害田地, 貪慾害世人.
132) 마태복음, 유혹에 빠지기 쉬운 인간의 마음과 악습의 귀환: Temptation to sins, Return of evil spirit. When an evil spirit goes out of a person, it travels over dry country looking for a place to rest. If it can not find one, it says to itself, I will go back to my house. So it goes back and finds the house empty, clean, and all fixed up. Then it goes out and brings along seven other spirits even worse than itself, and they come and live there.
133) 마태복음, 좁은 문: Go in through the narrow gate, because the gate to hell is wide and the road that leads to it is easy, and there are many who travel it. But the gate to life is narrow and the way that leads to it is hard, and there are few people who find it.

이와 같이 인간의 마음은 죄의 유혹에 빠지기 쉽고 탐욕에서 벗어나기가 쉽지 않다. 논밭에 잡초가 지속적으로 생겨나서 농작물에 피해를 주고 결국에는 황량한 땅으로 만들어 버리듯이 인간의 생각과 말, 행동도 이와 같은 원리가 작동한다. 도(道)와 마(魔), 선(善)과 악(惡)과 관련된 마음의 작용을 현대 뇌 과학적 관점에서 보자. 사람의 뇌는 '뉴런'이라는 신경 세포로 구성되어 있다. 인간이 감각 기관을 통해 외부로부터 정보를 입수하면 생각과 말, 행동을 하면서 대응하고 이에 따른 세포와 세포 사이에 연결망이 형성된다고 한다. 특히, 외부로부터 마약, 도박, 게임, 흡연, 음주 등 순간적 쾌락이 동반되는 특정 자극이 주어지면 뇌에서 특정 신경 전달 물질이 분비되어 강하고 순간적인 쾌락이 느껴지면서 반복적 행동을 하게 만든다고 한다. 이러한 것이 반복적으로 이루어지면 뇌에 강력한 회로망이 형성되어 습관으로 굳어지게 되고, 스스로의 힘으로 이와 같은 상태에서 벗어나지 못하는 중독의 상태에 빠지게 된다. 불교에서 말하는 업(業, Karma)이란 생각과 말, 행동이 습관화되어 특정 패턴으로 굳어진 것을 말한다. 자업자득(自業自得)이란 스스로 지은 업에 따라 스스로 결과를 낳게 된다는 의미로, 현대 신경 과학적 측면에서 보아도 타당성이 있는 말이다. 특히, 인간의 두뇌는 자신이 하는 생각과 말, 행동에 따라 신경 세포(neuron, 뉴런)와 신경 세포 간에 시냅스 연결망이 형성되는데, 이러한 현상은 태아 시절부터 세상을 사는 동안 계속된다고 한다. 특정 생각과 말, 행동이 반복됨에 따라 연결망은 점점 더 견고하게 형성되고

　　　　　　　　　　　　　　　　내 인생의 나침반

굳어지며, 외부로부터 새로운 자극이 주어지면 새로운 신경 세포와 시냅스가 생성과 소멸 과정을 반복한다고 한다. 이것이 인간의 학습과 습관 형성과 관련된 현대 뇌 과학의 기반이다. 이와 같은 원리에 따라서 사람이 살면서 자신이 쌓은 업에 따라 형성된 바람직하지 못한 마음 상태와 삶의 습관은 과학적 인과 법칙에 따라 생성 또는 소멸이 가능하다. 그러나 기존에 잘못 형성된 뉴런 연결망을 수정하고 새로운 연결망을 구축하기 위해서는 기존의 생각과 말, 행동의 양식을 전면적으로 전환하여 새로운 패턴을 정립하기 위해 더 많은 노력이 뒤따라야 함은 고전의 가르침과 현대 뇌 과학적 근거가 일치한다.[134] 이처럼 인간의 마음에 심어진 죄에 대한 유혹과 탐욕의 씨앗은 뿌리 깊은 잡초와 같다. 지속적으로 제거하고, 근원적으로 뿌리를 없애야 다시 생겨나지 않는다. 인간이 학문을 통해 인격 완성을 이루는 과정은 잡초 씨앗과 뿌리를 모두 제거하고 농작물이 잘 자랄 수 있는 환경을 조성한 다음, 씨를 뿌리고 가꾸는 노력을 다하고 잡초가 더 이상 생겨나지 않도록 지속적인 관리가 이루어져야 알찬 결실을 볼 수 있는 것과 같다. 탈무드에 "만약 당신이 악(惡)에의 충동에 사로잡히면 그것을 내 기 위해 무엇인가를 배우기 시작하라."라는 말이 있다. 동양에도 도득등

---

134) 知止, 正定, 回心, 懺悔, Turn away from your sins, Paradigm shift in one's way of life 등 다양하게 표현되고 있다. 현재까지 축적된 잘못된 삶의 방식을 일단 멈추고, 삶의 전반에 대하여 근본적 인식과 태도가 전환되어야 한다는 의미이다.

봉 즉마자퇴(道得登峰 則魔自退)[135], 항마성도(降魔成道)[136]라는 가르침이 있다. 동양과 서양 모두가 학문과 수도를 통해 유혹을 물리치고 탐욕의 잡초를 제거하는 작업의 중요성을 언급한 것으로 보인다. 이는 매우 어려운 과정이며 지극정성을 다해야 한다. 이와 같은 연유로 중용에서는 지극한 정성스러움만이 자신을 완성할 수 있고 도와 하나 될 수 있다고 했다.[137]

지금까지 언급한 바와 같이 모든 사람의 인생은 완전히 열려 있고 모든 가능성을 지니고 있다. 어떤 인생을 만들 것인가는 각자의 몫이다. 그리고 사람이 학문을 하고 수련을 하는 것은 그 무엇인가에 길들여지고 익숙해지기 위해서가 아니다. 그 무엇인가에 길들여지고 익숙한 상태에 정체되어 머무르는 것은 오직 하나뿐인 존엄한 자신의 인격이 그 무엇인가에 종속되어 노예 상태로 전락한 것과 같다. 참다운 학문의 목적은 무엇인가에 길들여지고 익숙한 상태의 구속과 집착, 속박에서 벗어나서 자신의 인격을 완성하여 주체성, 자율성, 정체성과 고유성을 온전하게 발현하는 것이다. 각 개인의 인격이 완성되면 인생의 주인으로서 삶의 순간순간 생각하고 판단하고 행동하는 모든 것이 자연스럽고 자유로우며 사람과 사람, 개인과 사회, 인간과 자연과의 진정한 조화와 균형이 달성된다. 이것이 필자가 이 책에서 언급하고 있는 성현들이 인생정로

---

135) 도를 얻고 봉우리를 오르고 나면, 마는 스스로 물러난다.
136) 마(일체외물의 유혹, 죄를 지으려는 경향성, 잘못 형성된 습관)를 극복하고 도를 이룬다.
137) 唯天下至誠 爲能盡其性, 唯天下至誠爲能化.

내 인생의 나침반

로 제시한 구도(求道), 화도(化道), 종도(從道)와 관련된 가르침이 궁극적으로 지향하는 목표이다. 그러나 이는 각자의 인생행로에 길잡이가 될 수는 있어도 삶을 대신할 수는 없다. 열려 있고 가능성이 있는 인생을 어떻게 살 것인가 하는 문제는 각자의 선택이고 책임이다.

제2장

선조들의 삶의 역사와
정신적 유산

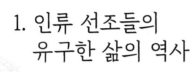

1. 인류 선조들의
유구한 삶의 역사

현생 인류의 역사는 아프리카 에티오피아 일대에서 약 400만 년 전에 출현하여 오랫동안의 진화 과정을 거쳐 현대에 이르고 있는 것으로 알려진다. 약 400만 년 전의 지구는 빙하기가 도래하기 전이다. 지구는 자전축이 약간 기울어진 상태로, 자전을 하면서 세차 운동을 하고, 타원 궤도를 형성하면서 태양 주위를 공전하는 행성이다. 이와 같은 태양계 구조에 따라 지구는 주기적으로 기온 변화가 생기고 빙하기와 간빙기가 도래하는데, 그 주기는 약 14만 년이라고 알려져 있다. 인류의 조상은 최초에 아프리카 대지구대에서 생활하다가 빙하기와 간빙기 등 주기적인 지구 환경 변화 및 생존 여건 변화에 따라 물과 음식을 구하고, 추위와 각종 재해·재난으로부터 안전을 보장받고 생존을 지속하기 위해 지구촌 전체로 이동했다. 그러면서 다양한 생활 형태를 낳고 문명을 이루면서 오늘날에 이르게 되었다. 지구의 혹한기인 빙하기가 도래하면 지구는 온통 얼음으로 변하고 생존 조건은 극한으로 변한다. 따라서 이 시기에 생존할 수 있는 생명체는 매우 제한적이다. 인류가 지구상에 출현한 이래 4번의 빙하기가 있었는데, 인류는 생각하는 능력을 기반으로 슬기롭게 진화하여 혹독한 환경에서 살아남기 위해 도구를 만들고, 불을 이용하고, 의복을 만들어 대비하는 등 지구 환경 변화에 효과적으로 적응하면서 현재까지 생존해 오고 있다.

인류는 약 400만 년에 이르는 긴 역사 중 99.99% 이상의 기간 동안 소규모 집단을 이루고, 수렵과 어로, 채집을 중심으로 하는 비교적 단순한 생활을 했다. 그 무렵의 인구는 극히 적었고, 사람은 각자의 생활 환경에 따라 환경에서 획득 가능한 먹을 것을 구해서 충당하면서 비교적 안정적인 생활을 유지했다. 자연환경이 당시 인간의 삶을 충분히 지탱할 수 있는 풍족한 상황이었다고 볼 수 있다. 오늘날의 세속적인 권력과 부와 명예 등 지극히 경쟁적 가치들이 생겨나지도 않았고, 의식주 등 기본적인 삶의 모습에 개인적인 차이가 없이 단순하고 소박한 삶이었다고 볼 수 있다. 그런데 약 1만 년 전에 빙하기가 끝나고 기후가 온난하고 건조해지면서 대지 환경이 변화하자 사냥과 채집만으로는 생존이 어려운 지역이 생기기 시작했다. 살아남기 위해서는 여건이 양호한 지역으로 이동하거나 다른 생존 방식을 고안해야 했다. 인류는 자연을 개간하여 야생 작물을 기르고 야생 동물을 가축화하기 시작했다. 인류의 삶에 대한 패러다임에 일대 혁신이 온 것이다. 인류의 삶의 방식이 이른바 먹이 수거(Food gathering) 단계에서 먹이 생산 (Food production) 단계로 바뀐 것이다. 문화라는 뜻을 지닌 영어 'Culture'는 원래 '경작하다'라는 뜻으로, 문화(文化)는 인류가 경작을 시작하면서 생겨난 것이다.

수확이 획기적으로 증가하자 인구가 늘어나고 인간의 삶에도 변화가 생기기 시작했다. 인구가 증가하고, 인류의 자연환경 극복과 이용에 관한 지혜가 축적됨에 따라 자연 상태에 인위적인 노력을 가하여 밭을 경작하고 도시를 건설하는 등 인간의 영역과 인위적 요소가 비약적으로 증대되어 갔다. 인구가 증가하면서 경작할 토지가 부족해지자 인간은 더욱더 많은 자연을 경작 가능지로 개발하기 시작했다. 이때 등장한 것이 도시(都市, city)이다. 도시는 인간 집단 노동력의 조직화·효율화에 필요한 종교와 신앙의 중심지, 정치적 질서 유지의 중심지, 전쟁과 방어를 위한 중심지, 타지역과 교역하기 위한 중심지였다. 그 필요성에 의해 그때까지 축적된 인류의 모든 지혜와 기술 수준이 종합적으로 응집되어 자연 상태의 생활 모습과는 매우 다른 인위적 거주 공간의 형태로 나타났다. 이를 문명(文明, Civilization)이라고 한다. 문명이란 도시화(都市化)된 공간, 도시에서의 삶을 의미한다.[138] 이와 같은 문명이 빠른 속도로 전파되고 확산되었다. 오늘날 인류 문명은 인류가 큰 하천 주변에 정착하면서 대규모 집단을 이루면서 본격적으로 발전하게 되

---

138) City, Civilization, Citizen 등 모두가 도시화와 관련된 어원을 갖는 용어이며, 시민이란 도시에 사는 사람이란 의미이다.

내 인생의 나침반

었다. 나일강 일대의 이집트 문명, 티그리스강·유프라테스강 일대의 메소포타미아 문명, 인더스강·갠지스강 일대의 인더스 문명, 황허강·장강 일대의 동아시아 문명이 그것이다. 이들 문명 모두가 공통적으로 도시화가 빠르게 진행되었고, 도시는 점점 더 커지고 광역화되어 갔으며, 이는 현대에도 계속 진행되고 있다.

인류가 도시화된 공간에서의 삶이 축적되면서 관습이 생겨나기 시작했다. 윤리(倫理)는 영어로 에토스(Ethos, ethics)라고 하는데, 이는 관습이라는 뜻이다. 사회적 동물인 사람이 공동체를 이루어 살면서 시간이 경과함에 따라 생활 습관이 쌓이고 축적되어 어떠한 특정 패턴을 형성하고 이것이 굳어져 후대에 전해지고 계승되는 것이 윤리인 것이다. 구약성서 모세5경을 율법서라고 하는데 이는 인간의 삶에 관한 경험의 축적물이며 사회적 약속과 규율이다. 서양의 율법서(律法書)와 비슷한 용어가 동양의 예기(禮記)이다. 고대 중국인들의 삶의 경험 전반이 기록된 것이 예기인데, 고대 동양인들도 삶의 경험과 사회적 관습과 윤리를 문자로 기록하여 후대에 전한 것으로 보인다.

이와 같이 인간은 물과 음식을 구하고 추위로부터 자신을 보호하면서 살아남았다. 또한, 배우자를 구하고 자녀를 낳아서 키우는 등 생존, 성장, 재생산과 관련하여 다양한 집단생활 경험을 축적하고 자연환경과 지속적 상호 작용을 한 결과, 다양한 사상과 종교 철학, 도구를 만드는 기술이 등장했다. 그리고 도시화, 문명화가 진전되면서 인류의 삶은 원시 시대의 소박하고 단순했던 모습에서 복잡해지고 권력, 부, 명예 등이 나타나고 개인에 따른 차이가 발생하면서 세속적이고 인위적인 요소가 많아진 것으로 보인다. 이는 원시 자연 상태로부터 점점 더 인위적이고 인공적인 요소가 추가되고 누적되어 갔다는 것을 의미한다. 오늘날 지구촌에는 인구 1천만 명 이상이 모여 사는 대규모 도시가 계속 증가하고 있으며, 대규모 도시가 증가함에 따라 지구촌 전체 도시 간 상호 작용이 심화되면서 인위적 생활 공간과 인위적 삶의 방식이 확대되고 있다.

　　　　　　　　　　　　　　　내 인생의 나침반

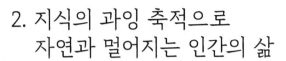

2. 지식의 과잉 축적으로
자연과 멀어지는 인간의 삶

앞에서 언급된 것처럼 인간의 삶의 역사는 자연과의 직접적 상호 작용 상태에서 시작되었다. 당시의 인류는 자연과의 단일체로서, 움직이고 변화하는 자연 그 자체였다. 세월이 흐르면서 인간은 생각하는 능력을 활용하여 언어와 문자를 사용하고 종교적 신앙 대상을 추상화하는 등 움직이고 변화하는 자연을 정지하고 불변하는 한 조각으로 추상화하면서 각종 도구를 만들고 상징물을 제작하여 생활에 활용하기 시작했다. 인간의 이와 같은 생각하는 습관은 자연을 자연 그 자체로 보기보다 인간이 인식하기 편한 도식화된 자연으로 보는 것에 길들여지고 급기야 도식화된 자연을 실제로 여기는 오류에 빠지게 되었다. 인간의 생각이 만들어 낸 각종 지식과 상징물이 축적되면서 인간은 자연과 분리되고 자신이 만든 지식과 상징물을 통해 자연과 간접적 상호 작용을 하는 상태로 변질되었다. 노자 도덕경에서는 이와 같은 인간의 삶의 경험이 축적되어 인위적 요소가 증가하는 과정을 속박(俗薄)이라는 제목으로 언급하고 있다. "인간이 자연과 직접 상호 작용하는 큰 도가 허물어지면서 인간의 생각이 만들어 낸 '인과 의'라는 개념이 생겨 났고 인간의 지식이 축적되고 쌓이면서 큰 인위적 행동이 있게 되었다. 가까운 친척 간에 불화가 생기니 효자라는 개념이 생겨났다. 국가가 혼란에 빠지니 충신이라는 개념이 생겨났다."[139] 인의, 지혜, 충효라는 인위적 개념과 지식은 사람이 만든 것이며 자연 상태의 순수한 것에 덧칠을 한 것에 불과하다. 따라서 한계가 있고 현실의 문제를 해결하기 위한 근본적 처방이 될 수 없다는 것이다. 노자에 이어 장자도 이와 같은 인위적 문명의 출현과 부작용에 대해 언급하고 있다.

"옛날 사람들은 혼돈하여 어두운 가운데 온 세상 사람들과 더불어 담백하고도 적막한 생활을 했다. 만물은 훼손됨이 없었으며, 음양이 조화되어 고요했고, 귀신도 소란을 피우지 않았다. 사계절은 절도에 맞았고, 모든 생물은 일찍 죽는 일이 없었다. 사람들은 비록 지혜를 가졌다 해도 쓸 곳이 없었다. 이것을 지극한 하나 됨이라 말하는 것이다. 당시에는 억지로 하는 일이 없이 모든 것이 언제나 자연스러웠다. 덕이 쇠퇴하자 수인과 복희가 천하를 다스리기 시작했

---

139)　도덕경 18장, 俗薄: 大道廢, 有仁義. 智慧出, 有大僞. 六親不和, 有孝慈. 國家昏亂, 有忠臣.

다. 그래서 백성들은 순종하여 따르기는 했지만, 통하여 하나가 되지는 않았다. 덕이 더 쇠퇴하자 신농과 황제가 천하를 다스리게 되었다. 그래서 안락하기는 하였지만 순종하지는 않게 되었다. 덕이 더 쇠퇴하자 요와 순이 세상을 다스렸다. 정치와 교화의 나쁜 풍속을 일켰고, 순진함이 없어지고 소박함이 사라졌으며, 인위적 행동을 위해 도로부터 떨어져 나가게 되고, 덕을 저버리고 행동하게 했다. 그렇게 된 뒤에는 사람의 본성을 버리고 자기 마음을 따르게 되었다. 마음과 마음으로 상대방을 살펴 알았으나 천하를 안정시킬 수는 없었다. 그런 뒤에 인간 생각의 산물이 거기에 더해졌고 지식은 더 많아졌다. 인간의 생각이 만들어 낸 모든 산물(文)은 자연의 순수한 상태(質)를 없애 버리고, 인위적 지식이 축적될수록 마음은 지식에 함몰되어 자연 상태에서 점점 벗어나게 되었다. 이후에는 백성들이 의혹과 혼란을 일으키게 되어 그들의 본성을 회복하고 자연 상태로 복귀할 수가 없게 되었다."[140]

고대 중국의 역대 왕조 변천사를 예로 들면서 사회적 변동과 문화의 출현, 인위적 요소의 축적과 자연 상태에서 멀어지는 인간의

---

140) 장자(외편) 16편 선성 [2] : 古之人, 在混芒之中, 與一世而得澹漠焉. 當是時也, 陰陽和靜, 鬼神不擾, 四時得節, 萬物不傷, 群生不夭, 人雖有知, 无所用之, 此之謂至一. 當是時也, 莫之爲而常自然. 逮德下衰, 及燧人伏羲始爲天下, 是故順而不一. 德又下衰, 及神農黃帝始爲天下, 是故安而不順. 德又下衰, 及唐虞始爲天下, 與治化之流, 淳散朴, 離道以爲, 險德以行, 然後去性而從於心. 心與心識知, 而不足以定天下, 然後附之以文, 益之以博. 文滅質, 博溺心, 然後民始惑亂, 无以反其性情, 而復其初("인위적인 지혜로 세상은 혼란에 빠졌다", 김영동교수의 고전 & life, kydong77.tistory.com/1562).

마음의 변화를 잘 표현하고 있다.

고대 중국에는 자연 상태의 질(質)을 근본 바탕으로 하여 인위적 문화(文)가 출현했다. 자연 상태는 소박, 순수라는 의미의 질박(質朴), 인위적 덧칠 상태는 아름답고 화려하다는 문화(文華)로 표현된다. 시간이 흐르면서 자연 상태에 중점을 두느냐, 인위적 문화를 중시할 것인가에 따라 사람들의 생각은 갈라졌다. 이는 후에 인도(人道)를 중시하는 유가 사상과 천도(天道)를 중시하는 도가 사상 정립에 영향을 미치고 이들 두 개의 사상이 양대 산맥으로 정립되고 중국인들의 정치·사회·문화적 삶에 지속적 영향을 미치게 된다. 공자를 필두로 하는 유가 사상가들은 중국의 고대 문화가 주나라 시대에 이상적으로 발현되었으니 주나라 시대의 문물을 복원하면 춘추 시대의 정치·사회적 문제가 해결될 것이라고 주장했다. 이에 반해 노자와 장자가 주장하는 도가 사상은 제자백가 사상가들이 주장하는 모든 인위적 개념과 상대적 가치 판단 기준을 마치 절대적 진리인 것처럼 사람들에게 강요하고 주입시키는 것은 사람들을 점점 더 자연의 순수한 상태에서 멀어지게 한다고 했다. 이는 사회적 문제를 악화시킬 뿐이니 보다 더 근본적인 대책이 필요한데, 그 대책은 인간의 자연 상태를 회복하는 길이라고 했다.

그 후 인도에서 불교가 유입되고 유가, 도가, 불교 사상이 상호 영향을 주고받으면서 유가 사상의 철학적 심화가 이루어지고 송나라 시대 주회에 의해 새로운 유학인 주자학(朱子學), 성리학(性理學)이 정립된다. 성리학은 성즉리(性卽理)로 표현되는데 천도(天道), 물

리(物理), 인성(人性)은 다르지 않고 하나라는 것이다. 고대의 제자
백가 사상이 상호 영향을 미치면서 철학적 심화 과정을 거쳐 하나
로 수렴되는 현상을 보이고 있다. 성리학은 고려 말에 한반도에 전
래되어 조선 시대에 꽃을 피우고, 조선 후기 외래 문명이 유입되자
동학(東學)의 형태로 새로 나면서 인내천(人乃天) 사상[141]으로 정립
되어 전통 사상의 맥을 잇게 된다. 문질빈빈(文質彬彬)이라는 말이
있다. 이는 인간이 만든 인위적 요소와 자연 상태의 순수한 모습
이 균형과 조화를 이룬 아름다움이라는 의미이다. 중국 문화의 키
워드는 중화와 중용이라고 볼 수 있다. 문질빈빈(文質彬彬)은 문과
질의 균형과 조화를 통한 아름다움 추구가 최선이라는 의미로 볼
수 있다.[142]

　서양에서는 동양에 비해 이와 같은 인위적 요소의 축적과 부작
용이 더욱 심하게 나타났다. 인간이 만든 가공물 중에 가장 크고
인간의 삶에 가장 큰 영향을 미친 것은 신(God)이다. 인간의 능력
을 벗어난 대자연의 경이로운 모습 앞에서 사람은 무기력한 존재이
다. 인간은 경외심과 공포심을 감소시키고 이를 극복하기 위해 자
신의 생각하는 능력을 활용해 신의 존재를 만들어 냈다. 인간은
신에게 자신이 가진 귀중한 그 무엇을 바치면서 재난을 피하고 복
을 얻기를 기원했다. 기도하고 원하는 것이 현실에서 실현되는 것
과는 무관하게 인간은 스스로 정신적 위안의 형태로 보상받는다

---

141)　사람이 곧 하늘이다.
142)　중국 문화를 允執闕中, 中和, 中庸으로 표현하는 역사적 기원이다.

고 여기면서 이와 같은 습관은 이어졌다. 이와 같이 만들어진 신이 인간의 의식 속에 고착화되고 세대를 이어 오면서 신은 하나이며 신이 자연의 운행 법칙과 인간의 삶 모든 것을 좌우한다는 유일신 사상이 정립되었다. 유일신 사상은 종교의 형태로 고착되어 무조건적 믿음과 숭상이 요구되었다. 인간이 유한자로서 공포와 두려움을 극복하기 위해 신을 만들고 종교가 탄생하면서 인간의 생각이 만들어 낸 허상에 인간이 종속되고 주객이 전도되는 상황이 된 것이다.

다음은 이데아(Idea), 천국(Heaven)이다. 인간의 생명은 유한하다. 현실에서의 삶은 고통스럽고 죽음은 인간이 피해갈 수 없는 숙명이다. 인간은 현실적 어려움과 죽음을 극복하는 수단으로 이데아(Idea), 천국(Heaven)을 고안했다. 죽음 이후의 세계는 영원히 변치 않고 고통 없이 살아가는 이상향이라고 생각했다. 그리고 현실에서의 삶이 고통스럽고 어렵더라도 인내하고 살다 보면 마침내 영원한 이상 세계에 갈 수 있다고 생각했다. 또한, 현실에서의 삶을 희생하는 정도가 클수록 영원의 세계에서 받는 보상이 더 크다는 궤변이 사람들의 현실적 삶에의 충실을 더욱 약화시키는 부작용도 나타났다. 인간의 삶은 현실을 떠날 수 없다. 과거와 미래는 사람의 생각 속에 있는 허상일 뿐 유일한 실재는 오직 현재이다. 그러나 인간은 현실적 삶의 어려움과 고통, 두려움 등 유한자로서 숙명적으로 갖게 되는 삶의 문제를 직접 대면하면서 스스로의 살려는 의지로 이를 정면 돌파하기보다는 앞에서 언급된 가상의 형

내 인생의 나침반

이상학적 각종 신기루를 만들어 이것에 의존하는 방법을 선택했다. 유구한 시간이 흐르면서 인간의 생각이 만들어 낸 각종 신기루가 현실 세계에서 인간의 사고 체계와 인간의 삶 전반을 지배하면서 인간에게 부여된 본연의 삶의 의지와 역량은 점점 약화되었다.

이와 같은 삶의 방식에 문제가 있다고 인간 스스로가 반성하고 자각하기 시작한 것은 종교가 모든 것을 지배한 중세 이후이다. 인간은 점차 인간 스스로의 주체적 창의적·적극적·독립적·현실적 삶에 대한 중요성을 자각하기 시작했다. 이른바 계몽사상(啓蒙思想, enlightenment)의 시대가 도래한 것이다. 영국의 철학자 베이컨은 인종적·언어적·문화적·사회적·인위적 지식 축적으로 형성된 고정관념을 종족의 우상, 극장의 우상, 시장의 우상, 동굴의 우상으로 구분하고 이와 같은 우상으로부터 벗어나야 참된 지식을 얻을 수 있다고 주장했다. 그는 인간의 자유로운 생각과 경험에 의한 지식 획득이 중요하며 아는 것이 힘이라고 강조했다. 그리고 계몽 사상가들의 첫 번째 생각의 산물은 인간 이기심의 자연적 조화를 신봉하는 자본주의 이념이다. 이성적 존재인 인간은 외부로부터 어떠한 간섭도 없이 자유 상태일 때 능력이 최대로 발현되며 사회적으로도 조화와 균형을 달성하게 된다. 따라서 개인의 사적 재산 소유를 허용하고 경제 활동에서의 최대한 자유가 보장되는 자본주의 방식이 인간 삶의 문제를 궁극적으로 해결하는 최선의 길이라고 생각했다. 인간의 현실적 삶은 의식주 등 먹고사는 문제가 당면 과

제이다. 그러나 생존을 위한 수단으로서 최소한의 재화와 용역 확보가 아닌 물질 확보 자체가 목적이 되면서 빈익빈 부익부 현상이 심화되고 물질 숭배 사상이 확산되었다.

다음은 공산주의 이념이다. 사회적 동물인 인간은 사회적 공동체 내에서 차별당하지 않고 평등하게 살 것을 희망한다. 그런데 개인에게 사적 소유를 인정하면서 인간의 탐욕으로 인해 빈부 격차가 발생하고 사회는 불안해졌다. 따라서 모든 사람이 공평하게 잘 사는 사회는 개인에게 사적 소유가 허용되지 않고 삶에 필요한 모든 재화와 용역을 공유하는 공산주의 사회이며, 이같은 사회가 자본주의 사회를 대체할 이상적 사회라고 주장하는 이념이 등장했다. 또한, 인간 삶의 역사는 항상 더욱 이상적인 방향으로 발전하고 진보하는 역사정칙(歷史定則)의 원리가 지배하는데, 공산주의 사회가 바로 인류가 도달해야 할 최후·최종 단계라고 했다.

인간이 점차 스스로의 주체적·창의적·적극적·독립적·현실적 삶에 대한 중요성을 자각하면서 만들어 낸 또 다른 신기루가 상기 언급된 자본주의 이념과 공산주의 이념이다. 상기 두 이념 사이의 경쟁과 투쟁이 계속되다가 공산주의 이념이 몰락하고 현재는 자본주의 이념이 우세를 보이는 듯하다. 그러나 고전적 자본주의 사상가들이 주장하고 예상했던 인간은 이성적·합리적 존재이며 개인에게 무제한의 정치적·경제적 자유를 보장하면 인간 이기심의 자연적 조화가 달성될 것이라는 것은 현실적인 모습과는 거리가 있었다. 자본주의가 고도로 발달하면서 재물을 더 갖기 위한 무한 경

내 인생의 나침반

쟁적 사회가 도래하고 빈익빈 부익부 현상이 심화되었다. 그리고 물질 숭배 사상이 확산되고 심화됨에 따라 돈(Money)이 종전의 신(God) 위치에 올랐다. 독일의 철학자 짐멜(Georg Simmel, 1858-1918)과 벤자민(Walter Benjamin, 1892-1940)은 현대인들의 돈에 종속된 이와 같은 삶의 모습을 자본주의라는 세속화된 종교에 세뇌된 노예와 같은 삶이라고 진단했다. 인간이 유한자로서 두려움과 공포심을 극복하기 위해 신(God)을 만들고 결국 신에 종속되는 오류를 범했듯이, 경제적 문제 해결을 위해 자본주의 이념을 만들고 자신이 만든 돈(Money)에 종속되는 또 다른 오류를 범하고 있는 것이다. 독일의 철학자 카시러(Ernst Cassirer, 1874-1945)는 "인간은 상징적 동물이다."라고 했다. 인간의 삶의 역사는 인간과 자연의 직접적 상호 작용으로부터 인간과 인간이 만든 각종 인위적 상징을 통한 자연과 간접적 상호 작용이 심화되는 과정이라고 해도 과언이 아니다. 인간은 자신이 만든 각종 역사적·문화적 상징물 속에 함몰되어 자연 상태의 우주에 살지 못하고 상징화된 우주에 살게 된 것이다. 현대의 첨단 과학 기술과 이를 이용해서 만들어지는 모든 인공물은 인간의 생각의 산물이다. 인간이 상징을 통해 인식한 세계는 실제 세계가 아니다. 상징을 통해 인식한 세계와 실제 세계와의 차이가 인간의 삶을 힘들고 고통스럽게 하는 근본 원인으로 보인다. 물질 숭상, 자본, 과학 기술이 지배하는 현대인들의 삶은 점점 더 인간의 지식과 기술에 의존하면서 자연으로부터 멀어지고 있는 것이다.

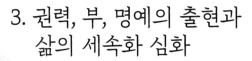

3. 권력, 부, 명예의 출현과
삶의 세속화 심화

인간의 삶의 방식이 자연 상태에서 인위적 요소가 축적되어 문화(文化)·문명(文明)으로 전환되면서 여러 가지 변화가 생겼다. 지구촌 각 지역에 생겨난 다양한 문명은 시간이 경과함에 따라 이주 교역 전쟁이라는 다양한 형태의 상호 작용이 활발하게 이루어지면서 서로가 영향을 주고받으며 변화되어 왔다. 도시화란 결국 인위적 요소의 확산을 뜻한다. 이것은 인간의 삶이 자연과의 직접적 상호 작용하던 상태에서 인간의 생각이 만들어 낸 각종 인위적 상징물을 통해 자연과 간접적 상호 작용하는 상태로 변질되었음을 의미한다.

인간의 삶이 문화와 문명에 익숙해지고 지식이 축적되면서 인간의 생각하는 습관은 자연을 자연 그 자체로 보기보다 인식하기 편하도록 도식화된 자연으로 보는 것에 길들여지고 이에 집착하게 되었다. 급기야 도식화된 자연을 실제 자연으로 여기는 오류에 빠지게 되었다. 특히, 인간 삶의 세속화가 심화되면서 강력한 사회적 유인 요소로 등장한 것이 권력과 부와 명예이다.

권력(權力)이란 사람이 사람에게 미치는 영향력을 말한다. 권력은 사회적 동물인 인간이 집단화·도시화·조직화·정착화함에 따라 공동체를 유지하는 데 필요한 다양한 사회적 기능과 역할 분화에 따른 권한과 책임에 의거 권력이 생겨나고 영향력의 차이가 발생했다. 권력은 본래 실체가 있는 것이 아니고 사회적 공동체를 이루며 살아가야 하는 인간들이 공적인 업무를 추진하기 위해 사회적 역할과 직책에 따라 일시적으로 위임되고 주어지는 하나의 약속 체계라고 볼 수 있다. 이와 같은 맥락에서 전제 군주 체제하에서도 공적인 업무를 수행함에 있어서 상급자와 하급자 사이에는 사회적 공동체 전체의 공적인 이익을 위한 의로움을 기초로 해야 한다는 군신유의(君臣有義)가 강조되었으며, 현대 민주 공화 체제에서도 주권은 국민에게 있으며, 모든 권력은 국민으로부터 나온다고 헌법에 규정하고 있다. 인류가 큰 강 주변에 대규모 공동체를 형성하고 모여 살게 되면서 사회적 역할과 기능에 따라 권력이 남용되지 않고 공동체가 효율적으로 운영될 수 있도록 하는 다양한 윤리 체계가 생겼다. 사회적 역할과 기능에 따라 그 직책을 가장 잘 수행할 수 있는 자격을 구비한 사람을 해당 직위에 배치해야 한다는 '적재적소적시(適材適所適時)' 원칙이 그것이다. 또한 지연, 혈연 등 모든 출신 배경을 무시하고 오로지 능력에 기반한 인재 등용을 해야 한다는 '입현무방 유재시용(入賢無方 有才是用)' 원칙, 그리고 자신의 인격과 능력은 높을수록 안전하고, 인격과 능력이 뒷받침되지 않는 권세는 높을수록 위태롭다는 '도고익안 세고익위(道高益安 勢高益危)' 교훈 등 여러 가지 윤리 덕목과 가르침이 정립되고 강조되었다. 이와 관련하여 "벼슬을 하여 출세하려고 하면, 자신의 올바른 뜻은 빼앗기고 말 것이다. 따라서 위대한 공직자는 도를 따르되, 군주의 명령을 무조건 따르지 않으며, 관직에 나아가서 도에 입각하여 소신껏 맡은 바 임무를 수행하다가 여의치 않으면 물러나서 자신의 인격을 완성하기 위해 노력해야 한다."[143]라고 강조했다. 그러나 권력은 시간이 경과하면서 사유화·사회적 고정 관념화되고 획득 대상, 세습 대상, 경쟁 대상으로 부각되고, 보다 높은 지위와 보다 큰 권력을 오랫동안 차지하기 위해 경쟁하게 되면서 부작용이 발생하였다. 개인이 더 높은 사회적 지위와 권력을 차지하기 위해 서로 경쟁하면서 권력 투쟁이 발생했고, 국가가 더 큰 권력을 갖기 위해 다른 나라를 침략함으로써 국가와 국가 간에 전쟁이 일어났다. 그러나 권불십년 화무십일홍(權不十年 花無十日紅)이라는 교훈처럼 권력은 유한하며 무상한 것이다. 권력이 공동체 전체의 이익을 위해 잠시 위임된 것이라는 것을 망각하고 이를 자신의 사적 소유물로 인식하는 순간 위험이 잉태된다.

부(富)는 공동체의 생산력이 증대하고 잉여 생산물이 축적되면서, 생산한 재물이 공평하게 분배되지 못하고 희귀한 재물에 대한

---

143)　做官奪人志, 從道不從君, 大臣者以道事君不可則止.

소유 욕구가 심화되고 사회적 신분과 역할 간 권력 차이에 따라 쏠림 현상과 불균형이 심화되면서 부작용으로 나타났다. 권력과 마찬가지로 효과적으로 부를 관리하고 부를 향한 인간의 탐욕을 억제하기 위해 다양한 윤리 체계가 정립되고 강조되었다. "덕이 근본이고 재물은 말단이다."[144], "재물은 오로지 인간의 삶을 위한 수단에 불과하다."[145], "욕구는 지니되 지나친 탐욕은 곤란하다."[146]라는 다양한 가르침이 있었다. 그러나 현실에서는 부를 더 많이 차지하기 위한 인간의 무한한 욕망을 효과적으로 억제하고 관리하기가 쉽지 않았다. 특히 부는 권력과 밀접하게 연계되어 상호 작용을 촉발하면서 권력과 부를 향한 경쟁과 갈등은 더욱 심화되었다.

명예(名譽)는 개인의 사회적 역할과 업적에 따라 인정 및 숭상 현상 발생하게 했고, 이는 권력과 부와 연계하여 사회적 인정 욕구 충족 과정에서 나타났다. 노자 도덕경에는 "사회적으로 유명해지는 것을 숭상하지 않으면 백성들이 다투는 일이 없고, 얻기 어려운 재물을 귀하게 여기지 않으면 백성들이 도둑질을 하지 않게 된다. 명예와 재산과 자기 자신 중에서 어느 것이 귀중한 것인가를 올바르게 알고 멈춤과 만족을 알아야 위태로움에 빠지지 않고 치욕을 당하지 않으며 오래도록 자신을 보존할 수 있다."라고 했다.[147] 세속화의 부작용을 경계하는 내용이다. 또한, 과도한 사회

---

144) 덕본재말(德本財末)
145) 이재발신(以財發身)
146) 욕이불탐(欲而不貪)
147) 不尙賢, 使民不爭, 不貴難得之貨, 使民不爲盜. 故知足不辱, 知止不殆, 可以長久.

적 인정 욕구를 관리하기 위해 "세상이 알아주지 않더라도 화내지 아니하고, 세상을 등지고 조용히 은둔하여 내 갈 길을 가더라도 후회하지 않는다."[148]라고 가르쳤다. 장자는 "사람과 사회와 자연이 하나라는 것을 깨달은 진인은 자기를 의식하지 않고, 인격 완성을 이룬 성인은 명성을 의식하지 않는다. 그리고 사회적 역할을 하면서 뛰어난 공을 세운 사람은 공을 내세우지 않는다."[149]라고 가르쳤다. 그러나 명예를 탐하는 사회적 인정 욕구 또한 인간의 큰 욕구 중의 하나이다. 권력과 부와 명예가 인간의 세속적 욕망과 직접적으로 관련된, 경쟁성이 높은 가치로 자리매김하면서 이를 얻기 위한 무한 경쟁 풍토가 인간의 삶을 점점 더 세속화하였으며 자연 상태로부터 멀어지게 하였다.[150]

이와 같은 권력과 부와 명예 등 세속적 가치를 지향하는 인간 삶의 태도를 불교에서는 향진몰입(向塵沒入)이라고 하고, 유가에서는 소인하달(小人下達)이라고 하며, 예수는 세속적 부유함(Riches in Earth)을 추구하는 삶이라고 했다. 이는 삶의 관심이 권력·부·명예 등 일체외물(一切外物)을 지향하면서 더 큰 권력, 더 많은 재산, 더 높은 명예를 얻기 위해 집착하고, 외물로부터 지배받는 경쟁적이고 탐욕적인 정신적 속박 상태의 삶의 방식을 의미한다. 그러나 사람들이 중요하게 여기고 집요하게 추구하고, 탐하고 집착하는 권

---

148) 인부지이불온(人不知而不慍), 둔세불견지이불회(遁世不見之而不悔).
149) 진인무기(眞人無己), 성인무명(聖人無名), 신인무공(神人無功).
150) 권력과 부와 명예는 인간의 생각이 만들어 낸 실체가 없는 허상이다. 그러나 상대적이며, 누군가가 차지하면 다른 사람은 못 가지는 제로섬(zero-sum) 게임이다. 그래서 경쟁적이고 투쟁적인 속성을 지닌다.

력, 부, 명예와 같은 모든 세속적 가치는 원래 그 실체가 없으며, 영원불변의 그 무엇도 아니다. 원대한 인류 삶의 역사와 자연의 운행 법칙에서 바라보면 정말 보잘것없는 허망한 것이다. 성경의 가르침에도 사람은 돈과 하느님을 동시에 숭상할 수 없다고 하고, 인간의 사고방식에서 세속적으로 중요하고 가치 있다고 여기는 모든 것이 하느님의 입장에서 보면 부질없고 의미 없는 무상한 것에 지나지 않는다고 했다.[151] 탈무드에 포도원과 여우 이야기가 인생의 교훈으로 전해진다. 포도가 탐스럽게 열린 포도원 옆에 여우가 살고 있었다. 여우는 포도원 울타리에 생긴 좁은 구멍으로 침입하기 위해 며칠을 굶고 몸집을 줄였다. 마침내 좁은 구멍을 통과하여 포도를 실컷 먹었다. 그런데 배가 불러서 좁은 구멍으로 밖으로 나올 수가 없었다. 여우는 포도원 안에서 며칠을 굶고 원래 상태로 몸집을 만든 후에야 밖으로 나올 수 있었다. 결국은 포도원에 들어가기 전과 같은 상태가 된 것이다. '인생은 공수래공수거(空手來空手去)'라는 교훈과 일맥상통하는 이야기이다.

현대는 인간의 도구적 이성과 자본 그리고 과학 기술이 결합된 자본주의적 삶의 방식이 삶을 지배하고 있다. 오늘날 물질문명과 황금만능주의가 지배하는 자본주의 체제에서 인간의 삶은 이와 같은 세속화 현상을 더욱 심화하고 있다. 이와 같은 현상은 수단과 방법을 가리지 않고 돈을 많이 벌고, 권력을 많이 차지할 수 있

---

151) 누가복음 16장: You can not serve both God and Money. For the things that are considered of great value by people are worth nothing in God's sight.

는 지식과 기술이라는 인위적 가공물을 잘 만들어 내는 능력 여부가 사람을 평가하는 기준이 되었다는 뜻이기도 하다. 그러나 인간의 생각하는 능력을 모두 돈으로 환원하고 돈이면 권력, 부, 명예를 얻을 수 있다고 생각하는 순간, 인간은 자신의 존엄성과 주체성을 상실하고 권력과 부와 명예 등 일체외물에 예속 상태가 된다. 이와 같은 맥락으로 고전에서는 참된 선비는 권력에 기울어지지 않고 이익 추구에 빠지지 않으며 명예에 유혹당하지 않는다고 했다.[152] 그러나 세속화가 심화된 현실에서의 삶은 권력과 부와 명예의 유혹에 빠지기 쉽고 얽매이기 쉬우며 종속된 상태에서 벗어나기가 쉽지 않다. 그럼에도 불구하고 사람은 도를 버리고 외물에 종속되는 삶을 살아서는 아니 된다. "도는 높아질수록 편안함이 더해지고, 세는 높아질수록 위험이 증가한다. 사회적 지위가 높아질수록 몸은 위태롭고, 재물이 너무 많으면 생명이 위태롭다."[153]라는 교훈은 현대에도 동일하게 적용된다.

---

152) 君子, 不傾於權, 不顧其利, 不誘於譽.
153) 道高益安, 勢高益危. 位尊身危, 財多命殆.

4. 성현(聖賢)의 출현과
인생정로(人生正路) 정립

가. 성현 출현의 역사적 배경

앞에서 언급한 지구촌의 각 문명권이 이주, 교역, 전쟁 등으로 갈등과 고통이 심화되면서 공동체는 분리되고 서로 투쟁하고 싸우는 정치적 혼란이 지속되자 인간의 삶도 고통이 심화되어 갔다. 이러한 정치적 혼란과 사회적 갈등 등 삶의 고통에 대응하여 여러 사상가와 종교인이 출현하여 '갈등과 전쟁은 왜 발생하나?', '인생은 왜 고통인가?', '사람이 평화롭고 행복하게 사는 길은 무엇인가?' 등 인생의 근본 문제와 관련하여 자유로운 사색과 다양한 학설을 주장하면서 나름대로의 해결 방법을 제시하였다. 인류 공동체의 오랫동안 안정된 삶의 질서가 위협받자 공동체의 생존과 질서 회복을 위해 생각하는 능력이 활성화되고 다양한 생각의 산물이 출현한 것이다. 또한, 이와 같은 새로운 사상과 주장이 등장하게 된

원인은 앞에서 언급한 바와 같다. 인류가 큰 강 주변에 대규모 집단을 이루고 모여 살면서 그간 축적되고 고정 관념화된 인류 삶의 방식과 패턴이 변화된 환경에 적합하지 못했거나 보편성·유연성·포괄성·합리성 면에서 여러 가지 결함이 있었다는 것을 의미하기도 한다. 한비자에서는 세상이 변하면 삶의 형태도 변하고, 변화된 세상에 맞게 새롭게 대비해야 한다고 했다.[154] 주역에도 "다하여 막히면 변화를 추구하라. 변화하면 통하게 되고, 통하면 지속되리라."라고 했다.[155]

이와 같은 맥락에서 큰 강을 중심으로 대규모 집단을 형성한 인류 삶의 방식이 환경에 따라 점차 변화하고 사회적 문제가 발생하자 문명권별로 생각이 깊은 사상가를 중심으로 문제 해결을 위해 각자 나름대로의 처방을 제시한 것으로 보인다. 먼저, 인도에서는 브라만교의 전통적 권위에 도전하는 새로운 사상가와 종교인들이 등장하였다. 육사외도(六師外道), 또는 육십이견(六十二見)이라고 불릴 만큼 다양한 주장들이 제기되었다. 중국에서는 제자백가(諸子百家)라는 다양한 생각이 나타나 정치와 도덕에 깊이 관련된 현실적인 문제에 대한 해결 방안을 제시하였다. 그리스에서도 수많은 철학자와 소피스트들이 출현하여 윤리적인 인간 행위와 진정한 행복, 이데아론 등 다양한 사상을 주장하였다. 동서양 각 문명권에 많은 사상가가 있었지만 인더스 문명의 석가모니, 동아시아 문명

---

154) 세이즉사이(世而則事異), 사이즉비변(事而則備變).
155) 窮則變, 變則通, 通則久.

내 인생의 나침반

의 공자와 노자, 메소포타미아 문명의 예수와 무함마드가 대표적인 인물이다. 이들은 지역과 사람에 따라 이상주의와 현실주의, 현세와 내세, 세속적인 가치와 출세간적인 가치 등 추구하는 입장의 차이는 있었지만 모두 당시 사회의 혼란을 극복하고 질서를 회복하여 인생의 고통을 해결하려는 고민과 사색의 산물이라는 공통점이 있다. 이와 같은 다양한 생각의 출현은 인도 철학과 불교 사상, 제자백가 사상으로 정립되어 인도를 비롯한 아시아인들의 정신세계를 지배하는 사상으로 발전했다. 그리고 그리스 사상과 유대-크리스천 전통, 이슬람 사상은 유럽과 아랍권 사람들의 삶을 지배하는 사상으로 발전해 왔다. 그리고 이들의 사상과 가르침은 현대에 이르기까지 철학 종교의 형태로 인류의 삶에 지대한 영향을 미치고 있다.[156] 이들의 가르침은 구전 또는 문서의 형태로 후세에 전해지고 있는데, 필자가 서론에서 이미 언급하였듯이 동양에서는 경전(經傳)이라고 하며 서양에서는 Scripture, Bible이라고 한다. 동양의 주요 경전으로는 삼경인 시경, 서경, 주역과 사서인 논어, 맹자, 대학, 중용 등 다양한 불교 경전을 예로 들 수 있으며, 서양에서는 율법(Torah), 복음(Gospel), 코란(Koran)을 예로 들 수 있다.[157] 그리고 오늘날까지 전해지고 있는 경전의 교훈은 평범한

---

156) 유대-기독교 사상, 이슬람 사상은 동일의 유일신 사상을 뿌리로 하는 자매 종교이다. 고대 이집트와 메소포타미아 문명권의 후예들은 하나의 신앙적 조상을 지니고 있는 것이다. 반면 동양은 인도는 힌두교, 불교의 영향을 받았고 중국 및 동아시아는 유가, 도가, 불교 사상의 영향을 많이 받았다.

157) 경(經)은 베틀의 세로줄을 말한다. 세로줄이 있는 상태에서 가로줄이 하나하나 더해져야 옷감이 만들어진다. 경전은 이와 같이 사람이 살아가는 데 세로줄과 같은 역할을 하는 중요한 가르침이란 의미이다.

한 사람의 일회적 삶의 경험에 근거하여 자의적으로 작성된 것이 아니라 인류 선조들의 오랜 삶의 경험과 사회적·역사적 경험의 교훈들이 집대성된 것이라고 할 수 있다. 인류의 위대한 스승으로 추앙되는, 각각의 문명권을 대표하는 성현들은 이 가르침과 유산의 중요성을 간파하고 특별한 사명감을 갖고 이를 집대성(集大成)하고 온고지신(溫故知新)하여 후대에 전해질 수 있게 역사적 역할을 했다.

이와 관련해서는 다음 장에서 각 문명권의 대표적 성인들의 사상에 대해 공자, 노자, 석가, 예수, 무함마드 순으로 더 세부적으로 논의한다. 독자들의 이해 편의를 위해 결론부터 간단하게 제시하고자 한다. 성현들이 인생의 근본 문제에 관해 큰 의문을 품고 남다른 독서와 깊은 사색을 통해 체험하고 깨달은 후 제시한 가르침은 언어와 문자 표현 방식에는 다소 차이가 있다. 그러나 공통적으로 인위(人爲), 문화(文化), 문명(文明)이라는 이름으로 축적되고 고착된 권력과 부와 명예 등 일체외물(外物)을 지향하는 이기주의적 사고방식과 삶의 태도에서 근본적으로 벗어나야 한다고 주장한다. 자기 자신을 위한 참다운 사랑과 행복이 무엇인지를 올바르게 깨닫지 못한 상태에서 세속적 유혹이 강한 권력, 부, 명예 등 일체외물(一切外物)을 지향하면서 이에 집착하고 경쟁적이고 탐욕적이고 외물로부터 지배받는 정신적 속박 상태의 방식으로부터 벗어나서 자연의 일부로서 자기 자신의 본성, 순수성, 청정성, 존엄성, 주체성을 회복하고 자주적으로 자유로운 삶을 살아야 한다는 것이다.

내 인생의 나침반

그리고 이를 구현하기 위해 온갖 어려움을 극복하면서 노력하는 구도(求道)의 삶, 학문(學問)의 길이 바람직한 인생이라는 것이다. 학문과 구도를 통해 자신을 알고 사회를 알고 자연의 운행 법칙을 올바르게 알아야 한다. 그리고 자기 마음의 순수성과 고유성, 주체성, 청정성을 확립하고 자율적이고 주체적으로 자연의 존재 법칙과 운행 질서에 따라 사는 것이 가장 바람직하고 사람답게 사는 길이며 참다운 행복에 이르는 바른길이라는 것이다. 그리고 그것이 바로 도(道)이고 진리(眞理)이며 신의 말씀을 구현하는 길이라는 것이다.

나. 동아시아 문명과 제자백가 사상

① 유가 사상(儒家思想)

공자(孔子, BC 551-479)는 고대 중국의 춘추 전국 시대에 살았던 사람이다. 춘추 전국 시대란, 고대 중국의 봉건 제도를 중심으로 정치·사회적 안정을 유지하던 주나라가 외부적으로는 유목민들의 침입, 내부적으로는 농업 생산성 향상과 인구 증가 등으로 사회적 변화의 시기를 맞아 국가 통치 체계가 흔들리고 불안정하여 군소 지방 정부가 난립하면서 서로 패권을 차지하기 위해 투쟁하던 시대를 말한다. 이와 같은 난세에 세상의 질서를 회복하고 안정된 공동체를 구현하기 위한 여러 가지 주의 주장이 나타났는데, 이를 제자백가(諸者百家) 사상이라고 한다.[158] 공자도 이와 같은 시대의 제자백가 사상가 중 한 명이었다.

공자는 늙은 아버지와 젊은 어머니 사이에 태어나서 3세에 아버지를 여의고 24세에 어머니마저 세상을 떠나 불우한 가정환경 속에서 성장했다. 공자는 춘추 시대라는 분열과 갈등의 국가적, 사회적 난세에 살면서도 어려운 자신의 처지를 비관하고 사회를 원망하면서 부와 권력과 명예를 추구하지 않았다. 오히려 온갖 궂은 일을 하면서 성실하게 노력하는 소년 시절을 보냈다고 한다. 그러면서도 학문에 대한 열정과 뜻을 굽히지 않고 일정한 스승 없이 누구에게나 배웠으며 일과 학문을 병행했다고 전해진다. 그는 19세에 자신이 살던 지방 국가의 창고지기를 시작으로 가축을 돌보는 일 같은 미관말직도 마다하지 않았으며, 성년기에는 오늘날 국토부 장관과 국무총리 겸 법무부 장관에 해당하는 벼슬까지 지냈다고 한다. 그는 벼슬을 하면서도 항상 법과 원칙에 의거해 업무를 수행했으며, 당시의 부조리와 적폐를 개혁하는 데 최선을 다했다고 전해진다. 그는 자신의 소임을 성실하게 수행함은 물론 국정 최고 책임자에게 법과 도덕 윤리에 어긋나는 행동을 하지 말 것을 직언하다가 모함을 받고 물러났다고 한다. 이후 자신의 경륜과 정치 철학을 펼칠 기회를 얻기 위해 다른 나라를 돌아다니며 구직 활동을 하다가 성공하지 못하자 고향으로 돌아와 저술과 교육 활

---

158) 백 가지의 사상. 여러 가지 주의 주장이라는 의미이다. 대표적인 제자백가로 유가, 도가, 묵가, 법가, 병가, 농가, 음양가, 명가, 종횡가, 잡가 등이 있다.

내 인생의 나침반

동에 전념하다 73세에 일생을 마쳤다고 전해진다. 공자의 삶을 개관하면 그는 어린 시절 가난과 불우한 환경을 극복하기 위해 온갖 궂은일을 다하며 살았지만, 수단과 방법을 가리지 않고 부와 권력과 명예를 추구하는 길을 걷지 않았다. 세상 사람들은 그를 불가능하게 생각되는 이상 사회 건설을 주장하며 현실과 동떨어진 생각과 말, 행동을 하는 이상한 사람으로 비웃고 조롱하며 냉소적 반응을 보였다. 그러나 그는 이상적인 사회 공동체 구현을 위한 도덕과 윤리 학문에 대한 돈독한 믿음을 포기하지 않았다. 세상 사람들의 평판과 조롱에 아랑곳하지 않고 때때로 배우고 익히는 학문 활동에 즐거움을 느끼면서 목숨을 바쳐 도를 구현하고 지키는 일에 자신의 신념을 포기하지 않고 우직하게 실천하는 일관된 삶을 살았던 것이다. 그가 정립한 사상은 인(仁), 서(恕), 군자(君子) 세 단어로 요약할 수 있다. 인(仁: 人+二)은 두 사람이 조화롭게 함께 있는 글자이다. 글자에는 인간의 도(人之道)라는 의미가 함축된 것으로 보인다. 노자 도덕경 첫 장에 도가도비상도(道可道非常道)라는 말이 있듯이, 인가인비상인(仁可仁非常仁)이라고 표현하는 것이 타당할지 모르겠으나 인을 딱 한 마디로 정의할 수는 없다. 논어에서도 인에 대하여 "극기복례를 인이라고 한다."[159], "사람을 사랑하는 것을 인이라고 한다."[160], "내가 하기 싫은 것은 남에게 강요하지 않는 것을 인이라고 한다."[161] 등 여러 차례 언급하고 있다. 그러나 질

---

159) 克己復禮爲仁.
160) 樊遲問仁, 子曰愛人.
161) 仲弓問仁, 子曰 己所不欲勿施於人.

문 대상자와 대화 상대자에 따라 다양한 설명을 하고 있어서 특정의 단일 개념으로 정의할 수 없다. 근사록에서는 "인이란 천하의 바른 이치이다. 바른 이치를 잃어버리면 질서는 없어지고 조화가 이루어지지 않는다."라고 했다.[162] 이와 같은 맥락에서 인이란 공자가 정립한 인간과 인간관계의 궁극적 바람직함을 표현하는 상징적 글자이면서, 공자가 말한 도(道)를 표현하는 함축적인 용어로 보는 것이 가장 바람직하다.

서(恕)는 내 마음과 상대방의 마음이 같다는 것이다. 내 마음에 비추어 상대방의 마음을 읽는다는 의미도 있다. 또한, 서는 충서(忠恕), 기소불욕물시어인(己所不欲勿施於人)으로 표현되기도 한다. 내가 하기 싫은 것은 상대방도 싫어하니 강요하거나 요구하지 말라는 의미이다. 논어에 나오는 "나의 도는 오직 하나로 일관하는데, 한 글자로 하면 서다."[163]라는 표현이나 "일생 동안 가슴에 지니고 실천해야 할 것을 하나만 들라면 무엇입니까?"라는 질문에 "기소불욕물시어인"이라고 답하는 것에서 이를 확인할 수 있다. 서(恕)란 현실적 인간관계에서 인(仁)을 구현하기 위해 개인이 취해야 할 마음가짐이나 태도를 일컫는 것으로 볼 수 있다.

군자(君子)란 인(仁)을 구비하고 충서(忠恕)를 행동으로 실천하는 바람직한 인간을 지칭한다. "군자란 눈앞의 이익만을 추구하지 않고, 당장 먹고사는 문제에만 혈안이 되지 않고, 자신의 주체

---

162) 仁者, 天下之正理, 失正理則無序而不和.
163) 吾道一以貫之, 恕.

내 인생의 나침반

성을 유지하면서, 사람들과 화합하며, 인격 완성을 위해 노력하는 자"[164]라는 맥락으로 논어에서 여러 차례 언급하고 있다.

이와 같이 공자 사상은 한마디로 인간관계학, 윤리학이라고 할 수 있다. 공자는 춘추 전국 시대 당시의 혼란한 사회 질서를 회복하기 위한 방법을 가정에서의 인간관계와 질서에서 찾았다. 세상이 아무리 변해도 부모와 자식, 형제 등 가족 간의 인간관계는 순수한 정과 사랑을 바탕으로 한다. 따라서 이를 잘 키우고 다듬어서 사회적 인간관계까지 확장하면 공동체 전체가 정과 사랑으로 넘치게 되고, 국가·사회적으로 안정과 질서를 회복하고 모두가 하나 되는 사회를 건설할 수 있다는 것이다. 공자는 모든 것을 뒤집고 처음부터 새롭게 시작하자는 과격한 혁명가가 아니었다. 그는 이와 같은 이상적인 사회 모습이 이미 고대 중국에 구현된 적이 있었으니 이를 본받아 현대적으로 새롭게 실천하자고 했다. 고대 중국이 국가 형태를 갖추고 역사에 기록된 시기를 하, 은, 주 삼대로 구분한다. 최고 통치자를 왕이라고 했다. 왕[왕(하늘, 一)+땅(一)+사람(一)+뚫을 곤(ㅣ)]은 하늘과 땅과 사람을 하나로 꿰뚫은 자를 말하며, 천자(天子)라고 한다. 천자는 하늘의 아들이라는 의미로, 당시 사람들 중에 가장 자질과 능력이 출중했던 사람이 담당했던 직책으로 보인다. 최초에는 신인 왕(God-King), 후에는 제사장(Priest-King), 후대에는 왕(King)으로 역할과 기능이 변경되고 명칭도 달라진 것으로 보인다. 사회적 존재인 인간은 공동체를 이

---

164)　君子有於義, 不謨道 不謨食, 和而不同, 君子上達.

루어 살아야 하기 때문에 공존공영을 위한 정교한 사회 질서 유지 기능이 요구된다. 따라서 정치란 동서고금을 막론하고 공동체 구성원들 중에 특정 계층을 대변하거나 차별하지 않고 공명정대(公明正大)하고 무사무편(無私無偏)하게 이끌어서 이들의 삶을 조화롭게 영위하게 하는 것이 본연의 기능이다. 이와 같은 자질과 역량을 인덕(仁德)이라고 했다. 왕도정치(王道政治)란 인덕을 구비한 천자가 하는 정치란 의미이다. 중국의 요순시대에 왕 인수인계 시 '윤집궐중(允執闕中)'이라는 가르침이 후임자에게 전해졌다고 한다. 왕의 공명정대(公明正大)하고 무사무편(無私無偏)한 리더십 발휘의 중요성을 강조하는 것으로 보인다.

이와 같은 맥락에서 공자가 고대의 인덕(仁德)과 왕도정치(王道政治)를 춘추 시대에 사회 혼란을 극복하기 위한 모델로 제시한 것이다. 공자는 기존의 태생적 신분에 따른 차별과 고정관념을 벗어나서 사람은 누구나 지극정성으로 학문과 수도를 통해 노력하면 인격이 완성되어 성인(聖人)의 경지에 도달할 수 있고 마침내 자연과 인간이 하나라는 것을 알게 되며, 순간순간의 생각과 말, 행동이 자연의 법칙에 합당하게 된다고 했다. 이를 위해서는 서민으로부터 통치자에 이르기까지 인격 완성을 위한 수신을 해야 한다고 강조했다. 그는 70대에 이와 같은 경지에 도달했다고 하는데, '칠십이 종심소욕불유구(七十而 從心所慾不踰矩)'라는 말로 논어(論語)[165]에

---

165) 공자가 당시의 제자들, 다른 사람들과 대화 과정에서 묻고 대답한 내용과 제자들의 의견 등을 종합하여 공자 사후에 제자들이 편찬한 책이다. 유교의 기본 경전으로 전해지고 활용되어 왔다.

내 인생의 나침반

전한다.

논어(論語)는 제1장 학이편(學而篇)부터 제20장 요왈편(堯曰篇)까지 13,700여 자의 한자로 구성되어 있으며 유가 사상의 가장 기본이 되는 경전이다. 공자가 정립하여 제자들이 종합하고 편찬한 논어는 사회 윤리적 성격의 유가 사상을 특정한 논리 체계나 의도적 구성을 배제한 가운데 최대한 사실에 중점을 두고 서술된 책이라고 볼 수 있다. 논어에는 공자의 핵심 사상인 인(仁), 서(恕), 군자(君子)와 관련하여 공자와 제자들, 공자와 기타 사회적 인간관계에서의 대화 내용, 상대자의 질문 내용, 공자의 답과 설명이 상대방의 학문적 성취도와 지식수준의 눈높이에 맞게 다양하게 언급이 되어 있어서 보통 사람이 쉽게 전체를 이해하기는 어렵다. 공자 사후 그의 인생 경험과 가르침은 유가 사상(儒家思想)으로 정립되어 중국을 비롯한 동아시아 지역의 정치, 사회, 윤리, 철학 등 후세 사람들의 삶에 지대한 영향을 미치며 현대에까지 이르고 있다. 공자의 일생과 사상을 현대적으로 얘기하면 불우한 가정환경에서 태어나고, 국가 사회적으로도 어려운 시대에 살면서 온갖 아르바이트를 하면서 공부에 뜻을 버리지 않고, 일과 학문을 병행하면서, 학문을 통한 인격 완성과 도덕과 윤리에 기반한 공동체 질서를 구현하기 위해 다른 사람들의 냉소와 조롱에 아랑곳하지 않고 우직하고 성실하게 일생 동안 도를 구하고(求道), 도를 얻고(化道), 도를 실천(從道)하기 위해 노력한 삶이라고 요약할 수 있다.

공자는 연구만 하고 말만 하는 학자, 사상가가 아니라 학문과 실무, 교육과 저술을 병행한 진정한 의미의 실천하는 철학자의 삶을 살았다. 그의 일생 자체가 학문을 통해 도를 성취하고, 사회적 역할이 주어지면 배운 대로 행하며, 여의치 않으면 미련 없이 물러나서 자신의 학문과 인격을 완성하고 후진 양성에 매진하는 일생을 보낸 것이다.[166] 공자의 생애 자체를 유가 사상이라고 보면 큰 무리가 없을 것으로 보인다. 이와 같은 그의 삶을 상징적으로 보여 주는 내용이 논어 첫 장과 마지막 장에 각각 언급되고 있다. 먼저, 논어 제1장 학이편 내용이다. "수시로 배우고 익히는 일이 기쁜 일이 아닐 수 없다. 친구가 있어 멀리서 스스로 찾아오니, 즐거운 일이로다. 세상 사람들이 알아주지 않아도 화내지 아니하니 군자라고 할 만하다."[167]라고 제시되어 있다. 공자의 일상생활이 독서와 사색, 친구들과의 교류, 세상의 평판에 아랑곳하지 않고 꿋꿋하게 자신의 신념을 지키는 삶을 살았음을 보여 주는 내용이다.[168] 다음은 논어 마지막 장인 제20장 요왈편 내용이다. 공자 말하길, "천명[169]을 알지 못하면 군자라 할 수 없고, 예[170]를 모르면 설 수가 없고, 말[171]을 모르면 사람을 알 수가 없다."라고 했다. 그가 배우고 수시로 익힌 내용은 궁극적으로 자신을 알고, 인간을 알고, 사회를 알고, 자연을 알기 위한 것이며 이것이 바로 학문을 통해 인격

---

166) 篤信好學, 守死善道. 行有餘力, 則以學文. 用之則行, 舍之則藏. 大臣者 以道事君 不可則止, 隱居求志, 立言垂後.
167) 學而時習之 不亦說乎, 有朋自遠方來 不亦樂乎, 人不知而不慍不亦君子乎.
168) 人不知而不慍. 遁世不見之而不悔.
169) 진리, 인, 도와 같은 의미이다.
170) 도가 구체적으로 발현되는 방법 및 모양, 법, 도덕, 관습, 예의와 같은 의미이다.
171) 성현의 가르침, 사람이 쓰는 말의 뜻과 구사 능력과 같은 의미이다.

내 인생의 나침반

이 완성된 군자가 되는 길이라는 것이다.

앞의 '인간이란 무엇인가?' 편에서 인간은 생각하는 사회적 동물이라는 주제로 상세히 언급한 바 있다. 이와 연계해 보면 공자가 주장한 바람직한 인간이란, 학문하는 사람이며, 사회적 관계를 원만하게 하는 사람이며, 외부의 평가에 아랑곳하지 않고 꿋꿋하게 자기의 삶을 사는 군자라고 할 수 있다. 이를 위해 자기를 알고, 사회를 알고, 자연을 알아서 자연의 일부로서 순간순간 사람과 사람 사이, 사회와 국가, 인간과 자연이 균형과 조화가 달성된 상태로 사는 모습이 인(仁)이 구현되는 모습이라고 한 것이다. 그리고 이와 같은 도(道), 인(仁)은 보통 사람들의 일상생활과는 무관하게 멀리 떨어져 있는 그 무엇이 아니라 일상생활 속에 내재하고 있으며, 특별한 능력을 구비한 자만이 이룰 수 있는 것이 아니라 누구나 노력하면 달성할 수 있다고 가르쳤다.[172] 또한, 군자는 선천적으로 완성된 상태로 태어나는 것이 아니며, 누구나 노력하면 도달할 수 있는 것이라고 가르쳤다.[173] 그는 사람의 바람직한 인생을 보통 사람에서 완성된 사람, 인격 완성을 지향하는 학문의 길이라고 본 것이다. 공자는 사람의 유형을 학문의 수준과 인격 완성도에 따라 보통 사람(庸人), 선비(士), 현인(賢人), 대성(大聖)으로 구분하였다. 학문과 수양을 통해 점점 더 인격이 성숙되고 인간됨이 더해져서 마침내 성인의 경지에 도달한다고 본 것이다. 고전에 제시된 혁범

---

172) 子曰 仁遠乎哉, 我欲仁, 斯仁至矣. 子曰 道不遠人, 人之爲道而遠人 不可以爲道.
173) 子曰 我非生而知之者 好古敏以求之者也. 述而不作 信而好古. 溫故而知新.

성성(革凡成聖), 초범입성(超凡入聖), 득도(得道), 화도(化道), 문도(聞道), 성인(成仁)이라는 말은 보통 사람에서 탈피하여 완성된 인격체를 이룬다는 의미이다. 공자는 이와 같은 이상 사회 건설을 위한 자신의 신념을 포기하지 않고 큰 도가 실현되기를 학수고대하면서 교육과 저술 활동에 매진하며 노후를 보냈다. 그러나 그가 고대하던 큰 도는 구현되지 않고 오히려 악화되는 방향으로 시대가 흘러가고 있었다. 불행하게도 69세가 되던 해에 외아들인 백어가 50세의 나이로 아버지보다 먼저 세상을 떠나고 제자 안연과 자로가 연이어 세상을 떠나자 크게 절망했다. "하늘이 나를 버리는가 보다. 큰 도는 아마도 행해지기 어려운 듯하다."라는 실망감을 표하고 73세에 세상을 하직했다고 전해진다.

공자는 한 사람의 인간이면서 학자, 공직자, 사상가, 교육자 등 다양한 사회적 역할을 수행했다. 그가 제자들에게 교육한 인, 서, 군자의 모습을 삶의 순간순간에 말이 아닌 실제의 삶에서 최선을 다해 실천하면서 살다 간 인물이다. 가상의 세계가 아닌 역사적으로 실재했던 이상적이고 모범적인 인간상과 바람직한 인생의 모습을 보여 준 인류의 위대한 선생님의 한 분이라고 할 수 있다.[174] 비록 공자가 살아 있는 동안 큰 도가 구현되지는 못했지만, 이와 같은 가르침은 그의 제자와 친손자인 자사를 거쳐 맹자, 순자, 주자로 이어지면서 유학(儒學)의 전통으로 계승된다. 유학의 기본 경

---

174) 중화민국 건국 후 공자에게 부여한 시호가 '대성지성선사(大成至聖先師)'이다. 이는 고대 중국 문명을 집대성하여 인간이 도달할 수 있는 지극한 경지에 도달하고, 그 길을 후대에 제시한 선생님이라는 존칭이다.

전 위치를 점한 논어는 앞에서 언급된 바와 같이 특정 시기에 단일 저자가 저술한 책이 아니고 여러 사람이 공동으로 저술한 성격이 강하다. 이에 비해 공자의 손자인 자사는 할아버지가 정립한 유가 사상에 논리와 구성 체계를 정립하고 철학적 깊이를 더하여 이를 재해석하여 유교 경전 가운데 가장 철학적 성격을 지니고 있는 중용(中庸)을 저술했다. 중용은 논어가 13,700여 자로 이루어진 다소 방대한 책자인 데 비해 33장 3,560여 자로 구성된 간결한 책자이다. 그러나 대규모 농경 정착 생활에 기반하여 발생한 중국 고대 문명이 진전되면서 생각하는 사회적 동물인 인간이 사람과 사회와 자연의 존재 및 관계 인간의 삶에 관한 사유의 결정체라고 할 만큼 철학적 깊이를 지닌 책이다. 자사도 그 할아버지에 그 손자라고 할 만큼 공자의 사상적 유전자를 계승한, 사유 능력이 뛰어난 사람인 듯하다. 동양의 유가 사상 형성과 계승에 공씨 가문의 공자와 자사 두 사람의 역할이 지대했음을 알 수 있다.

중용 제1장에 "하늘의 명령을 성이라고 하며, 성을 따르는 것을 도라고 하며, 도를 연마하는 것을 교라고 한다. 인간의 삶은 잠시라도 도를 떠날 수 없는데, 떠날 수 있다면 그것은 도가 아니다."[175]라는 중요한 구절이 나온다. 그리고 이어서 "인간의 마음속에서 기뻐하고, 슬퍼하고, 즐거워하는 등 일체의 생각과 감정이 나타나지 아니한 상태를 중이라고 하고, 발현되어 상황에 딱 들어맞

---

175) 天命之謂性, 率性之謂道, 修道之謂敎. 道也者, 不可須臾離也, 可離非道也.

은 상태를 화라고 한다."[176]라고 언급되어 있다. 그리고 마지막 장인 33장 끝에 "우주 만물의 궁극적 운행 법칙은 소리도 없고 냄새도 없다. 이것보다 더 지극한 것은 없다."[177]라고 언급되어 있다. 중(中)은 물체의 속(內)이라는 뜻과 평면이나 선분의 가운데(中間)란 의미로 사용되고, 상황이나 어떤 일에 들어맞다(適), 마땅하다(宜), 적중하다(適中) 등 다양하게 사용된다. 용(庸)은 바뀌지 않는 평범한 진리라는 의미로 중을 설명하는 형용사적 술어이다. 중용이란 단순한 가운데, 중간이란 의미가 아니라 동적인 평형, 궁극적 알맞음 상태의 평범한 진리를 의미한다. 중용 제1장으로부터 마지막 33장까지의 내용이 의미하는 바는 다음과 같다. 하늘의 명령(天命), 자연의 도(天道)가 인성(人性)의 형태로 사람에게 주어져 있는데, 인성을 자연스럽게 발현하게 하는 것이 바로 인도(人道)이다. 사람의 삶이 도에서 벗어나면 인간이 사는 모습이 아니다. 따라서 사람은 끊임없이 수도를 하여 도의 상태에 머물러야 한다. 사람이 도의 상태에 머문다는 것은 삶의 순간순간 생각과 말, 행동이 시간·공간적으로 가장 알맞음 상태를 계속 유지하는 것을 말한다. 이와 같은 상태에 도달한 사람을 성인(聖人)이라고 하며, 공자를 예로 들 수 있다. 성인의 행동은 지구가 잠시라도 멈추지 않고 태양 둘레를 자전하면서 공전하는 모습처럼 소리도 없고 냄새도 없는 가장 지극한 상태 자체이며, 항상 성실(誠實)하면서도 가장 알맞음

---

176) 喜怒哀樂之未發 謂之中, 發而皆中節謂之和.
177) 上天之載, 無聲無臭, 至矣.

내 인생의 나침반

(中庸) 상태를 유지한다. 이와 같은 상태에 도달하기 위해 노력하는 삶이 바람직한 인생이며 지극정성으로 노력하면 누구나 도달할 수 있다고 했다.[178]

맹자(BC 372-289)는 공자가 춘추 시대에 유가 사상을 정립하고 사망한 후 약 100년 후에 태어나 전국 시대를 살았던 사상가이다. 전국 시대는 지방 분권의 제후국이 난무하여 춘추 시대에 비해 사회가 더욱 혼란하고 갈등과 전쟁이 심했으며, 약육강식의 논리가 지배하는 혼돈의 시대였다. 춘추 시대에 비해 더 많은 지방 군소 제후 국가로 분할된 상태에서 통치자나 백성들 대부분이 전통적 유가 사상인 왕도(王道), 인의(仁義)를 도외시하고, 오직 힘에 의한 생존과 패권을 추구하던 이른바 패도(覇道)의 시대였다. 그러나 맹자는 공자, 자사로 이어지던 유가 사상을 더욱 심화하여 세상이 아무리 혼탁해도 사회 질서를 회복하고 안정을 이루는 길은 오직 왕도와 인의를 기반으로 하는 정치와 사회 윤리 체계를 확립하는 것이라고 주장했다.

맹자는 공자 이래 전통적으로 유가 사상의 근간을 유지해 온, 인간의 본성은 선하다는 성선(性善)의 입장을 더욱 강화하고 심화했다. 맹자는 인간은 하늘로부터 받은 본성(本性)이 성선(性善)이며, 사람이 지극정성으로 마음을 수양하고 도의(道義)를 습관화하면 (盡心) 대자연에 가득한 호연지기(浩然之氣)를 키워 마침내 인간의

---

178) 중용 21~23장: 誠者 天之道, 不勉而中, 不思而得, 從容中道, 聖人也. 誠之者 人之道, 擇善而固執之者也, 博學之, 審問之, 慎思之, 明辯之, 篤行之. 唯天下至誠 爲能盡其性. 唯天下至誠 爲能化.

본성을 알게 되고 이는 곧 하늘의 명을 알게 되는 것이라고 강조했다.[179] 이것은 중용에서 언급된 지성(至誠), 진성(盡性)과 같은 맥락으로 보이며 고대로부터 강조되고 계승되어 온 "배우고 익히며, 생각하여 마음을 깨닫고, 사물의 이치를 궁구하여 마침내 하늘의 명에 도달한다."[180]라는 학문과 수도의 전통이 맹자에게 계승되고 있는 것으로 보인다. 특히, 맹자는 이와 같은 인간의 본성에 대한 믿음과 노력에 의해 마침내 하늘의 명을 알 수 있는 개인을 정치의 근본으로 삼아야 한다고 주장했다. 당시 시대적 상황에서 혁신적인 민본 사상(民本思想)을 제창한 것이다. 통치자가 민본을 기초로 인의에 기반하는 왕도정치(王道政治)를 해야 성공할 수 있으며, 이와 같은 원칙을 무시하고 패도정치(霸道政治)가 심화되어 민심 이반 현상이 극에 달하면 마침내 혁명(革命)이 발생하게 된다고 했다.[181] 이와 같은 맹자를 후세 사람들은 공자에 버금가는 아성(亞聖)이라고 했다. 공자 사후 공자가 정립한 유가 사상을 제대로 이해하고 공자가 도달한 정신적 수준에 가장 근접한 인물이라는 의미이다. 그의 삶에 대한 유가적 사상의 일면을 다음 글에서 읽을 수 있다.

"천하를 나의 집으로 삼고, 천하에 가장 바른 이치를 정립하여,

---

179) 진심즉지성지명(盡心則知性知命).
180) 學而時習, 思而心得, 窮理盡性, 以至於命.
181) 맹자의 민본 사상과 혁명 이론은 고려 말 성리학이 한반도에 전해지면서 고려를 폐하고 새로운 조선 건국을 주장하는 세력들에게 역성혁명의 사상적 근거와 명분을 제공하게 된다.

천하의 큰 도를 실천한다. 큰 도를 실천할 수 있는 사회적 역할과 기
회가 주어지면 천하 사람들과 함께하고, 큰 도를 펼칠 기회가 주어
지지 않으면 홀로서 도를 성실하게 지킨다. 부귀와 빈천에 초연하
고, 외부의 압력이나 권력의 외압에 굴하지 않는다. 이와 같은 사람
을 대장부라고 한다."[182]

맹자가 어떤 자세로 인생을 살았는가를 상징적으로 보여 주는
대목이다. 맹자가 말하는 대장부란 참다운 군자와 같은 맥락이다.
이는 필자가 본 책의 부제목으로 제시한 '도(道)에 의존하되, 외물
(外物)에 종속되지 않는다.'라는 삶의 자세를 전형적으로 보여 준
인격이 완성된 주체적 실존 상태의 인간 모습으로 보인다. 맹자 사
상을 대표하는 용어로 '부동심(不動心)'이 있는데, 그는 40세에 부동
심에 이르고 권력, 부, 명예 등 일체외물의 유혹에 흔들리지 않는
마음 상태를 갖게 되었다고 한다. 이는 공자가 얘기한 '사십이불혹
(四十而不惑)'과 같은 맥락으로 보인다. 맹자가 살았던 시대가 사회
적 도덕과 윤리 체계가 붕괴되고 만인에 의한 만인의 투쟁 상태와
같은 분열과 갈등, 혼란의 시기임을 감안하면 시대 조류에 편승하
지 않고 자신의 신념과 주체성을 지킨 특별하고 대단한 인물임에
분명해 보인다.
　공자의 유가 사상은 제자백가 사상의 큰 축을 이루며 자사, 맹

---

182)　居天下之廣居, 立天下之正位, 行天下之大道, 得志, 與民由之, 不得志, 獨行其道.
　　　富貴不能淫, 貧賤不能移, 威武不能屈, 此之謂大丈夫.

자를 거쳐 순자로 이어진다. 순자(BC 298?-238?)는 맹자 이후 전국 시대 말기에 살았던 인물이다. 공자가 주장하고 맹자가 심화한 인의에 기반한 왕도정치를 통한 사회적 질서 회복은 시간이 지날수록 현실에서 구현되기보다는 점점 악화되는 방향으로 진행되었다. 이와 같은 정치, 사회적 상황에서 공맹 사상은 하나의 이상일 뿐이라는 시대적 흐름에 반대하고 이를 근간으로 하되 시대적 변화 상황도 고려하여 예치(禮治)를 통해 질서와 안정을 회복해야 한다고 주장한 학자가 순자이다. 맹자가 오직 인의를 기반으로 하는 왕도정치를 주장했다면, 순자는 공자의 유가 사상을 중심으로 하되 변화된 시대 상황도 고려하여 제자백가 사상을 취사선택하여 시대적합성을 제고한 새로운 유가 사상으로서 예치(禮治)를 주장한 것이다. 맹자가 오직 성선(性善)의 입장을 충실하게 고수한 열정적·이상주의적 공자 사상 계승자라면, 순자는 인간의 본성은 오직 성선(性善)이라고만 볼 수 없으며 성악(性惡)적 요소도 내재되어 있다는 이성적·현실적 공자 사상 계승자 면모를 보였다.

순자는 맹자의 이상주의적 성선설에 반대 입장을 취했다. 사람의 본성은 악한 측면도 있는데 그것을 전부 선하다고 하면 허위라는 것이다.[183] 이와 함께 성선(性善)의 극대화와 자연적 발현을 지향하는 유가의 학문과 수양 전통이 성악(性惡)을 억제하기 위한 사회화 과정에서 후천적 예(禮)의 습득을 강조하는 교육과 수양이 강조되기 시작했다. 이는 오랫동안 춘추 전국 시대를 살면서 사회상

---

183) 人之性惡, 其善者僞也.

내 인생의 나침반

에 나타난 갈등과 분열, 이기심, 생존 투쟁 등 인성의 부정적 면을 현실적으로 받아들이고 사상 정립에 반영한 것으로 보인다. 순자가 주장하는 예(禮)란, 논어에 나오는 '극기복례(克己復禮)'라는 말과 '예를 모르면 설 수 없다(不知禮 無以立也).'라는 내용, 공자가 소년 시절에 가장 먼저 한 공부가 예(禮)를 익히는 것이었다는 것과 같은 맥락으로 보인다. 순자 예론에서 예란 "인간의 욕망을 효과적으로 조화롭게 충족시켜 주기 위해 필요에 의거해 생겨난 것"이라고 했다.[184] 또한, "사람의 마음을 따르는 것이 근본이며, 경전에 기록되어 있지 않더라도 사람의 마음을 따르는 것이면 모두가 예"라고 했다.[185] 그의 예론은 사람을 잘 살게 하기 위한 예지, 예를 위해 사람을 구속하는 것이 아니란 의미이다. 현대적으로 "개인의 자유는 최적의 사회적 평등, 개인의 평등은 사회적 최적의 자유"라는 말이 의미하듯이 이기심을 지닌 사회적 동물인 인간은 혼자서 살아가는 것이 아니다. 따라서 공동체의 질서와 조화를 위해 예가 필요하다고 본 것이다.

순자의 예(禮)란 단순하고 형식적인 의례, 예의범절의 차원을 넘어서 관습, 도덕, 윤리 등 삶의 진행 과정에서 축적된 전반적인 사회적·문화적 산물이라고 보는 것이 타당하다. 동양의 예(禮), 예기(禮記)는 서양의 모세5경에 나타난 율법(律法)과 같은 맥락이다. 모세 율법서는 인간의 삶을 규제하기 위한 것이 아니라 인간의 삶을

---

184) 故禮者, 養也.
185) 禮以順人心爲本, 故亡於禮經, 而順人心者, 皆禮也.

효과적으로 영위하기 위해 생겨난 것이다. 이와 같은 맥락에서 예수도 사람이 안식일을 위해 존재하는 것이 아니라 안식일이 사람을 위해 있는 것이라고 했다. 현대적 의미의 성문법도 도덕, 윤리, 관습, 관습법, 성문법 순으로 생겨났다고 한다. 또한, "법은 도덕의 최소한이다."라는 한 법철학자의 말처럼 현대에도 인간의 삶과 관련한 모든 것을 법률로 규정할 수는 없다.

순자의 예치(禮治)는 한마디로 하면 '문화(文化)에 의한 통치와 사회 질서 회복'이라고 할 수 있다. 전통적 인치(人治)는 변화된 사회 환경에 제대로 작동하지 않는 이상적인 요소가 많으니 보다 현실적인 제도적 장치와 보완이 요구되는데, 법가 사상가들에 의한 강력한 인위적 성문법 제정보다는 자연스러운 역사적·문화적 자산인 예(禮, 文化)가 적당하다고 본 것이다. 이와 같은 순자의 성악설에 기반한 이성적, 객관적, 가치 중립적 학문 태도는 후세 유가 사상 계승자들로부터 이단이라는 평가를 받고 정통 공자 사상의 도통(道通)에서 배제되고 평가절하를 당한다. 순자는 큰 벼슬은 하지 못했지만, 오늘날 중앙학술연구원장과 같은 당시 직하학궁의 좨주를 3번이나 역임할 정도로 학문적 성과와 경륜은 뛰어났다고 전해진다. 맹자의 글이 주관적이고 열정적이며 가치 지향적 성격이 강한 반면에, 순자의 글은 객관적이며 냉철하고 가치 중립적 성격이 강했다. 순자는 당시의 제자백가 사상가들을 도의 전체를 보지 못하고 부분적 지식에 함몰된 마음이 닫힌 사람(곡지지인, 曲知之人)이라고 유가 사상적 입장에서 분석하고 비판하면서 오늘날 논문과 같은 성격의 글을 쓰고 남겼다고 전해진다.[186] 이와 같은 그의 성실한 학문 태도가 당시의 유교 경전을 비롯한 다양한 제자백가 사상의 문서를 섭렵하고 분석하여 유가 사상을 더욱 논리적으로 다듬고 다른 사상도 취사선택하여 자신의 예치론(禮治論)을 정립하고 후대에 전해지게 하는 데 큰 역할을 했다고 전해진다. 고대 그리스 인간 철학의 사상적 전통은 소크라테스가 정립하고, 플라톤이 발전시키고, 아리스토텔레스가 집대성하여 후대에 전했다고 한다. 이와 같은 맥락에서 보면 순자는 공자-맹자-순자로 이어지는 유가 사상의 계승자이며, 서양 사상사의 아리스토텔레스에 비견할 수 있는 인물이다.

순자는 논어 첫 장이 학문과 관련된 내용이 강조된 것과 같이, 사람의 삶에서 가장 중요한 것은 학문을 통해 도에 이르는 것이라고 했다. 그의 저서 순자 첫 장 권학(勸學)편에서 다음과 같이 언급하고 있다.

"군자는 학문을 하지 않을 수가 없다. 학문을 하면 사람이 되고, 학문을 포기하면 짐승과 같은 수준에 머문다. 시경에 이르기를, 군자는 게으름과 안일함을 멀리하고, 자신이 처한 모든 위치에서 근면함과 공손함을 유지하면서 정직함을 추구해야 한다. 이와 같은 태도로 성실하게 정진하면, 마침내 신의 말씀을 듣게 되고[187] 큰 복

---

186) 夫道者, 體常而盡變, 一隅不足以擧之, 曲知之人.
187) '도를 얻게 되고, 도를 듣게 되고, 진리의 상태에 이르게 되고'와 같은 의미이다.

을 누리게 된다. 도를 이루는 것보다 더 의미 있고 신성한 것은 없

으며, 일생 동안 화를 당하지 않는 것보다 더 큰 복은 없다."[188]

학문을 통한 인간됨의 완성이 바람직한 인생이며, 인생에서 가

장 중요하고 의미 있는 것이라고 강조하고 있다. 또한, 이와 같은

학문을 통해 인격을 갖춘 "참된 군자는, 항상 의로움에 머무르면

서, 권력에 기울어지지 않는다. 이익에 종속되지 않고, 헛된 명예에

현혹되지 않고, 다른 사람의 비방에 아랑곳하지 않으며, 물질적 유

혹에 흔들리지 않는다. 나라 전체를 준다고 해도 자신의 기본 철

학을 바꾸지 않는다. 오로지 자신의 올바름을 유지하면서 도를 따

르고 행한다."[189]라고 했다. 앞에서 맹자가 권력과 부와 명예에 초

연한 대장부론을 언급했듯이, 순자도 비슷한 맥락에서 참된 군자

의 모습을 강조하고 있다. 그리고 사람이 사회적 관계에서 할 수

있는 가장 큰 행위(大行)는 "도리를 따르되 군주를 따르지 않으며,

의로움을 따르되 아버지를 따르지 않는다."[190]라는 고전의 가르침

을 실천하는 것이라고 했다. 이는 필자가 본 책의 부제목으로 제시

한 '도(道)에 의존하되, 외물(外物)에 종속되지 않는다.'라는 삶의 자

세를 견지하는 모습이다. 이러한 인격이 완성된 주체적 실존 상태

의 인간 모습을 이상적으로 여기는 역사적·사회적·문화적 전통이

---

188)　君子曰: 學不可以己. 爲之, 人也. 舍之, 禽獸也. 詩曰, 嗟爾君子, 無恒安息, 靖共爾
　　　位, 好是正直. 神之聽之, 介爾景福. 神莫大於化道, 福莫長於無禍.
189)　誠君子, 義之所在, 不傾於權, 不顧其利, 不誘於譽, 不恐於誹, 不爲物傾側, 擧國而
　　　與之不爲改視, 端然正己, 率道而行.
190)　傳曰; 從道不從君, 從義不從父.

계속되고 있음을 알 수 있다. 이와 같은 맥락에서 그는 학문 활동과 사회적 역할 수행과 관련하여 다음과 같이 강조하고 있다. "군자는 반드시 사회적으로 출세하기 위해 학문을 하는 것은 아니다. 그러나 사회적 직책을 맡게 되면 반드시 배운 대로 자신이 맡은 업무를 수행해야 한다. 원칙과 능력에 기반하여 자신의 업무를 수행하여 위로는 군주의 명예를 드높이고 아래로는 백성들의 걱정거리를 없애고 삶을 윤택하게 하는 실적을 내어야 한다. 그와 같은 역량이 없으면서도 자리를 지키고 있으면 군주와 백성을 속이는 것이고, 아무런 실적도 없이 대우만 받으면 도둑질하고 있는 것이다."[191]라고 했다. 사람이 태어나서 학문과 사회적 역할, 기능을 수행하면서 명심해야 할 귀중한 가르침이다. 특별히 현대 공직에 종사하는 공무원들이 반드시 새겨들어야 할 귀중한 가르침으로 보인다.

이와 같은 유교적 전통은 중국 역사와 함께 후대로 계승된다. 유교 사상은 중국 대륙이 진나라가 법가 사상에 기반하여 통일된 후 한나라 시대에 중국 고대 제자백가 사상 중에서 주류 정치사상으로 채택되면서 다른 제자백사 사상에 비해 상대적 우위를 유지하고 후대에 이어졌다. 그러면서 중국인들의 삶에 직·간접적 영향을 계속 미치게 된다. 그 후 유가 사상은 도가 사상과 인도에서 전래된 불교 사상과 상호 영향을 주고받는다. 그렇게 공자 시대에 현실

---

191) 學者非必爲仕, 而仕者必如學. 君子進, 則能益上之譽, 而損下之憂. 不能而居之, 誣也. 無益而厚受之, 竊也.

적, 사회 윤리적 성격이 강했던 인간학, 인간관계학, 윤리학적 유학
에서 초현실적, 우주론, 존재론 성격이 가미된 철학적 성격의 신유
학(新儒學)으로 거듭나서 송나라 시대 주자학이라는 이름으로 새
롭게 부활한다.

주자(朱子 1130-1200)는 송나라 시대의 대표적인 유학자이다. 그
가 정립한 신유학을 성리학, 주자학이라고 한다. 주자학은 고려 시
대 한반도에 전래된 후 조선 건국 이념의 토대가 되고 조선 시대
통치 이념으로 기능하면서 한국인들의 삶에도 지대한 영향을 미
친 사상이다. 주자는 여조겸과 함께 송나라 시대의 논어라고 일컬
어지는 근사록(近思錄)을 남겼다. 근사록 첫 장에 다음과 같은 내
용이 언급되어 있다.

> "태극이 곧 무극이요, 무극이 곧 태극이다. 움직임이 극에 달하
> 면 고요해지고, 고요함이 극에 달하면 다시 움직임으로 되돌아온
> 다. 움직이고 정지하는 것이 지속적으로 반복되는 것이 천지 만물
> 존재의 실제 모습이다. 천하의 이치는 끝이 있으면 다시 처음으로
> 돌아온다. 영원함이란 끝이 없는 것이다. 따라서 영원하다는 것은
> 고정된 일정한 것이 아니다. 고정된 일정한 것은 영원할 수가 없다.
> 오로지 수시로 변화하는 모습이 도의 실체이다. 하늘과 땅이 영원
> 히 존재하는 이치는 천도를 깨닫지 않고서는 알 수가 없다. 천도를
> 깨달은 사람을 성인이라고 한다. 따라서 성인은 항상 중정인의 상
> 태에 머무르면서, 하늘과 땅의 운행 법도에 부합하면서 하늘과 땅

　　　　　　　　　　　내 인생의 나침반

과 사람과 함께한다."[192]

근사록은 논어, 중용, 맹자, 주역 등 고대 중국의 유가 사상의 주
요 경전을 재해석하고 중요 내용을 언급하면서 새롭게 편찬한 책
이다. 첫 장의 제목이 도체(道體)인데, 도체란 도의 근본에 관한 언
급이란 의미이다. 앞서 언급된 논어 첫 장에 비해 철학적 성격이
깊어진 모습을 상징적으로 보여 준다. 이는 도가 사상과 불교 사
상 등 다른 사상이 사람들에게 영향을 주고 학문적 연구와 수양
을 하는 과정에도 영향을 미쳤다. 타 사상이 지니고 있는 초현실
적, 우주론, 존재론, 심성론 등이 유학에도 영향을 주면서 송나라
시대에는 철리(哲理)을 밝히는 학문적 경향이 다양하고 활발하게
나타났다. 성리학이란 중용 첫 장에 '천명지위성, 솔성지위도, 수
도지위교'라고 언급된 바와 같이 천명(天命), 물리(物理), 인성(人性)
에서 성즉리(性卽理), '성이 곧 리'라는 의미이다. 이를 연구하는 학
문과 수양 방법에 관한 책이 근사록이다. 주자(주희, 朱熹)는 "세상
의 삼라만상은 나무 한 그루, 풀 한 포기에 이르기까지 모두 그 이
치를 갖추고 있다. 이 이치를 하나씩 따져 들어가면 마침내 확연하
게 세상 만물의 이치를 밝혀낼 수 있게 된다."라고 했다. 주자는 대
학의 격물치지(格物致知) 중 격물을 만물이 지닌 이치를 추구하는

---

192) 太極而無極, 無極而太極, 太極動而生陽, 動極而靜, 靜而生陰, 靜極復動, 一動一
靜, 天下之理終而復始, 所以恒而不窮, 恒非一定之謂也, 一定則不能恒矣, 唯隨時
變易乃常道也, 天地常久之道, 天下常久之理, 非知道者孰能識之, 達於天道者 爲
聖人, 故聖人定之以中正仁義, 聖人與天地合其德.

궁리(窮理)로 해석하여, 모든 사물의 이치를 끝까지 파고들어 가면 (格物) 앎에 이른다(致知)고 하는 성즉리설(性卽理說)을 정립했다. 근 사록 제1권 도체류(道體類)에 다음과 같은 내용이 언급되어 있다.

"하늘에는 명이 있고, 만물에는 이가 있으며, 사람에게는 성이 있고, 사람 몸의 주인을 마음이라고 한다. 명칭을 다르게 하고 있으 나 사실은 하나이다. 하늘과 같은 큰마음은 천하 만물을 능히 하나 로 받아들인다. 받아들이지 못하는 외물이 있으면 마음은 밖이 있 게 된다. 세상 사람들은 자신이 보고 듣고 얻은 협소한 마음에 머 문다. 그리고 보고 들은 것으로 자신의 마음을 구속한다. 그리하여 사람과 만물을 다르게 보게 된다. 성인은 자신의 본마음을 온전히 활용한다. 보고 들은 것으로 마음을 구속하지 않는다. 따라서 천하 의 만물이 모두 자신과 하나라고 여긴다. 하늘마음은 크고 밖이 없 다. 마음에 밖이 있으면 하늘마음에 부족한 것이니 하늘마음에 합 하여 하나가 되어야 한다. 맹자는 마음을 지극하게 하면, 성을 알 고, 하늘을 안다고 했는데 바로 이를 두고 한 말이다. 사물의 이치 를 궁구하고 마음을 지극하게 하면 하늘마음에 이른다고 하는 것 도 이를 말함이다."[193]

---

193) 在天爲命, 在物爲理, 在人爲性, 主於身爲心, 其實一也. 大其心則能體天下之物, 物有未體則心爲有外, 世人之心止於見聞之狹, 以見聞梏其心, 其視人物有別. 聖 人盡性, 不以見聞梏其心, 其視天下無一物非我. 天大無外故有外之心, 不足以合天 心. 孟子謂盡心則知性知天以此. 窮理盡性至命爲一亦如是.

내 인생의 나침반

생각하는 사회적 동물인 인간이 학문을 하는 목적은 자연의 모습을 닮은 성인이 되기 위한 것이다. 성인의 마음은 하늘과 같은 상태인데 이는 곧 자연과 하나가 된 상태에서 존재하는 것을 말한다. 공자, 자사, 맹자, 순자를 이어서 면면히 계승되어 온 학이시습(學而時習), 사이심득(思而心得), 궁리진성(窮理盡性), 이지어명(以至於命)이라는 학문과 수도의 전통이 주자에 이르러 집대성되고 재해석되어 새롭게 제시되고 있음을 보여 준다. 유학의 경전을 오경, 사서라고 한다. 오경이란 시경, 서경, 역경, 춘추, 예기를 말하고, 사서란 논어, 맹자, 대학, 중용을 말한다. 중국 대륙이 진나라에 의해 통일되기 이전을 선진(先秦) 시대라고 하는데, 선진 시대의 유학을 오경 중심의 유학이라고 하며 그 후의 유학을 사서 중심의 유학이라고 한다. 주자는 사서에 특별히 관심을 갖고 일생 동안 부족한 부분을 보완하고 재해석하여 주석서를 발간하고 교육하는 일에 매진했다고 한다. 이와 같은 맥락에서 송나라 시대 주자에 의해 재해석된 유학을 주자학이라고 한다.

사서의 하나인 대학(大學)은 성인을 위한 학문이란 의미이다. 대학이란 어린 시절 글자를 이해하는 데 치중하는 소학과 달리 사람의 삶과 사회적 역할과 관련된 공부로 정치적, 철학적 성격이 강하다. 자연의 일부이면서 생각하는 사회적 동물인 인간이 살아가면서 가장 중점을 두고 활동하는 것은 생각하는 능력을 함양하여 사회 구성원으로서 역할과 책임을 다하는 것이다. 이는 곧 학문 활동으로 연결되는데, 성인이 하는 학문을 대학이라고 한다. 대학 첫 장에 제시된 삼강령, 8조목은 인간의 학문 활동과 사회적 역할에 대한 핵심적 내용으로 유교 사상의 진수를 보여 준다. 인간의 자기완성의 출발은 외물을 지향하는 삶의 자세를 멈추고, 근본적으로 태도를 전환하여 먼저 자연을 이해하는 것이다. 격물(格物)이란 사물의 존재 양상을 파악하고 이해하여 이를 통해 자신과 인간을 이해하는 것이다. 현대적 의미로 물리학, 화학, 생물학, 지구과학 등 자연 과학을 공부하는 것으로 이해할 수 있다. 자연에 대한 올바른 이해가 먼저 있어야 자신의 위치를 올바로 인식하고 자신의 잠재력을 완성하여 사회적 역할을 원만하게 수행하면서 사회 구성원과 자연과 더불어 이상적인 상태에서 공존할 수 있다는 논리이다. 자연이 개인에게 부여한 덕을 온전히 발현하게 하는 것이 자신을 수양하고 완성하는 것이며, 자기완성이 이루어져야 가정을 꾸리고 유지할 수 있고, 가정을 잘 이끌 수 있어야 사회적 역할을 잘 수행할 수 있다. 모든 사람이 이와 같이 되면 사회는 안정을 이루고 조화와 균형 속에서 지극히 좋은 상태가 유지된다는 주장이다.[194)]

주자의 뒤를 이어 명나라 시대 철학자 왕양명(王陽明, 1472-1528)은 주자의 가르침을 실천에 옮겼다. 그는 먼저 이치를 캐내기 위해

---

194) 大學之道, 在明明德, 在親民, 在止於至善. 知止而后 有定, 定而后 能靜, 靜而后 能安, 安而后 能慮, 慮而后 能得. 物有本末, 事有終始, 知所先後, 則近道矣. 古之 欲明明德於天下者 先治其國, 欲治其國者先齊其家, 欲齊其家者先修其身, 欲修其 身者 先正其心, 欲正其心者 先誠其意, 欲誠其意者 先致其知, 致知在格物. 物格 而后至知, 至知而后意誠, 意誠而后心正, 心正而后身修, 身修而后家齊, 家齊而后 國治, 國治而后天下平.

내 인생의 나침반

대나무 한 그루를 오랫동안 세심하게 관찰하고 심지어는 갈라 보기까지 하면서 연구에 연구를 거듭했다. 그러나 이치를 명확하게 알아낼 수가 없자, 주자의 이론에 의심을 품고 다른 방향에서 궁구하여 다음과 같은 결론을 얻어 내었다. 격물의 '물(物)'이란 사물을 가리키는 것이니 '사(事)'이다. '사'란 부모를 모시거나 임금을 섬기는 일 따위와 같이 마음에서 발현되는 일체 행동을 말한다. 그러므로 '사'의 이면에는 마음이 있으며, 마음 이외에 물건이나 이치가 있을 수가 없다. 즉, '리(理)'는 외부에 별도로 존재하는 것이 아니라 내 마음속에 있는 것이다. 따라서 격물의 '격(格)'이란 '마음을 바로잡는다.'라는 의미로 해석해야 한다. 마음이 바로잡힌 상태에서 외물에 접해 얻어지는 지식이 양지(良知)이다. "마음을 바로잡으면 양지(良知)에 이른다."라는 것이 왕양명의 심즉리설(心卽理說)이다. 주희의 주자학은 존재론적 관점의 지식 획득을 강조한 이학(理學)이라 하고, 왕양명의 양명학은 인식론적 관점의 지식 획득과 도덕적 실천을 중시하여 심학(心學)이라고도 한다. 인간과 자연과의 관계에 대한 공자 사상의 심(心), 성(性), 리(理), 명(命), 어려운 주제가 심즉리(心卽理), 성즉리(性卽理)라는 이론을 정립시키고 현대 철학의 존재론과 인식론 문제에까지 접근하여 계승되고 있는 것이다.

이와 같은 주자학은 한반도에 전래되어 조선 건국과 함께 국가 통치 이념으로 채택되고 조선 중기에 크게 융성하게 된다. 이율곡(1536-1584)은 조선 중기의 대표적인 학자이면서 문신으로서 성리학 발전에 기여한 인물이다. 그는 성리학에 관한 연구와 실무 경험을 기초로 저술한 성학집요(聖學輯要)를 남겼다. 이율곡은 성학을 이루기 위한 방법에 대하여 다음과 같이 언급하고 있다.

"인격 완성을 통한 성인의 경지를 이루기 위해 지극정성으로 노력하는 사람이 추구해야 할 것에는 크게 세 가지가 있다. 이름하여 궁리, 거경, 역행이다. 궁리란 안으로는 자신의 몸의 생성 이치를 궁구하는 것이고, 밖으로는 만물의 존재 이치를 궁구하는 것이다. 이렇게 하여 격물치지에 이르는 것이다. 거경이란 동과 정에 통하는 것이다. 정시에는 잡념을 일어나지 않게 하고, 동시에는 일에 전념하는 것이다. 역행이란 자기 자신을 극복하는 데 있다. 이렇게 하여 성의정심수신에 이른다. 위의 세 가지는 어느 한 가지라도 소홀함이 없이 병진해야 한다. 이와 같이 정진하여 세상 이치에 통달하고 밝게 되면 어디에도 걸림이 없고, 안으로의 곧음이 밖으로 의로움의 형태로 발현되며, 자신을 극복하고 본성에 복귀한다. 거경을 통해 마음의 기본을 확고히 하고, 궁리를 통해 선을 구현할 수 있는 밝은 지혜를 갖추고, 역행을 통해 이를 명실상부하게 실천하는 세 가지 공부 방법은 평생 동안 실천해야 하는 과업이다. 학문을 한다는 것은 사람이 하루하루 살아가는 일상생활과 분리되는 것이 아니라 일상생활 속에서 이루어지는 것이다. 평범한 일상에서 머무를 때는 공(恭)의 상태를 견지하고[195], 업무에 임해서는 오직 그 일에

---

195) 戒愼, 愼獨, 不起雜念과 같은 의미이다.

집중을 하며[196] 사람을 만나서는 진심을 다해 대한다면[197] 명실공히 학문을 하는 것이라 할 수 있다. 사람이 책을 읽고 공부하는 것은 궁극적으로 이와 같은 이치를 깨닫기 위한 것이다."[198]

인격 완성을 위한 학문과 수양 방법에 관해 간결하지만 심도 있게 언급한 내용이다. 지식 위주의 교육에 함몰된 현대인들에게 귀중한 참고가 될 수 있는 교훈이다. 이율곡의 거경, 궁리, 역행이라는 공부 방법은 현대 뇌 과학적 입장에서 보아도 타당한 면이 많다. 인간의 뇌는 중추 신경계의 종합적 컨트롤 타워 역할을 하면서 체중에서 차지하는 비율에 비해 막대한 에너지를 소비한다. 따라서 인간의 삶 순간순간에 뇌 활동의 효율성 극대화는 매우 중요한 문제이다. 뇌에 입력된 불필요한 정보, 잘못된 정보는 제거되어야 하고 에너지 효율성 제고가 필요하다. 이와 같은 맥락에서 거경, 궁리, 역행이란 사람이 순간순간 생각하고 말하고 행동하는 과정에서 집중된 상태, 효율성이 극대화된 상태의 중요성을 의미한다고 볼 수 있다. 근사록에 "안으로는 마음이 곧고 집중된 상태를 유

---

196) 敬, 臨事專一과 같은 의미이다.
197) 忠恕와 같은 의미이다.
198) 聖學: 窮理, 居敬, 力行. 所謂勉聖學克盡誠正之功者, 大要有三. 曰窮理野, 居敬也, 力行也.
      窮理內而窮在身之理, 外而窮在物之理, 乃格物致知也. 居敬通乎動靜, 靜時不起雜念, 動時臨事專一. 力行在於克己, 乃誠意正心修身也. 三者俱竝進, 則理明而獨處無礙, 內直而義形於外, 己克而復其性初. 居敬以立其本, 窮理以明乎善, 力行以踐其實, 三者終身事業也. 爲學 在於日用行事之間, 若於平居, 居處恭, 執事敬, 與人忠, 則是名爲學. 讀書者 欲明此理而已.

지하고, 밖으로는 의로움이 발현되는 것이 바로 인이다."[199]라는 말이 있다. 마음이 집중된 상태, 잡념이 없는 상태, 사심이 없는 상태, 그리고 일체외물과 만사에 걸림이 없이 조화와 균형을 이룬 상태가 공자가 말한 궁극적 알맞음, 인을 일컫는다고 볼 수 있다.

지금까지 논의된 유가 사상은 인간은 생각하는 사회적 동물이라는 관점에서 정리해 보자. 공부하는 것을 즐거운 일로 여기면서(好學), 사회적 존재로서 최적의 인간관계가 무엇인지를 알고(化道), 항상 도를 따르면서(從道), 삶의 순간순간에 궁극적 알맞음을 유지하는 것이 인을 실천하고(成仁), 진리에 입각하여 사는 인생정로(人生正路)라는 것을 제시한 사상이라고 요약할 수 있다. 이와 같은 맥락에서 인생 전반을 관통하는 궁극적 삶의 지침으로 '의도불의인(依道不依人)' 원칙이 정립되고, 전제 군주제 국가, 가부장적 사회에서도 '종도불종군(從道不從君), 종의불종부(從義不從父)' 윤리 체계가 강조되었다. 도를 따르되 사람에 의존하지 않고, 도에 의거하여 군주를 섬기되 맹목적으로 군주를 따르지 않으며, 의로움에 근거하여 아버지를 섬기되 맹목적으로 아버지를 따르지 않는다는 의미이다.

② 도가 사상(道家思想)

제자백가 사상 가운데 유가 사상과 더불어 사람들의 삶에 영향을 크게 미친 사상이 도가 사상이다. 도가 사상은 노자를 필두로

---

199) 敬以直內, 義以方外, 仁也.

하여 장자, 열자로 이어지면서 동양 자연주의 철학의 맥을 잇게 된다. 춘추 시대의 사회 혼란상을 극복하고 사람들의 삶을 안정시키기 위해 공자를 비롯한 유가 사상가들이 인의를 기반으로 하는 왕도정치를 주장하면서 사람들을 설득하고 사회 개혁 운동을 시작하자 이에 반론을 펴면서 등장한 것이 노자이다. 노자는 "한마디로 유가에서 주장하는 인의라는 개념이 실체가 없는, 사람이 만들어 낸 인위적, 허구적인 그 무엇에 불과하다.[200] 대자연의 존재와 관련된 근본 원리인 도(道)의 견지에서 보면 정말 하찮은 것을 대단한 것처럼 포장하여 사람들에게 주입하고 강요하는 것은 문제를 해결하는 것이 아니라 오히려 악화시킬 뿐이다. 그러니 원래 자연 상태로 복귀하여 순수성을 회복해야 근본적으로 문제가 해결될 수 있다는 것이다.[201]"라고 주장했다.

노자가 정립한 도가 사상은 자연의 일부로서 인간을 바라보고 초현실적, 존재론적 접근으로 인간과 사회의 혼란상을 근원적으로 극복해야 한다는 것이다. 노자 사상의 일면을 상징적으로 보여 주는 구절이 그의 저서인 도덕경 첫 장에 나온다. "도를 도라고 표현하면 그것은 실제의 도가 아니며, 명칭을 부여하여 개념화시키면 그것은 실제를 지칭하지 않는다."[202]라고 했다. 도라고 하는 진리의 세계는 유한자인 인간의 말과 글로써 표현할 수 없는 영역이며, 인간의 말과 글로써 개념화하고 정의하면 곧 그것은 진리를 지

---

200) 大道廢, 有仁義. 智慧出, 有大僞.
201) 反璞歸眞.
202) 道可道非常道, 名可名非常名.

칭하는 것이 아니라는 것이다. 이와 같은 관점은 유가에서 주장하는 인의(仁義), 왕도정치(王道政治)라는 것이 사회 문제를 근원적으로 해결할 수 있는 절대적 진리가 아니며, 공자의 생각이 만들어낸 인위적 산물의 하나일 뿐이라는 것이다. 당시 대부분의 사람들이 현실적으로 먹고사는 문제 해결을 위해 눈에 보이는 것에 함몰되어 허겁지겁 살아가는 세상인데, 노자의 생각은 보통 사람들의 차원을 넘어 형이상학적 관점에서 세상을 바라보고 진단하고 있는 것이다. 유가 사상은 주나라 봉건 제도하의 성공의 경험을 온고지신하여 현실적 인간관계, 사회 윤리적 측면의 갈등과 분열 해결을 통한 문제 해결 접근법을 제시했다. 노자 사상은 자연의 일부인 사람이 사는 인간 사회의 문제는 결국 자연 질서를 벗어나서 생겨난 것이니 자연 질서를 회복해야 근본적으로 문제를 해결할 수 있다고 주장한 공자 사상과 출발점이 다른 것이라고 볼 수 있다.

노자는 공자와 거의 동시대 사람으로, 춘추 시대를 살았던 인물이다. 노자는 동시대 제자백가 사상가들에 비해 현실을 진단하고 해결책을 제시하는 사유의 폭에 있어서 차원이 달랐던 인물로 보인다. 그는 "인위(人爲), 문화(文化)라는 범주 내에서 제시되는 인간의 모든 관념적 산물은 자연 상태의 본질적 요소에서 벗어난 근사치에 지나지 않는다. 따라서 오류와 시행착오를 줄이기 위해서는 인간의 감각 기관을 초월한 상태에서 세상을 실제로 움직이는 근본적인 도(道)의 관점에서 현실을 진단하고 문제 해결책을 마련해야 한다."라는 입장이다. 공자가 노자를 방문하여 예(禮)에 관하여

내 인생의 나침반

질문하고 배움을 요청하자, 노자에 공자에게 세상을 바꾸겠다는 교만함과 욕심을 경계하라는 취지의 충고와 질책을 했다는 일화가 전해진다. 또한, 공자가 노자를 만났던 경험을 제자들에게 전하면서 지금까지 만나 본 사람 중에 가장 강력한 힘을 지닌 마치 전설 속 동물인 용(龍)을 만난 기분이라고 말했다고 한다. 노자의 인물됨을 짐작할 수 있는 일화이다.

다음은 도덕경에 제시된 도에 관한 내용이다.

> "도에 의해 하나가 생겨나고, 하나가 둘을 낳고, 둘이 셋을 낳고, 셋이 만물을 생기게 했다. 사람은 땅의 원리를 따르고, 땅은 하늘의 원리를 따르며, 하늘은 도의 원리를 따르고, 도는 스스로 그러함 상태이다."[203]

> "도는 항상 의도를 갖고 인위적으로 무엇을 하지는 않는다. 그러나 도는 항상 일정하게 무엇인가를 하고 있다."[204]

그의 사상을 무위자연(無爲自然), 반박귀진(反璞歸眞)으로 표현하는 이유가 여기에 있다. 원래의 순수한 상태로 돌아가는 것이 바로 진리의 상태로 복귀하는 것이며, 인위적 함이 없는 자연스러운 함이 최선이라는 것이다. 인간도 자연의 일부이기 때문에 자연의 원

---

203) 道生一, 一生二, 二生三, 三生萬物. 人法地, 地法天, 天法道, 道法自然.
204) 道常無爲, 而無不爲.

리에서 벗어날 수 없다는 것이다.

그렇다고 노자는 허무주의자나, 무정부주의자는 아니었다. 그는 벼슬도 했으며, 인간이 사회적 동물이고 사회를 떠나서는 살 수 없다는 것도 인정했다. 그러나 인간의 삶이 축적되면서 자연 상태에 덧칠되고 누적된 각종 인위적 요소의 허상을 올바르게 파악하지 못하고 그것에 종속되는 우를 범해서는 곤란하다는 것이다. 그는 춘추 시대에 주나라가 더욱 약화되고 사회가 혼란해지자, "천하에 도가 있으면 참여하여 도를 이루고, 천하에 도가 없으면 성인은 그저 살아갈 뿐이다."[205]라는 교훈에 따라 은둔하여 조용한 삶을 산 것으로 전해진다. 그가 제시한 이상적인 공동체 모습은 '작은 나라, 적은 국민(小國寡民)'이다. 그리고 통치자의 최고 리더십은 백성들이 그가 있다는 정도만 알고, 자연스럽게 다스려지는 상태(무위이치, 無爲而治)라고 했다.[206] 또한, 도가 현실에서 구현된 구체적 모습을 물의 속성에 비유하고 물처럼 사는 것이 최고의 선(상선약수, 上善若水)을 구현하는 것이라고 가르쳤다.

공자가 인도(人道)를 현실에서 구현하기 위해 독신호학(篤信好學)을 강조하면서 학문(學問)을 통한 더하기 철학을 제시하여 인(仁)을 이루어야 한다는 것에 비해, 노자는 천도(天道)를 인간 세상에 구현하기 위해 위도일손(爲道日損)을 강조하면서 수도(修道)를 통한 빼기 철학을 통해 도(道)를 얻어야 한다고 주장하였다. "학문을 하는

---

205) 天下有道, 聖人成焉. 天下無道, 聖人生焉.
206) 太上, 下知有之.

내 인생의 나침반

것은 하루하루 보태기를 하는 것이며, 도를 닦는 것은 하루하루 덜어 내는 것을 하는 것이다. 덜어 내고 또 덜어 내다 보면 마침내 더 이상 덜어 낼 수 없는 자연스러운 상태에 도달한다. 인위적으로 함이 없는 상태에서 함은 못 하는 것이 없는 것이다. 천하를 얻고 자 하면 이와 같이 함이 없는 상태를 유지해야 한다. 인위적인 함이 있으면 그것은 무엇인가 부족한 상태이며 따라서 천하를 얻을 수 없다."[207] 도가 사상을 대표하는 수도(修道)의 중요성과 무위자연(無爲自然)을 언급하고 있는 내용이다. 그는 도에 이르기 위한 방법으로 허(虛)와 정(靜)을 제시하고 허와 정을 통해 자연의 실상을 올바르게 보는 경지가 인간이 밝아진 상태이며, 밝아져야 헛된 생각과 말, 행동을 하지 않고 순응자연(順應自然), 순천(順天)의 상태에서 평생 동안 위험에 노출되지 않고 살아갈 수 있다고 했다. "지극하게 텅 비고, 맑고 고요한 상태를 유지하면, 만물이 다 함께 자라나고 있는 것을 보게 되고, 그것이 곧 본래 상태라는 것을 알게 된다. 근본으로 복귀한다는 것은 맑고 고요함을 뜻하며, 맑고 고요함은 곧 하늘의 명이다. 하늘의 명이란 항상 그러한 상태이다. 이것을 아는 것을 밝음(明)이라고 한다. 밝음의 상태에 도달하지 못하면 헛된 것을 추구하고 행동하게 되어 흉하게 된다. 밝음에 이르면 모든 것을 포용하고, 포용하면 공정해지며, 공정하면 곧 사람과 땅과 하늘이 하나라는 것을 꿰뚫게 되는 것이다. 이는 곧 하늘

---

207)   爲學日盛, 爲道日損. 損之又損, 以至於無爲, 無爲而無不爲. 取天下, 常以無事. 及其有事, 不足以取天下.

에 이르는 것이며, 하늘은 도에 이르고, 도는 영원히 지속한다. 이와 같은 상태가 되면 일생 동안 위태롭지 않게 된다."[208]라고 가르쳤다. 그리고 도를 터득하고 구비한 인간의 모습을 순수한 어린아이에 비유하고, 위대한 덕을 구비한 사람은 오직 도만을 따른다고 했다.[209]

장자(BC 369-286)는 노자 사상을 계승한 전국 시대 사상가이다. 공자에게 맹자가 있다면 노자에게 장자가 있는 것과 같은 맥락이다. 장자는 노자의 자연주의적 관점의 삶의 방식과 혼란한 사회 질서 회복 방법에서 한 단계 더 나아가 개인의 주체적, 자연적, 자유로운 삶의 방식을 제시하였다. 그의 저서 장자 내편에 다음과 같은 내용이 언급되어 있다.

> "사람의 삶은 유한한데 무엇인가를 하고자 하는 욕망은 무한하다. 한계가 있는 자가 무한을 추구하니 항상 위태로움이 따른다. 이와 같은 것이 사람이 살아가는 실상이다. 그럼에도 불구하고 무한을 쫓는다면 위태롭게 될 뿐이다. 따라서 좋은 일을 하더라도 사람들 입에 오를 정도는 하지 말고, 나쁜 일을 하게 되더라도 처벌을 받을 정도까지는 하지 마라. 오직 도에 의존하여 순간순간 생각과 말, 행동을, 주변과 조화와 균형을 달성할 수 있게 하는 것을 평생의 삶의 원칙으로 삼으면, 자신의 몸을 안전하게 보호하고, 온전한

---

208) 致虛極, 守靜篤, 萬物竝作, 吾以觀其復. 歸根曰靜, 靜曰復命, 復命曰常, 知常曰明. 不知常妄作凶. 知常容, 容乃公, 公乃王, 王乃天, 天乃道, 道乃久, 沒身不殆.

209) 含德之厚, 比於赤子. 孔德之容, 唯道是從.

　　　　　　　　　　　　　　내 인생의 나침반

삶을 살 수 있으며, 부모를 봉양 할 수 있고, 하늘이 나에게 부여한
수명을 다 누리고 살 수 있다."210)

도가 사상가들의 기본적 인생관인 "도를 근본으로 삼아, 온전한
삶을 산다."라는 인도전생(因道全生)의 철학을 잘 제시하고 있다.

그는 "하늘과 땅과 사람은 모두가 함께 생겨났으며, 만물은 모두
가 하나로 귀일한다."211)라는 자연관을 정립하고 물아일체(物我一
體), 순응자연(順應自然)의 삶을 사는 것이 도가 구현되는 것이라고
했다. 이를 위해 도덕경에서 제시된 허(虛)와 정(靜)과 비슷한 맥락
에서 심재(心齋)212)와 좌망(坐忘)213)을 수양의 방법으로 제시했다.
또한 그는 도와 하나 된 경지에 도달한 사람을 "진인, 성인, 신인
등으로 제시하며, 도와 일체가 되면 자기를 잊고, 명예를 내세우지
도 않고, 공을 자랑하지도 않으며, 좋아함도 싫어함도 없는 변화
하는 자연스러움 그 자체에서 존재하게 된다."214)라고 했다. 필자가
앞 장에서 인간이란 무엇인가를 논의하면서 인간은 역사적·사회
적·문화적 존재로서 선조들이 살면서 그간 축적된 삶의 교훈을 받
는다고 했다. 이와 같은 맥락에서 대부분의 사람이 역사적·사회적·
문화적 굴레에서 완전히 벗어난 온전한 자유로운 삶을 살기란 어

---

210) 吾生也有涯, 而知也无涯, 以有涯隨无涯, 殆已. 已而爲知者, 殆而已矣. 爲善無近
　　名, 爲惡無近刑, 緣督以爲經, 可以保身, 可以全生, 可以養親, 可以盡年.
211) 天地與我竝生, 萬物與我爲一.
212) 氣也者, 虛而待物者也, 唯道集虛, 虛者心齋也.
213) 同於大通, 此謂坐忘.
214) 眞人無己, 聖人無名, 神人無功. 同則無好, 化則無常.

렵다. 제자백가 사상가들 가운데 장자 사상이 돋보이는 것은 장자는 완전한 자유로움을 추구하는 삶을 주장하고 이를 현실에서 실천했다는 것이다. 장자 사상의 독특함이 세상에 알려지자 그를 재상으로 영입하려는 시도가 있었지만, 그는 전국 시대의 권모술수와 패도에 기반한 군신 관계가 판치는 세상에 한 번 쓰고 버려지는 수단적 존재가 되는 길을 거부하고 유유자적하는 삶을 살았다고 한다. 장자는 제자백가 사상가 중에서 자연 상태의 인간 모습이 진정 어떠하며, 어떤 삶이 가장 자연스럽고, 자유로운가에 관해 고민하고 성찰하여 자유롭고 자연스러운 삶의 길을 스스로 살며 후대에도 제시한 사상가라고 할 수 있다. 장자는 삶의 순간순간에 오직 도를 따라서 생각하고 판단하고 행동하며, 외물에 종속되지 않고 마음을 자유롭게 노닐게 하며, 자연의 운행 질서에 더하지도 빼지도 않은 삶을 사는 것이 인간이 진정으로 자연 상태에서 사는 것이라고 가르쳤다.[215] 그가 고민하고 후대에 남긴 유산은 일체의 속박으로부터 벗어난 정신적 자유, 기존의 모든 사회 문화적 고정관념에 얽매이지 않는 자유로운 사고, 그리고 외물을 접하되 그것에 종속되지 않는 달관의 지혜를 지니고 살라는 것으로 볼 수 있다.

지금까지 언급한 중국의 고대 제자백가 사상 가운데 유가 사상을 인도(人道)를 중심으로 하는 현실적 윤리 체계라고 한다면, 도가 사상은 천도(天道)를 중심으로 하는 초현실적 철학 체계라고 할

---

215) 緣督以爲經, 乘物以遊心, 常因自然而不益生.

내 인생의 나침반

수 있다. 두 가지 사상은 상호 보완적 역할을 하면서 중국을 비롯한 동아시아인들의 삶에 많은 영향을 미치고 현대에 전해지고 있다. 사람이 사는 모습은 동서고금을 막론하고 원시 자연 상태에서 인위적 요소가 축적되는 형태로 진행되어 왔다. 자연 상태를 질(質)이라고 하고, 인위적 요소가 더해진 것을 문(文)이라고 한다. 질박(質朴)이라는 말은 아무것도 보태지 않는 본래 상태의 아름다움이라는 뜻으로 사용된다. 문화(文華)라는 말은 인위적으로 가공하고 덧칠하여 화려한 상태를 말한다.[216] 이는 사람의 얼굴에 비유할 수 있다. 일체의 화장품을 사용하지 않고 민낯 그대로의 모습을 질박에, 온갖 화장 도구를 사용하여 덧칠과 모양 내기를 한 얼굴을 문화에 비유할 수 있다. 사람들의 가치관과 기호에 따라 질박을 선호하기도 하고 문화를 좋아하기도 한다. 문질빈빈(文質彬彬)이란, 질박과 문화가 조화된 상태를 말한다.

다. 인더스 문명과 석가모니 불교 사상

석가모니(BC 563?-483?)는 불교(佛敎)의 창시자이며, 인더스 문명이 낳은 위대한 사상가, 종교가, 철학자이다. 석가모니란 명칭은 석가족 출신의 성자(聖者)라는 의미로 부여한 존칭이며, 본명은 고타마 싯다르타로 알려지고 있다. 그는 고대 인도 북부의 히말라야 산

---

216) 中華民國, 中華人民共和國은 모두가 中國의 국명이다. 이는 중원 지방에 화려한 문명을 건설하고 사는 민족이라는 의미이다. 중화가 아닌 동서남북의 다른 지역은 미개의 상태이며 동이, 서융, 남만, 북적이라고 호칭했다.

기슭 석가족을 중심으로 형성된 카필라 왕국의 왕자로 태어났다. 7일 만에 친모를 여의고 유모의 보살핌으로 성장했고, 어린 시절부터 유달리 사색과 종교적 재능이 뛰어났던 것으로 전해진다. 이런 아들의 잠재 능력을 확인한 아버지 정반왕은 왕위 계승 문제를 해결하기 위해 조기에 결혼도 시키고 후계자 양성 교육에 집중하였으나, 그는 성장할수록 인생의 근본 문제를 고민하는 사색에 더욱 집중했다고 한다. 고대 인도인들은 사람이 태어나면 부모님 보살핌 속에서 자라고 성장하여 직업을 갖고 사회적 역할과 책임을 다했다. 그다음에는 출가하여 산속이나 숲속에서 살면서 자연과 함께했다. 그리고 자유롭게 여행하면서 세상을 주유하다가 죽음을 맞이했다고 전해진다.[217]

고대 인도인들은 왜 인생의 후반부에 숲속에서 살고 여행을 하다가 죽음을 맞이하는 삶을 살았을까? 인더스 문명의 발현은 농경 정착 생활이 진전되면서 나타났다. 자연에서 왔다가 자연으로 돌아가는 것이 인생이다. 이와 같은 존재의 실상을 올바르게 깨닫고 죽음의 공포와 고통을 극복하기 위해서는 자연과 함께하는 환경이 더욱 적합했으리라 사료된다. 이는 원시 인류의 삶의 시작이 숲속에서 시작되었다는 것과 일맥상통하기도 한다. 고대 인도 문명은 인더스강 상류 일대에서 시작되었다고 전해진다. 원주민인 드라비다족을 중심으로 농업과 목축을 기반으로 하는 정착 문명이 발현되었을 것으로 보인다. 그 후 모헨조다로와 하라파 일대에

---

217) 범행기(凡行期), 가주기(家住期), 임서기(林棲期), 유행기(遊行期)를 말한다.

도시가 형성되고 페르시아와 메소포타미아까지 교역이 이루어질 정도로 발전했다고 전해진다. 그 후 아시아와 유럽의 중간 지대, 코카서스 일대에서 유목 생활을 하던 아리안족이 인도로 이주해 왔다. 그러면서 농경 정착 민족과의 경쟁에서 군사적 우위를 점령하고, 인더스강 북부 편자브 일대에 정착하면서 원주민인 드라비다족을 정복하고 인도 사회를 지배하기 시작했다. 굴러들어온 돌인 아리안족은 박힌 돌인 드라비다족을 종교적·정치적으로 완전하게 지배하기 위해 바라문교를 정립하고 카스트 제도를 확립했다. 카스트란 종교적·정치적 지배 계급인 브라만을 정점으로 하여, 무사 계급인 크샤트리아, 상민 계급인 바이샤, 노예 계급인 수드라 등 4개의 엄격하고 배타적인 신분·계급 제도를 말한다. 각 신분 간에 결혼을 통한 혼혈이 엄격하게 금지되었으며, 계급 간 계층 이동도 엄격하게 통제되었다. 아리안족의 영원한 지배를 위한 배타적이고 경직된 사회 체제가 정립된 것이다. 이를 위한 종교적·사상적 교리가 베다 경전에 수록되어 사람들의 정신세계와 삶을 지배했다. 최고신 브라만이 모든 것을 지배하며, 사람의 신분과 계급, 인생의 모든 길흉화복은 자신이 지은 업(業, karma)에 따라 결정되고, 이는 끊임없이 반복하여 윤회(輪回, samsara)한다고 가르쳤다. 이와 같은 논리에 따라 지배층인 브라만은 영원한 지배 계층이고, 노예층인 수드라는 영원히 노예 상태라는 것을 자연스럽게 받아들이도록 세뇌하고 종교적·정치적으로 합리화하고 고정관념화하면서 카스트 제도가 정착되었다. 이와 같은 경직된 사고와 사회 지배 체제는 약 2천 500년 이상 지속되었다고 전해진다. 현대 인도 사회에도 여전히 고대 카스트 제도의 유산이 많이 존재한다. 경직된 종교적, 사상적, 정치적 이념과 고정관념이 인간의 삶에 얼마나 부정적 영향을 크게 미치는지 잘 보여 주는 사례이다.

그러나 세월이 흐르면서 모두 변하는 것이 세상 이치이다. 고대 인도의 아리안족이 만든 강력한 지배 체제는 인구가 증가하고 철기를 사용한 농업 생산력이 향상되고, 서로 다른 계급 간 결혼을 통한 혼혈 현상 증가, 상업 발달을 통한 부의 축적 등 사회적 변화가 심화하면서 점차 느슨해지기 시작했다. 이른바 변화의 시기가 도래한 것이다. 기존의 브라만교 중심의 카스트 제도에 기반한 종교적·사상적 사회 윤리 체계가 변화를 수용하지 못하고 고정관념화하고 경직되자, 이에 반발하여 '육사외도', '육십이견'라고 불리는 고대 중국의 제자백가 사상과 비슷한 맥락의 여러 가지 혁신적 주의 주장이 나타나기 시작했다. 이와 같은 시대적·사회적 변화의 시기에 고타마 싯다르타 왕자는 왕위 계승자의 역할과 한 여자의 남편 역할, 그리고 아들의 아버지 역할 등 자신을 둘러싼 인생의 굴레가 더욱 무거워지고 심화되자 더욱 사색에 빠지게 되었다. 자연스럽게 부왕인 정반왕과의 갈등도 겪었을 것으로 보인다. 그러나 그는 자신의 내면에 자리 잡고 있는 인생의 근본 문제에 관한 종교적, 철학적 의문을 풀기 위해 결단을 내렸다고 한다. 당시 세상 사람들의 가치관과 계산법으로는 가장 멍청하고 바보스러운 선택과 행동으로 간주되었을지 모르지만, 그는 세속 최고 권력의 상징인 왕위 계승권을 포기하고 부인, 아들과도 작별한 채 영원히 사는 진리의 길 발견에 자신의 모든 것을 걸고 29세의 젊은 나이에 출가를 하게 된다.

고대 인도인들은 정신적 영적 성숙의 수준별 단계를 십법계(十法界)로 구분하고 미혹(迷惑)의 세계와 깨달음의 세계를 포함하여 10종으로 분류하였다고 한다. 십법계란 지옥, 아귀, 축생, 아수라(阿修羅), 인간, 천상, 성문(聲聞), 연각(緣覺), 보살, 부처를 말한다. 지옥부터 천상까지의 6세계는 깨닫지 못한 보통 사람들의 세계이며, 성문, 연각, 보살, 부처의 4세계는 깨달은 성자의 세계이다. 양쪽을 합하여 육범사성(六凡四聖)이라 한다. 육범의 세계는 자신이 지은 생각과 말, 행동에 의해 축적된 업의 굴레에 종속되어 허상을 실상으로 여기며 집착하면서 생각의 감옥을 벗어나지 못하고 지옥으로부터 천상에 이르기까지 6계를 반복적으로 윤회하면서 고통스럽게 사는 상태를 지칭하며, 이를 삼세육도윤회(三世六道輪廻)라고 한다. 이와 같은 맥락에서 법구경에도 수많은 사람 중에 극히 일부만이 깨달음의 세계에 도달하여 정신적 자유를 얻고, 대부분의 사람은 평생 끝없는 번뇌와 망상에 종속된 미혹의 세계를 벗어나지 못하고 방황한다고 했다.[218] 사성의 세계는 성문, 연각, 보살, 부처의 세계를 말한다. 이는 자신이 지은 생각과 말, 행동에 의해 축적된 일체유위법이 자신의 마음이 만든 허상이라는 것을 자각하고 의식의 균형을 이룬 상태에서 허상을 좇아서 윤회하지 않고 육도윤

---

218)   世皆沒淵, 鮮克度岸, 如或有人, 欲度必奔.

회의 굴레에서 벗어나[219] 무의·무착·무분별의 경지에서 자유롭게 사는 상태에 도달한 사람을 지칭한다.

이와 같은 범인(凡人)의 상태에서 성인(聖人)을 지향하는 정신적 삶을 추구하는 전통에 따라 사람들은 진리의 상태에 도달하기 위해 수행을 하게 되는데, 수행의 방법은 크게 선정주의, 고행주의와 쾌락주의로 분류된다. 선정주의(禪定主義)란 정신의 집중을 통한 명상 기법을 위주로 하는 수행 방법이다. 고행주의(苦行主義)란 기존의 세속에 함몰된 생활 패턴을 완전히 전환하여 욕망을 억제하고 참고 견디며 육체에 고통을 주면 줄수록 정신은 맑아지고 궁극적으로 진리에 도달할 수 있다는 입장이다. 이에 반해 쾌락주의(快樂主義)는 삶이란 인간의 욕구가 충족되었을 때 느끼는 만족과 쾌락이 클수록 진리 상태의 삶이란 입장이다. 싯다르타 왕자는 29세에 출가한 후 약 6년의 수행 기간을 보내면서 주로 진리를 얻기 위해 유명한 스승을 찾아다니는 고행주의적 접근에 따라 수행했다고 전해진다. 그러나 기존의 방식으로는 자신이 생각하는 진리의 세계에 도달할 수 없다는 결론에 이르렀다고 한다. 그 후 기존의 극단적 고행 방식에서 탈피하고 몸과 마음의 건강을 회복한 후 새롭게 독서와 사색을 통해 자신만의 방법으로 수행한 결과, 마침내 자신이 어린 시절부터 의문을 품고 고민하고 사색하던 인생의 모든 문제가 일시에 해결되는 체험을 하게 된다. 이를 무상정각(無上

---

219) 열반(nirvana), 해탈(moksha)이라고 한다.

내 인생의 나침반

正覺)이라고 한다.[220]

고타마 싯다르타가 석가모니가 된 것이다. 인도에서는 진리를 깨달은 사람을 붓다(Buddha, 佛陀)라고 한다. 석가모니란 석가족 출신의 깨달은 자를 의미한다. 석가모니 부처님이라는 존칭으로 부르기도 하는 이유이다. 붓다가 불타, 부처로 변했다. 부처는 고유명사가 아니라, 보통 명사인 것이다. 그렇다면 석가모니 부처님이 발견한 진리란 무엇일까? 그가 발견하고 체험한 진리는 인연의 법칙과 중도의 체험으로 요약할 수 있다. 인연(因緣)의 법칙이란, 우주 삼라만상의 존재의 실상은 변하지 않는 궁극적 실체가 별도로 존재하지 않고[221], 인연에 따라 끊임없이 변화를 거듭한다는 것이다.[222] 사람의 생로병사도 이와 같은 법칙에 따라 나타나는 현상에 불과하다. 태어남도 삶의 과정이며, 죽음도 삶의 과정이라는 것이다. 중도(中道)란 진리를 깨닫는 방법인 선정주의, 쾌락주의, 고행주의 등 특정한 방법에서 벗어난다는 의미와 사람의 마음이 외물(外物) 어느 곳에도 집착함이 없이 동적인 평형을 이룬 상태라는 의미를 모두 가진다.[223] 싯다르타 왕자는 현대적 의미로 '금수저'를 물고 태어나 자신에게 확실하게 보장된 세속적 부귀영화를 모두 포기하고 어린 시절부터 품었던 의문, 즉 '인생은 왜 고통인가?'에 대한 답을 찾은 것이다. 인생이 고통스러운 것은, 우주 삼라만상 존

---

220) 아뇩다라삼먁삼보리(阿縟多羅三貘三菩提), 최고의 깨달음이라는 의미이다.
221) 제법무아(諸法無我)라고 한다.
222) 제행무상(諸行無常)이라고 한다.
223) 이는 싯다르타 왕자가 깨달음을 얻은 후 자신과 함께 수행의 길에 있던 사람들에게 전하면서 '중도 정등각(中道 正等覺)'이라고 표현한 것에 기원한다.

재의 실상은 변하지 않는 궁극적 실체가 별도로 존재하지 않고 인연에 따라 끊임없이 변화를 거듭할 뿐인데 사람들이 이와 같은 것을 깨닫지 못하는 상태에 머물러 있기 때문이라는 것이다. 태어남이 있으면 죽음이 있고, 죽음은 또 다른 삶의 시작이며 이와 같은 생멸 현상은 인연의 법칙에 따라 영원히 지속된다. 그리고 모든 사람은 이와 같은 깨달음의 경지에 도달할 수 있는 가능성, 즉 불성(佛性)을 지니고 있으며 올바르게 노력하면 누구나 깨달음을 얻고, 존재의 실상을 깨닫게 된다. 여기에서 나아가 삶에 대한 무명(無明)이 초래한 집착으로 인한 고통과 죽음에 대한 두려움을 극복하고 행복한 삶을 살게 된다. 이와 같은 새로운 사상은 당시 종교적·정치적으로 카스트 제도에 종속되어 경직되고 자유를 상실한 채 살아야 했던 모든 사람에게 정신적으로 자유롭고 행복한 삶의 길을 열어 준 역사적·문화적으로 엄청난 의미를 지닌 사건이었다. 그는 왕위 계승권도 포기하고 부단한 노력 끝에 마침내 자신이 품고 있던 인생과 우주에 관한 모든 의문을 해소하고 무상정각(無上正覺)을 이루고 인류에게 새로운 삶의 길을 제시한 위대한 스승의 한 분이 되었다. 그는 당시 인도 사회에서는 가히 혁명적이라고 할 만한 세 가지 깨달음을 제시한 것이다. 첫째는 깨달음을 추구하고 이에 이르는 것은 브라만 계급의 전유물이 아니고, 누구나 가능하다는 새로운 길을 제시한 것이다. 둘째는 깨달음에 이르는 길은 자기 자신에게 있으며 기존의 특정한 방법만을 고집할 필요가 없다는 것이다. 셋째는 마음 수양에 방해가 되는 모든 것을 멀리하고,

내 인생의 나침반

마음이 흔들리지 않고 맑고 청정한 상태를 유지하면서, 성실한 독서와 깊은 사색을 꾸준히 하면 마침내 진리를 체험하게 된다는 것이다.[224] 그는 35세에 자신이 발견하고 체험한 이와 같은 진리를 다른 사람들과 공유하기 위해 남은 인생을 보낸다. 사람들의 인생 문제 고민을 덜어 주기 위해 약 45년간 성실한 교육과 상담 등을 하다가 80세 나이에 생을 마쳤다고 한다. 인더스 문명이 낳은 고대 인도인들의 이와 같은 독특한 사상적 전통을 온고지신하여 석가모니 부처님의 가르침이 정립되고 후대에 계승되었다. 그의 사후 석가모니의 가르침은 불교 사상으로 정립되어 인도, 동남아시아, 동북아시아 전반으로 전파되어 사람들의 삶에 많은 영향을 미치게 된다. 불교의 수행 목표는 인간의 삶과 자연 우주의 존재 실상에 관한 무지의 상태 때문에 고통스럽게 살아가는 범인의 상태를 벗어나, 존재 실상에 관한 정각을 통해 성인의 경지를 이루는 데 있다. 이를 혁범성성(革凡成聖), 초범입성(超凡入聖)이라고 한다. 범인의 상태를 벗어나 의식의 균형 상태를 이루고 성인의 경지에 다다르면 육도윤회의 고통스러운 사슬에서 벗어나는데, 이를 해탈(解脫)이라고 한다.[225]

고타마 싯타르타의 일생은 왕자의 신분을 버리고 출가수행의 길로 나선 후 영생(永生)의 길을 찾아서 수행에 방해가 되는 모든 것을 피하고 항상 마음을 집중한 가운데 외물에 종속되는 일체의 행

---

224) 戒定智慧行, 獨處而思惟.
225) 항마성도(降魔成道), 전미개오(轉迷開悟)로 표현되기도 한다.

위를 차단한 상태에서 독서와 사색을 통한 참다운 지혜 발견에 매진한 삶이라고 요약할 수 있다. 그리고 그가 세속적 최고 권력인 왕위 계승까지도 포기하고 발견한 새로운 삶의 방식은 바로 인간의 생각이 만들어 낸 그 어떤 것에도 집착하거나 종속되거나 머물지 말고 자신이 스스로 존재의 실상을 직접 체험해야 한다는 것이다. 그리고 자신이 깨달은 것을 다른 사람과도 공유하여 함께해야 한다는 것이다.[226] 그리고 그는 임종에 즈음하여 제자들에게 세상은 항상 변하고 있으니 성실하게 수행할 것과 외부의 그 무엇에도 의존하거나 종속되지 말고 수행에 방해가 되는 것은 회피하고 오직 진리와 자기 자신에 의존하면서 깨달음을 얻고 참다운 삶을 살 것을 유언했다고 전해진다.[227] 불교 경전 중에서 화엄경과 함께 중요하게 취급되는 법화경에 다음과 같은 내용이 언급되어 있다.

"한 가지 생각에 삼천세계가 들어 있다. 오직 석가모니 부처님과 같은 마음만이 궁극적으로 제법의 실상을 능히 꿰뚫고 장차 부처의 경지에 도달할 수 있다. 부처의 경지는 스스로가 이룩하는 것이다. 석가모니 부처님이 성취한 깨달음의 세계는 보통 사람의 어리석은 생각으로는 이해가 어려운 난해지법이다. 이는 오직 석가모니 부처님과 동일한 정신세계에 도달한 자만이 궁극적으로 세상 만물의 존재와 실상의 본 모습을 올바르게 이해하고 깨달을 수 있다."

---

226) 석가모니 부처님의 삶을 따라서 '상구보리 하화중생(上求菩提 下化衆生)'이라는 삶의 목표가 정립되었다.

227) 一切萬物無常存者, 勤修. 依法不依人, 法燈明, 自燈明, 以戒爲師.

인도에서는 석가모니 사후 시간이 흐르면서 초기 불교의 본연의 가르침이 퇴색되고 세속화하고 학문적 연구 경향을 보이면서 석가모니 부처님의 최초 가르침에 충실하는 마음 수양 중심의 전통을 정립해야 한다는 반성의 움직임이 나타났다. 인도의 달마대사는 중국에 와서 이를 전파하고 확산시키려 노력한 스님이다. 달마대사의 마음 수양 중심의 불교 전통을 계승하고 심즉시불(心則是佛)이라는 새로운 불교 운동을 정립한 사람이 혜능대사이다. 그는 자기 마음이 곧 자성이며 자기 마음속 부처가 진짜 부처라고 했다.[228] 또한, 마음의 균형이 달성된 상태에 관해서 다음과 같이 언급하고 있다.

> "일행삼매라는 것은 사람이 순간순간 모든 장소와 처한 상황에 항상 곧고 바른 마음을 유지하는 것을 말한다. 정명경(유마경)에도 언급되어 있듯이, 곧고 바른 마음이 곧 진리의 세계이고 극락세계이고 서방 정토이다. 마음이 진실로 곧고 바르지 못한 상태로 행동으로 올바름을 실천하지 않으면서 말로만 진리와 일행삼매를 언급하는 사람은 부처님 제자가 아니다. 항상 곧고 올바른 마음을 유지하면서 모든 법에 집착하지 않고 걸림이 없는 것을 일행삼매라 한다. 입으로 경전을 외우고 마음으로 행하면 자신이 스스로 경전을 굴리는 상태가 되며, 입으로는 외우고 마음으로는 행하지 않으면 경전에 굴리는 상태가 된다. 마음이 미혹한 상태이면 경전에 굴리

---

228) 自心則自性, 自佛則眞佛.

는 상태가 되며, 마음이 깨달은 상태이면 스스로 경전을 굴리게 된
다."229)

상기 언급한 불교 사상을 요약하면 이렇다. 공자를 중심으로 하
는 유가 사상에서 제시한 인생 전반을 관통하는 궁극적 삶의 지침
을 의도불의인(依道不依人)이라고 한 것에 비해 석가모니를 중심으
로 하는 불교 사상에서는 의법불의인(依法不依人)이라고 했다. 이와
관련해서는 석가모니 부처님의 최후 가르침이라고 할 수 있는 열반
경에 사의사불의(四依四不依) 가르침에 제시되어 있다.

첫째, 깨달음을 위한 수행을 비롯한 삶의 순간순간에 오직 법에
의존하고 사람에게 의존하지 말라는 것이다.
둘째, 뜻에 의지하되 말에 의존하지 말라는 것이다.
셋째, 지혜에 의존하되 의식에 의존하지 말라는 것이다.
넷째, 요의경에 의존하되 요의경이 아닌 것에 의존하지 말라는
것이다.230)

이와 같은 석가모니 부처님의 가르침은 인도와 동남아시아, 동북

---

229)　一行三昧者, 於一切時中, 行住坐臥 常行直心是. 淨名經 云, 直心是道場, 直心是
　　　淨土. 莫心行諂曲, 口說法直, 口說一行三昧, 不行直心, 非佛弟子. 但行直心, 於一
　　　切法 無有執著, 名一行三昧. 口誦心行 就是轉經, 口誦心不行 就是被經轉, 心迷
　　　法華轉, 心悟 轉法華.
230)　의법불의인(依法不依人), 의의불의어(依義不依語), 의지불의식(依智不依識), 의요
　　　의경 불의불요의경(依了義經 不依不了義經).

아시아 전역으로 전파되어 사람들의 삶에 많은 영향을 미치게 된다. 특히, 서기 372년경 한반도에 전래되어 고구려, 백제, 신라에 모두 전파되어 토착 사상인 선도와 더불어 선조들의 삶에 많은 영향을 미치면서 한민족 역사와 함께하고 현재에 이르고 있다.

라. 메소포타미아 문명과 예수 기독교 사상

예수(BC 6?-AD 26?)는 예수 그리스도(Jesus Christ)라고도 호칭되며 고대 이스라엘 출신이다. 그리스도란 "세상을 구한 사람"(救世主, Christ, Messiah)이라는 뜻이다. 그의 생애는 혼전 임신 상태로 결혼한 어머니 마리아와 가난한 목수 아버지 요셉 사이에서 태어났다. 빈천한 가정환경과 로마 식민 지배하의 정치·사회적으로 어려운 시대를 살면서도 종교적·철학적 재능이 특출한 자신의 잠재력을 살려서 성경의 교훈과 예언을 실제로 구현하기 위해 목숨을 바쳐 노력한 삶을 살다 간 인물로 평가할 수 있다. 예수가 인류의 삶에 미친 영향은 그의 그리스도라는 호칭에 함축적으로 표현되어 있다. 한 개인에게 '세상을 구한 사람'이라는 호칭보다 더 높고 귀한 존칭은 없다. 앞에서 언급한 석가모니가 '석가족 출신의 성자'라는 의미에 비교해 보면 예수 그리스도라는 존칭이 뜻하는 바를 짐작할 수 있다. 또한, 예수 탄생년을 기준하여 서력기원이 정해질 정도로 현재까지도 그의 존재가 영향을 미치고 있다.[231] 그는 약 30여 년 정도의 짧은 삶을 살다 갔지만, 영향력은 2,000년이 넘도록 계속되고 있다.

왜 사람들은 그를 세상을 구한 사람이라고 했을까? 현대의 이스라엘(Israel) 사람을 유대인(Jewish, Hebrew)이라고 한다. 어원은 신이 함께하는 나라의 사람들, 유프라테스강 저편에서 온 사람들 등 다양한 의미를 지닌다. 국가명과 민족명이 의미하는 바를 추적해 보면 그의 종교적 배경과 그가 유목민 출신이라는 것을 알 수 있다. 여기에서 종교는 최초의 유일신 사상인 유대교를 말하고, 그들의 조상은 오늘날 중동 지방 유프라테스강 일대에서 유목 생활을 하다가 팔레스타인 일대에 정착한 유목 민족의 후예라는 것을 의미한다. 유대인들이 세계 문화사에서 한 독창적인 업적은 유일신 사상을 정립하고 종교를 중심으로 그들의 고난에 찬 삶을 이어 오면서 현대에까지 이르고 있다는 것이다. 당시 지구 곳곳에 산재한 사람들 대부분의 삶은 원시 무속 신앙이나 다신교, 정령 숭배 등 원시적 종교 수준에 머물러 있었다. 이때 유대인 조상들은 신은 오직 한 분만 존재한다는 기발한 생각을 하고, 그 유일신은 오직 유대인을 선택하여 신을 숭배하게 하고 유대 민족의 영원한 번영을 약속했다는 사상을 정립했다. 유목민들은 이동하면서 생활하기 때문에 소규모 공동체를 형성하고 목초지를 따라서 계속 이

---

231) 금년은 AD 2020년이다. AD(Anno Domini: The year of the Lord)는 라틴어로 '구세주가 탄생한 해'란 뜻이다. BC(before christ)는 '구세주 탄생 전'이라는 뜻이다.

내 인생의 나침반

동하는 삶을 산다. 그들의 문화는 어떤 고정관념에 얽매이기보다 자유로운 면이 있다. 그런데 구약성서 창세기에 보면 고대 유대인 들의 선조였던 아브라함이 유일신을 섬기면서 신의 명령에 따라 그의 본부인 사라와 낳은 아들인 이삭을 제물로 바치려다가 신이 그의 충직한 신념을 확인한 후 아들 대신에 숫양을 제물로 바치게 하는 장면이 묘사되어 있다. [232]이와 같은 전통이 후세에도 계승되면서 점점 더 유일신 사상으로 정립된 것으로 보인다. 특히, 이집트로 이동한 유대인이 노예 생활을 청산하고 지도자 모세의 인도 하에 팔레스타인 지방으로 이주하는 과정에서 유일신 신앙이 더욱 강화되고 체계화된 것으로 보인다. 이동 과정의 온갖 고생과 고통스러운 삶이 더욱더 신에 의존하게 했고, 보다 나은 미래에 대한 약속과 동경이 신에 대한 믿음을 더욱 강화했으리라 짐작된다. 모세는 이동 과정 중 시나이산 일대에서 머무르며 십계명을 완성하고, 유일신의 이름을 야훼(YEAH), 여호와(Jehovah)로 정한 것으로 전해진다. [233] 여호와라는 유일신이 이스라엘 민족만을 자신의 숭배 대상자로 선정하고 신을 잘 섬기고 받들면 이스라엘 민족에게 영원한 생존과 번영을 약속한다는 종교적 신념 체계가 정립된

---

232) 신에게 제물을 받칠 때는 자신의 가장 소중한 것을 내어 줘야 한다는 전통이 있었다. 이른바 첫 수확물 개념이다. 최초에는 사람을 제물로 바치는 의식이 진행되다가 동물로 대체된 것으로 보인다. 이와 같은 전통이 동물 희생 제물 위주의 신앙생활로 이어지자 "Not animal sacrifice but kindness."라는 가르침이 정립되고 강조되었다고 성서에 전해진다. 예수도 이를 신약 성서에서 언급하고 있다.

233) 야훼란 원래 시나이산의 자연신, 전쟁과 정의의 신 이름이며, 영어로는 "I am who I am."이란 의미이다. 모세가 시나이산 일대에 머무르는 동안 이를 활용한 것으로 보인다.

것이다. 이와 함께 세계 수많은 민족 중에서 이스라엘 민족만이 신에 의해 최초로 선택받은 민족(Chosen people)이라는 선민사상(選民思想)이 생기게 되었다.

민족 대이동을 마치고 팔레스타인 지방 일대에 정착한 유대인은 원주민이던 팔레스타인들과의 투쟁에서 승리하고 헤브라이 왕국을 건설하여 정착하게 된다. 헤브라이 왕국 시대에 그들은 소수 민족이었다. 따라서 주변 강대국들의 정치, 군사 상황에 따라 유대 민족의 운명이 결정되곤 했다. 21세기 현재도 이스라엘 인구는 약 850만 명 정도이며, 세계 곳곳의 유대인들을 다 합해도 약 1,500만 명 정도에 지나지 않는다. 그 후 헤브라이 왕국은 유대 왕국과 이스라엘 왕국으로 분리되었다가 신바빌로니아 왕국이 메소포타미아 일대의 강대국으로 부상하여 패권을 장악하면서 멸망한다. 패망 후 사회 지도층을 포함한 수많은 사람이 포로가 되어 신바빌로니아 왕국의 수도 바빌론에서 대형 국가적 토목 공사나 건설 사업에 동원되어 노예와 같은 생활을 하게 된다. 그러나 이와 같은 유일신 사상과 선민의식은 후대에도 지속적으로 계승되고, 이스라엘 민족이 고난과 역경에 처하면 처할수록 더욱 종교적 신념이 강화되는 방향으로 진행되어 왔다. 소위 예언자(Prophet, Charisma)라고 칭하는 종교, 사상적 지도자들은 유대 민족의 국가적 분열, 이민족에 의한 정복과 지배, 기타 국가 사회적 시련이 닥칠 때마다 지금 당하고 있는 고통은 유대 민족들이 신을 향한 믿음과 숭배 정신이 약화되고 초심이 흐려졌기 때문이라고 강조하고 교육했으며, 여호와는 반드시 유대민족을 구원할 것이라고 일관성 있게 주장했다.[234] 그리고 여호와가 이스라엘 민족을 구원하는 모습은 신의 말씀을 잘 이해하고 백성들을 잘 다스릴 수 있는 능력 있는 자를 현실 세계에 출현하게 하여 왕국을 건설케 한다는 것이다. 이른바 메시아 출현 사상이 정립된 것이다.[235] 이렇게 됨으로써 유일신 여호와와 선택된 민족인 이스라엘, 그리고 미래에 출현할 메시아 등 유대교의 핵심 사상이 확고하게 정립이 되어 사람들의 정신세계를 지배하게 되었다.

바빌론에서 포로 생활을 하던 유대 민족은 지역의 새로운 강자로 등장한 페르시아 제국이 바빌론을 점령한 후 페르시아왕 키루스 2세가 유대인 포로 귀환 조치를 취함에 따라 팔레스타인 지역으로 돌아오게 되었다. 그 후 유대 민족은 로마 제국의 식민 상태에 들어가면서 새로운 고통의 시기를 맞이하게 된다. 로마 제국은 잘 알려진 바와 같이 이탈리아 반도에서 출발하여, 지중해를 자신의 내해로 여기면서 주변 일대를 모두 장악하고 역사상 가장 큰 제국을 건설했다. 로마 제국은 광대한 식민 지역을 통치하면서 로마 황제의 지배력을 유지하고 안정적 질서 유지를 위해 총독을 보내서 통치하되 가급적 지역 특성을 살려 자치를 허용하는 방법을 채택했다. 이와 같은 맥락에서 유대 지역도 본시우스 빌라투스라는 총독을 보냈으며 헤롯왕을 유대 지역을 관할하는 왕으로 활용

---

234) 성경의 예언서는 대부분 이와 같은 내용으로 구성되어 있다.
235) 메시아, 구세주, 그리스도는 같은 의미이다.

하고 있음을 성경에서 잘 보여 주고 있다. 비록 로마 제국의 식민 상태의 삶이지만 고향 땅에서 살고 있으니 이집트에서 노예 생활이나 바빌론에서 포로 생활을 하던 선조들의 극심한 고통스러운 삶에 비하면 다행이지만, 로마 제국의 속국으로서 사람들의 삶은 통제받고 어려움과 고통이 가중될 수밖에 없었다. 이와 같은 유대 민족의 역사적, 종교적, 사상적 전통이 계승되는 가운데 식민통치 하의 정치·사회적 제반 환경은 메시아 출현을 더욱 고대하게 했고, 그 와중에 예수가 탄생하여 활동하게 된 것이다.

　예수는 유대 지역에 대한 로마 통치가 절정을 이루던 BC 6년경 이스라엘 북부 나사렛 지방의 베들레헴에서 태어났다. 성경에는 예수의 모친 마리아가 동정녀로서 예수를 임신하였고, 예수는 신의 뜻에 따라 탄생한 것으로 기록되어 있다. 그러나 종교적, 신학적 입장을 떠나서 세속적 관점에서 예수의 출생 과정을 보면, 마리아는 이유를 모르지만 혼전 임신을 한 것으로 보인다. 당시 유대 사회는 유대교 율법이 지배하던 시기로, 혼전 임신이 발각되면 처벌, 사회적 매장, 양가 가문의 명예 손상 등 복잡한 문제가 생겼다. 이는 가난한 목수 요셉과 혼담이 오가던 시기에 요셉과 마리아 모두에게 엄청난 시련이었음을 짐작할 수 있다. 성경에는 천사가 요셉에게 나타나 마리아의 임신이 신의 뜻에 따른 것이니 받아들여야 한다고 기록되어 있다. 종교적, 신학적 관점을 떠나서 예수는 탄생 과정이나 어린 시절 가정 형편, 성장 환경 등 모든 면에서 어려움이 많았음을 짐작할 수 있으며 또한 정규 교육이나 상급 교육을 받는 것은 어려웠을 것으로 보인다. 그러나 아버지 목수 일도 도우면서 보통의 어린이처럼 총명하게 성장한 것으로 보인다. 유대인 사회에서는 태어나서 13세가 되면 성인식을 치루게 되는데, 성인식을 통과하려면 토라와 탈무드를 읽고 암송해야 한다.[236] 이는 13세 이전에 문자를 익히고 해석할 줄 알아야 한다는 의미이다. 유대 사회가 빈부 귀천과 무관하게 가정 교육과 사회적 교육을 중시했음을 짐작할 수 있다. 이와 같은 종교, 사회적 환경에서 소년 예수는 종교적 재능이 뛰어나고 사회 문제에 관심이 많았던 것으로 보인다. 성경에는 12세 시절의 예수라는 제목으로 소년 예수의 예루살렘 중앙 성전 방문에 관한 내용이 언급되어 있다.[237] 유대인들의 명절인 유월절 행사를 위해 중앙 성전을 방문하고 복귀하던 중, 예수가 실종되어 부모가 한참 동안 찾는다. 다시 만난 후, 부모가 걱정하고 나무라자 내가 어디서 무엇을 하고 있을지 짐작하지 못했느냐고 어린 예수가 부모들께 되묻는다.[238] 이처럼 예수는 어린 시절부터 유대교 율법학자들의 토론장이나 성전에서의 모임이나 기도 등 종교 활동에 관심이 많아 활발하게 참여하고, 배우고, 익혔던 것으로 보인다. 성경에는 이와 같은 예수의 성장 과정을 신체와 정신적으로 점점 자라면서 지혜롭고, 하느님과 사람을 좋아하는 성품을 지니게 되었다고 기록하고 있다.[239] 예수는 유대교에

---

236)   토라는 모세오경을 의미하고, 탈무드는 이를 해석한 해설서 성격의 책이다.
237)   유대 사회의 각 마을에는 예배당이 있고, 수도 예루살렘에는 성전이 있었다.
238)   누가복음 3장: The Boy Jesus in the Temple.
239)   누가복음 3장: Jesus grew both in body in wisdom, gaining favor with God and people.

관한 공부가 깊어지고 사회 문제에 더욱 넓게 눈뜨면서 오랜 전통과 역사를 지닌 유대교가 매우 경직되고 세속화되었다는 것을 알게 된다. 그럼에도 불구하고 유대교 지도층은 문제를 적극적으로 개혁하기보다 현실과 적당히 타협하고 그들의 기득권을 최대한 보호하는 선에서 위선적으로 유대 사회를 유지하고 있었다. 이를 자각하고 적극적인 개혁적 성향을 보이게 된다.[240] 또한, 사람들의 정신세계에 고정 관념화된 전통적 메시아 출현 사상도 탁월한 정치·군사적 능력을 보유한 지도자가 출현하여 현실적·물리적 힘으로 로마 통치 시대를 종료시키고 유대인만의 독립 국가를 건설하는 소망을 담고 있음을 알게 된다.[241] 그는 이와 같은 역사적·종교적 관점에서 유대 사회의 현실을 진단하고, 자신의 시대적 사명과 역할을 정립하고 활동 방향과 목표를 정한 것으로 보인다. 그리고 예수는 당시 유대인들에 사회적으로 인정과 존경을 받고 자랑스러운 직업으로 여기던 세속화된 상태의 유대교 지도자, 율법학자, 랍비가 되는 것을 뛰어넘고자 했다. 성경에 제시된 시대적 큰 사명을 다하는 삶을 통해 역사적으로 큰 획을 긋는 예언자, 메시아 역할을 꿈꾼 듯하다.[242]

성경 예언서 중에서도 중요한 비중을 차지하는 이사야 예언서에

---

240) 마태복음 23장: 예수가 율법학자들과 바리새인들을 꾸짖고 경고하다.
241) 마태복음 11장: Until the time of John all the prophets and law of Moses spoke about the Kingdom. From the time John preached his message until this very day the Kingdom of heaven has been coming violently, and violent man try to seize it.
242) 예언자(Prophet), 메시아(Messiah), 그리스도(Christ): 세상을 구원하는 지도자를 의미한다.

내 인생의 나침반

는 장차 유대 사회를 이끌 지도자상에 관한 내용이 여러 차례 언급되고 있다.

"미래 지도자는 헤브라이 왕국의 기초를 다진 다윗왕의 후계자가 계승할 것이다. 그리고 그의 지도력은 오직 올바름과 정의에 기반을 두면서 영원토록 지속하게 될 것이다.[243] 그리고 그가 세운 왕국은 평화의 왕국이 될 것이며, 그는 오직 정의와 성실로 백성들을 다스릴 것이다.[244] 그는 하느님으로부터 선택된 종이며, 하느님의 이름으로 모든 나라에 정의를 가져다줄 것이며, 모든 사람에게 영원히 지속하는 정의를 가져다줄 것이다.[245] 그리고 그는 하느님이 그에게 부여하는 사명을 완수하기 위해 고통을 겪는 하느님의 종이 될 것이다. 그가 겪는 모든 고통은 다른 사람들의 죄를 대신하고 용서하기 위함이며, 그의 모든 희생은 결코 헛되지 않을 것이며 고난 후에 반드시 영광이 뒤따를 것이다."[246]

그리고 예수 탄생과 아주 밀접한 관계가 있는 미래 지도자 탄생 장소가 성서에 언급되어 있다. 신이 약속한 미래 지도자는 바로 베들레헴에서 탄생한다는 것이다.[247] 앞에서 언급된 내용이 예수의

---

243) 이사야 예언서 9장: The future King. He will rule as King David's successor, basing his power on right and justice, from now until the end of time.
244) 이사야 예언서 11장: The peaceful Kingdom. He will rule his people with justice and integrity.
245) 이사야 예언서 42장: The Lord's servant.
246) 이사야 예언서 52장: The suffering servant.
247) 미가서 5장: God promises a ruler from Bethlehem.

시대적 사명을 유추하고 짐작해 볼 수 있는 성경의 근거 내용이다. 예수는 이와 같은 성경의 가르침을 현실에서 직접 구현하기 위해 자신의 모든 것을 다해 노력한 듯하다. 실제로 예수가 성년이 되어 활동을 시작하자 사람들이 출신도 변변치 못한 사람이 감히 여호와의 말씀을 들먹이며 훌륭한 성직자처럼 행동하고 다닌다고 조롱하고 모함하기 시작했다. 그러자 예수는 이사야 예언서를 근거 삼아 사람들에게 자신이 바로 신의 선택된 종이며 신이 자신에게 명한 것을 성실하게 하기 위한 행동이라고 했다.[248] 그리고 수차례에 걸쳐 그는 성경 근거와 신의 명령에 따른 일을 하다가 고통받고 목숨을 잃을 것이라고 제자들에게 언급했다.[249] 요한복음 19장에는 예수가 성서에서 언급한 시대적·역사적 사명을 다하고 죽는 모습이 묘사되어 있다. "예수는 바로 지금 이 순간이 성경에서 언급된 사명을 다하기 위해 노력해 온 모든 것이 완수되고 끝나는 순간임을 알았다. 예수는 '목이 마르구나.'라고 하면서 옆에 놓여 있던 값싼 포도주 병에 헝겊을 넣어서 축인 다음, 입에 대고 마셨다. '이제 모든 게 끝이 났다.'라고 하고는 머리를 숙이고 숨을 거두었다."라고 기록되어 있다. 이와 같은 맥락에서 후대 사람들은 그를 성서에 제시된 시대적 사명을 성실하게 수행한 진정한 하느님의 종이요, 인류를 구한 구세주라고 호칭하게 되었다.

그런데 예수는 왜 유대교 최고 지도부인 산헤드린으로부터 신

---

248) 마태복음 12장: God's Chosen Servant.
249) 마태복음 17장: Jesus speaks about his suffering and death.

성 모독 혐의로 십자가형에 처하게 되었을까? 첫째, 예수는 세속화된 유대교에 대해 적극적 개혁 성향을 지닌 젊은 랍비의 한 사람이었다. 위선적인 율법학자들을 비난하고 성전에서의 상업 행위를 비판하고 제재하는 등 그의 적극적인 개선 노력은 유대교 기득권층의 이해관계와 충돌했다.[250] 둘째, 유대교의 선민사상과 유대인만이 구원받는다는 폐쇄적이고 경직된 가르침을 비판하고, 누구든지 신의 가르침을 따르고 실천하면 구원에 이를 수 있다고 가르쳤다.[251] 셋째, 새로운 지도자가 출현하여 건설하는 천국(Kingdom of Heaven, Kingdom of God)은 세속적, 정치적, 군사적 의미의 왕국이 아니라 정신적 재탄생의 의미를 지니고 있으며 이는 각 개인의 마음속에 있다고 가르쳤다.[252] 그리고 예수는 생애 마지막 단계에 유대교 지도층에 체포되어 종교 재판을 받고 집행을 위해 로마 총독 본시우스 빌라투스의 최종 심문 과정에서 자신의 이와 같은 뜻을 분명하게 밝힌다. 자신이 세상에 온 이유는 천국 사상을 정립하고 전파하기 위해서 왔으며, 자신이 추구하는 왕국은 세속적인 것과 다르다고 했다. 자신이 만약 세속적인 왕국을 건설하기 위해서 활동했다면 제자들과 함께 폭력적 방법도 사용했을 텐데 알려진 바와 같이 자신이 한 모든 활동은 평화적이었다고 주장했

---

250) 마태복음 21장: Jesus goes to the Temple.
251) 누가복음 10장: The parable of Good Samaritan. 요한복음 4장: Jesus and the Samaritan Woman.
252) 누가복음 17장: The coming of the Kingdom. 요한복음 3장: Jesus and Nicodemus.

다.[253] 이와 같은 예수의 새로운 종교 사상은 전통적 유대교 교리를 벗어나서 보다 보편적이고 인간의 정신적 종교적 순수성을 강화하여 세속화된 유대교를 개혁하고 사회 정의를 정립하려는 혁신적 사상이었다. 예수의 개혁적인 사회적·종교적 활동이 강화될수록 세속화된 유대교 지배층에게는 자신들의 기득권을 침해하는 위험인물로 인식되기 시작했다. 그리고 예수는 이스라엘 북부 시골 출신이며 가난한 목수의 아들이었다. 더 상황이 악화되기 전에 제거해야 한다는 움직임이 일기 시작했다. 예수 자신도 이와 같은 일이 일어날 것이라고 예상했지만, 활동을 이어 갔다. 예수의 제자 가운데에는 폭력을 동원해서라도 로마 식민지 상태에서 벗어나 유대 독립국을 건설해야 한다는 급진적 정치사상을 지닌 열심당 소속의 유다가 있었다. 그는 예수가 정치적, 군사적 유대 왕국의 지도자가 될 것으로 믿고 제자가 된 것으로 보인다. 그러나 시간이 흐를수록 유다의 생각과 기대와는 정반대로 상황이 진전되자 그는 예수에 대해 의심한다. 이와 같은 약점을 이용하여 유대교 지도부에서 유다를 매수하게 된다. 유다의 밀고로 예수는 체포되고 시골 촌뜨기 주제에 메시아를 사칭하고 혹세무민했다는 빌미로 신성 모독죄로 종교 재판에 회부된다. 유대교 지도부는 예수에게 사형을 선고한다. 그러나 로마 식민통치하에서 사형 집행권은 로마 총독에게 있었다. 로마 총독 본시우스 빌라투스는 예수를 직접 심

---

253) 요한복음 19장: My kingdom does not belong to this world. I was born and came into the world for this one purpose, to speak about the truth.

내 인생의 나침반

문한 결과, 사회 안정을 해칠 정도의 특별한 정치적·사상적 불온함을 발견하지 못했다.[254] 그리고 사형에 처할 만한 잘못이 없음에도 불구하고 유대교 지도부와 갈등이 내재된 것으로 결론을 내리고 무죄 석방하려 했다. 그러나 유대교 지도부를 지지하는 군중들의 반대로 결국 십자가형이 집행된다.

그 후 예수는 유대교와 유대인들이 고대하고 성서에 예견된 메시아가 아니라고 유대인들로부터 배척당하고 그의 새로운 종교 운동도 침체된다. 그러나 사후 제자들에게 의해 아주 음성적이고 소극적으로 유지되어 오던 예수의 천국 사상과 종교 운동은 유대인만을 위한 유대교를 넘어서 세계 모든 사람을 포용하는 기독교 사상으로 발전한다. 고대 유대인들에게는 1년에 한 번 제사를 지내는 날에 한 마리의 양을 제물로 선정하고 그 양에게 모든 죄를 대신 지게 하여 예루살렘에서 사해 방향 사막으로 보내는 전통이 있었다고 한다. 이른바 '속죄 양' 전통이다. 예수가 죽은 후 시간이 지나면서 제자들과 일부 이방인들에 의한 새로운 종교 활동이 활성화되었다. 그러면서 예수의 십자가상 죽음이 유대인뿐만 아니라 전 인류의 죄를 사하기 위해 희생한 것으로 인식되기 시작했다. 또한, 예수가 생전에 제자들과 군중들에게 행했던 모든 활동을 정리하여 이른바 신과의 새로운 계약이라는 의미의 신약 성서가 집필되었고, 이전의 성서는 오래된 신과의 약속이라는 의미의 구약 성

---

254) 예수는 정치와 종교를 분리해서 가르쳤다. 마태복음 22장: Pay to the Emperor what belongs to Emperor, and pay to the God what belongs to God.

서로 불리게 되었다. 신약 성서의 전개 논리는 이러하다. '예수는 구약 성서에서 언급하고 있는, 세상에 도래할 메시아가 틀림없다. 그는 신의 아들이며, 이와 같은 사명을 완수하기 위해 지상에 출현했다가 죽음을 당한 후 3일 만에 부활하여 여호와 곁으로 승천했다.' 이와 같은 새로운 종교 사상은 유대인들이 지니고 있던, 자신들만이 태초의 민족으로서 신의 선택된 민족이고 영원한 생존과 번영을 누린다는 배타적 유대교 사상에 불만과 회의를 지닌 비유대교인들에게 새롭고 신선하게 받아들여졌다. 초기에는 전통적인 유대교 기득권층에 의해 박해당하고 다신교에 물든 로마 제국에 의해서도 박해를 당했다. 그러나 박해가 심해질수록 교세가 확장되자, 서기 300년대에는 로마 제국이 기독교를 공인하게 된다. 이와 함께 예수의 기독교 사상은 중동과 유럽 지역으로 급속하게 전파되어 세계적인 종교로 발전하게 된다.

예수 가르침의 기본이 되는 구호는 "천국이 가까이 있으니, 삶에 대한 마음가짐을 새롭게 하라."[255]라고 할 수 있다. 그는 대부분의 사람이 세속적으로 중요하게 생각하고, 추구하고, 집착하는 권력과 부와 명예 등 일체외물은 하느님의 입장에서 보면 정말 보잘것없는 것이라고 하였다.[256] 그리고 이와 같은 끊임없이 외물을 지향하는 삶의 태도를 근본적으로 수정해야 한다고 주장했다. 예수

---

255) 마태복음 5장: Turn away from your sins, because the Kingdom of heaven is near.
256) 누가복음 16장: For the things that are considered of great value by people are worth nothing in God's sight.

의 기본 사상과 새로운 종교 운동의 핵심적인 내용은 산상 설교로 알려진 '진정한 행복' 편에 잘 언급되어 있다. "마음이 가난하다는 것을 아는 사람이 행복하다. 천국은 그와 같은 사람들의 것이다. 마음이 청정하고 깨끗한 사람이 행복하다. 그들은 신을 보게될 것이다. 신의 가르침과 요구 사항을 실천하다가 박해를 받는 사람이 행복하다. 천국은 그들의 것이기 때문이다."[257]라고 했다. 그리고 마음이 순수하고 청정한 모습을 어린아이들에게 비유하면서 삶에 대한 태도를 근본적으로 바꾸고 마음을 순수하고 청정한 상태에 머물게 해야 자신이 얘기하는 천국에 들어갈 수 있다고 가르쳤다.[258] 그리고 신의 가르침을 실천하는 가장 으뜸 되는 계명은 "모든 정성을 다해 신을 사랑하고, 신을 사랑하는 마음 자세로 이웃 사랑을 실천하는 것이다. 고대로부터 전해져 온 모든 선지자들의 가르침, 모세오경에서 언급되는 모든 가르침은 이 두 가지와 관련이 있다."[259]라고 가르쳤다. 또한, 사람의 삶은 "구하고, 찾고, 두드리면서 노력하는 과정이 축적되어 영위되는 것이다. 네가 원하는 것을 다른 사람에게 먼저 베풀면서 살라는 것이 모세 율법서와

---

257) 마태복음 5장: The sermon on the Mount. True Happiness.
258) 마가복음 10장: Jesus Blesses Little Children, Kingdom of God belongs to such as these children.
259) 마태복음 22장: The Great Commandment. Love the Lord your God with all your heart, with all your soul, and with all your mind. This is the greatest and the most important commandment. The second most important commandment is, Love your neighbor as you love yourself. The whole Law of Moses and the teachings of the prophets depend on these two commandments.

다른 선지자들 가르침의 진정한 의미이다."[260]라고 강조했다. 예수는 유대 사회에 고대로부터 계승되어 온 각종 고전을 섭렵하고, 이를 새롭게 해석하여 사람들이 이해하기 쉽게 단순화하여 전달하는 능력이 뛰어났던 것으로 보인다.

특히, 그는 인간의 속성이 권력과 부와 명예 등 외물을 향해 끊임없이 탐하려는 경향이 강하다고 진단하고, 탐욕의 유혹에서 온전히 탈피하려면 많은 노력이 필요하다고 했다. 이와 같은 맥락에서 재산을 많이 가진 부자가 하늘나라에 들어가기가 낙타가 바늘귀 통과하는 것보다 어렵다고 했다.[261] 예수가 주장한 세속적 삶에 대한 유혹으로부터 마음가짐을 새롭게 하라(Turn away from your sins)는 의미는 메타노이아(回心), 회개(Repentance)로 표현되기도 한다. 이는 권력과 부, 명예 등 경쟁성이 강한 세속적 가치 지향의 기존의 속물(俗物)적 사고방식과 행동에 기반한 삶의 패러다임을 근본적으로 변경하여, 진리(신의 뜻, 자연법칙)에 부응하는 새로운 생각과 말, 행동의 삶의 패턴을 정립하라는 의미라고 볼 수 있다. 이것은 기존의 권력과 부와 명예 등 일체외물을 지향하는 세속적 삶의 방식에서 인격 완성을 지향하는 구도의 삶을 살아야 한다는 것, 그리고 사회적·역사적·문화적 굴레에서 벗어나 대자연 속의 자기 자신의 본래 모습을 회복하는 것, 그리고 세상의 실상

---

260) 마태복음 7장: Ask, Seek, Knock. Do for others what you want them to do for you; this is the meaning of the Law of Moses and of the teachings of the prophets.
261) 마태복음 20장: It is much harder for a rich person to enter the Kingdom of God than for a camel to go through the eye of a needle.

내 인생의 나침반

을 잘못 바라보는 미혹의 상태에서 벗어나서 세상을 있는 그대로 바라보는 올바른 깨달음을 달성하는 것 등을 말한다. 표현 방법 은 다르지만 앞에서 이미 언급된 유가, 도가, 불교 사상에서 강조 한, 도에 이르기 위한 삶의 근본 자세 전환과 대동소이한 개념으로 보인다.[262] 그리고 어렵고 힘이 들지만 대부분의 사람이 잘 가지 않으려는 어렵고 힘들고 좁은 길을 가면 죽음을 극복하고 영생에 이른다고 했다. 영생이란, 더 이상 죄를 지으려는 유혹에서 벗어나 자신을 알고, 하느님을 알고, 예수와 그 가르침을 온전하게 이해하고 실천하는 것이라고 했다.[263] 그리고 죽음이 다가오고 있음을 예감하고, 제자들에게 죄의 유혹에 빠지지 않도록 항상 영적으로 깨어 있는 상태를 유지하고,[264] 마음을 외부의 근심, 걱정, 두려움 등 어떠한 상황에도 흔들리지 않고 평화로운 상태로 유지해야 한다고 했다. 이것이 "내가 너희들에게 남기고 가는 나 자신만의 평화(Jesus Peace)이며, 이는 세상의 평화와는 다른 것"이라고 했다.[265] 그리고 마음과 영혼의 순수함(Pure in Heart)과 예수

---

262) 유가에서는 小人下達→君子上達, 도가에서는 反璞歸眞, 불가에서는 向塵沒入→滅塵合覺으로 각각 표현하고 있다.

263) 마태복음 18장: Temptations to sin. 누가복음 11장: The return of evil spirit. 마태복음 7장: The narrow gate. 요한복음 17장: Jesus prays for his disciples. I am telling you the truth, those who hear my words and believe in him who sent me have eternal life. they will not be judged, but have already passed from death to life. Eternal life means to know you, the only true God, and to know Jesus Christ, whom you sent.

264) 마가복음 13장: No One knows the day or hour.

265) 요한복음 15장: Peace is what I leave with you; It is my own peace that I give you. I do not give it as world does. Do not be worried and upset; Do not be afraid.

의 평화(Jesus Peace)를 유지하면, 자신이 죽고 없어져도 하느님의 말씀을 온전히 이해할 수 있는 성령(聖靈, Holy Spirit)을 받게 된다고 가르쳤다.[266] 예수가 가르친 영생이란 자신이 태어난 육체적 상태를 물리적, 생물학적으로 유지하면서 영원히 산다는 의미가 아니다. 자연의 존재 실상은 무궁전변(無窮轉變) 그 자체이다. 이와 같은 자연의 진실여상(眞實如常)을 올바르게 인식하지 못한 채 인류 역사상 수많은 권력자가 집요하게 시도했던 불노장생(不老長生), 불멸영생(不滅永生)을 위한 노력이 얼마나 허무하고 부질없는 일이었는지는 역사가 잘 말해 주고 있다. 이는 흐르는 거센 강물에 떠 있는 한 조각의 낙엽이 역류하여 상류로 올라가려는 것과 같다. 따라서 영생이란 무궁전변하는 자연의 운행 법칙과 존재 실상을 올바로 알고 자연법칙에 맞게 순응자연(順應自然)하면서 사는 것이다. 자연의 거대한 변화의 흐름에 맞추어서 순간순간 최선·최적의 상태로 자신의 삶을 유지하는 것을 의미하며, 순간의 삶에 충실하는 것이 영원히 살게 되는 지름길이라는 것이다. 또한, 죽음을 극복한다는 것은 생물학적으로 육신이 죽지도 않고 썩지도 않은 채 영원히 산다는 것이 아니다. 죽음을 극복한다는 것의 의미는 태어남이 있으면 죽음이 있고, 모든 태어남과 죽음이 자연의 변화 과정의 일부라는 것을 이해하고 자연스럽게 받아들이는 것이다.

요한복음 첫 장에는 "신이 모세를 통해 율법을 제정한 후, 예수

---

266)　요한복음 16장: The Work of the Holy Spirit.

　내 인생의 나침반

를 통해서 비로소 진리를 알게 하였다."라고 기록되어 있다.[267] 그
렇다면 예수가 깨닫고 후대에 남긴 진리란 무엇일까? 예수의 가르
침은 천국과 행복, 죽음의 극복과 영생은 멀리 있는 것이 아니고
인간의 삶 속에 가까이 있으며 각자의 마음속에 있다는 것이다.
그리고 영혼이 순수하고 마음이 평화로운 상태를 유지하면서 순
간순간 신을 경배하고 이웃을 사랑하는 생활이 천국이요, 행복이
라는 것이다. 그리고 이것이 신의 말씀을 현실에서 올바르게 실천
하는 길이며 사람이 가장 사람답게 사는 길이라는 것이다. 이와
같은 예수의 가르침은 후대에 계승되어 서구인들의 정신세계를 지
배하는 기독교 사상으로 발전하였으며, 무함마드의 이슬람 사상 태
동 및 정립에도 많은 영향을 미치고 현대에도 계승되고 있다.

마. 이슬람 문명과 무함마드, 이슬람 사상

무함마드(AD 569-632)는 예수 사후 약 600년이 지난 서기 569년,
사우디아라비아의 메카에서 태어났다. 그는 어린 시절 유복자로
태어나 어머니마저 일찍 여의고 조부 손에 양육되다가 8세에 할아
버지마저 돌아가시고 상인이었던 삼촌에 의해 양육되었다고 전해
진다. 메카는 유목과 상업이 발달된 지역이라서 그는 8세부터 이
웃집 양 떼를 돌보고 삼촌이 하는 포목점 일도 도우면서 성장했다

---

267) 요한복음 1장: God gave the Law through Moses, but grace and truth came
      through Jesus Christ. No one have ever seen God. The only son, who is
      the same as God and is at the Father's side, he has made him known.

고 한다. 9세부터는 삼촌을 따라서 이웃 국가까지 무역에 동행하기도 했다. 24세까지 삼촌의 상업과 무역 일을 도우면서 자연스럽게 장사에 재능이 나타나기 시작했다. 그는 정직한 사람(al-Amin)이라는 별명을 얻을 정도로 성실하게 장사를 하면서 삼촌의 사업을 물려받았고, 주위에도 정직하고 성실한 사업가로 명성이 전해졌다고 한다. 그의 명성이 전파되자 위탁 판매가 들어오고 점점더 사업이 확장되어 갔다. 하디자라는 나이 든 여성이 무함마드와 위탁 판매 거래를 하면서 그의 사업 수완과 정직성에 반하여 청혼을 했고, 두 사람은 결혼했다. 결혼과 함께 개인적 안정을 이루고, 자연스럽게 무역 사업이 성장하고 부도 축적하면서 팔레스타인을 비롯한 주변 이웃 국가들을 방문하는 횟수도 증가했다. 그는 대상 무역을 위해 외국 여행을 하면서 자연스럽게 유대교와 기독교 등 유일신 사상을 접하게 된 듯하다.

기독교는 서기 313년경 로마 제국이 공인하면서 로마 제국 전역으로 전파되고 유럽과 중동 일대에 활성화되고 있었다. 당시 메카에는 선지자 아브라함을 기리기 위한 카바(Kabah) 신전이 있었는데, 약 360여 가지의 다양한 우상을 설치하고 부족별 우상 숭배가 성행하고 있었다. 우상 숭배 신앙은 각 부족마다 다른 신을 숭배하고 있었다. 이는 곧 분열과 갈등. 공동체 혼란의 소지가 내재되어 있다는 의미이기도 하다. 실제로 서로 다툼이 잦았고, 다신교 신앙에 대한 의문과 일부 종파의 부패 현상이 사람들의 종교 생활에 소극적이고 부정적 영향을 미치고 있었다. 이와 같은 시대적 상황에서 등장한 사람이 무함마드이다. 무함마드는 어린 시절부터 카바 신전에서 행해지는 검은 돌에 대한 숭배 의식과 신전에 설치된 다양한 우상과 부족 간 다툼 등에 관해 문제의식을 갖고 다신교와 우상 숭배 신앙에 대해 의문을 품었던 것으로 알려지고 있다.

무함마드는 어린 시절을 남들과 달리 어렵고 힘들게 보내면서 삶에 대한 고민을 많이 했다. 또한, 대상(caravan, 隊商) 무역업에 종사하면서 외국의 다양한 문물을 접하고 경험과 지식이 축적되면서 점점 더 사색적이고 인생의 근본 문제를 성찰하는 성향이 깊어진 듯하다. 대상 무역업자들은 무리를 이루고 사막을 횡단하면서 다른 나라와 무역업에 종사하는 사람들이다. 그들은 이동하다가 해가 지면 '카라반 사라이'라는 대상을 위한 야외 숙소에 머물게 된다. 사막 지역의 밤하늘은 수많은 별빛으로 빛나며 자연스럽게 우주와 인간의 존재와 삶에 관한 형이상학적 상상력을 더욱 자극한다. 무함마드는 종종 산에 올라 동굴 속에서 혼자 기도하고 명상하는 이른바 독처이사유(獨處而思惟) 습관이 있었다고 전해진다.[268] 이는 종교는 다르지만 인도의 달마대사가 중국에 와서 제자들에게 마음 관리가 불법을 깨닫는 데 매우 중요한 요소임을 강조하고 마음의 잡념을 없애고 순수하게 집중하는 것을 다음과 같이 가르쳤다고 한다. "밖으로 향하는 모든 생각이 일어남을 정지

---

268) 홀로 조용한 곳에서 생각에 집중하는 것. 예수도 기도할 때는 남이 보이지 않는 방에서 문을 닫고 보이지 않는 신에게 의미도 없는 불필요한 말을 삼가고 마음을 집중하여 경건하게 하라고 가르쳤다.

시키고, 마음을 내적으로 맑고 고요한 상태를 유지하여 확고하게 흔들리지 않는 상태가 되면, 진리의 상태에 도달할 가능성이 있다."[269]라고 했다. 종교에 무관하게 사람이 마음의 평정과 의식의 균형 상태 유지가 진리를 접하는 생각의 깊이와 관계가 있음을 시사한다.

무함마드는 어린 시절을 불행하게 보냈지만 성년이 되면서 가정도 이루고 부를 축적하면서 생활의 여유를 갖고 자신을 거두어 준 삼촌의 자녀까지 돌봐 주면서 마음의 안정과 여유가 생긴 듯하다. 그리고 어린 시절 불우한 환경으로 정규 교육은 받지 못했지만, 일을 통해 다양한 경험을 하고, 해외여행을 통해 메카 지역에 비해 발달된 외국 문물을 직접 경험했다. 이로 인해 견문을 넓혔고, 종교적이고 사색적인 성격이 그의 정신세계를 성숙하게 하고 더욱 확장시킨 듯하다. 무함마드는 성년이 되면서 더욱 종교적, 철학적 성격이 깊어지고 성숙되는 과정을 거쳤다. 그러다가 36세가 되던 해, 메카의 카바 신전을 보수하고 아브라함 시대부터 존재했다고 전해지는 검은 돌을 최종적으로 어느 부족이 설치하는가를 두고 갈등이 커지자 직접 중재하여 원만히 해결했다고 한다. 그는 부족별로 서로 자기들이 하겠다고 다투자 검은 돌을 커다란 천 위에 올리고 모든 부족이 잡을 수 있도록 끈으로 손잡이를 설치하여 공동 작업을 하게 함으로써 다툼을 일거에 해결했다. 이 일은 그의 지혜로움을 메카 일대에 알리는 계기가 되었다. 무함마드에게는

---

269) 外息諸緣, 內心無喘, 心如牆壁, 可而入道.

상이한 부족을 통합하고 협조하게 하고 조화와 균형을 이루는 남다른 자질과 능력이 있었던 것으로 보인다. 이와 같은 일을 계기로 그는 메카 일대의 부족별 우상 숭배가 야기하는 각종 혼란을 극복하는 방법으로 유일신 사상에 눈을 뜨게 되고 이를 현실화하기 위해 노력한 듯하다.

무함마드는 메카의 카바 신전에 있던 최고신인 알라(Allah)를 유일신 이름으로 정하고, 알라 외에 다른 신은 없다고 했다. 새로운 유일신 사상을 신의 가르침에 온전하고 순수하게 복종한다는 의미로 이슬람이라고 하고, 그를 따르는 사람을 무슬림이라고 했다. 그리고 제정일치 성격을 지닌 이슬람 공동체를 설립하고 움마(Umma)라고 했다.[270] 이슬람 신도인 무슬림이 예배 때마다 암송하는 구호 중에 "무함마드는 알라신의 예언자이다."[271]라는 내용이 있다.[272] 그리고 그가 신이 보낸 예언자 중에서 최후로 보내진 "마지막 예언자"[273]라는 것이다. 이는 무함마드가 어떤 삶을 살았는지 보여 주며, 그의 지위를 상징적으로 보여 주는 구절이다. 약 13억에 달하는 무슬림들이 매일 5회의 예배 때마다 암송하는 구절이니 그 영향력은 짐작할 만하다.

무함마드는 기존의 유일신 사상인 유대교, 기독교의 가르침을

---

270) 무함마드 출현 이전의 메카 사회는 부족 단위 공동체가 유지되고 부족장, 점술사, 중재자, 전시지도자 등 주요 직책이 있었다. 이슬람 공동체 움마를 설립한 무함마드는 상기 4개 직책을 포함하여 신의 예언자 지위까지 보유함으로써 최고의 종교적·세속적 지위와 영향력을 확보하게 되었다.

271) Muhammadun rasul Allah.

272) 아랍어 rasul은 예언자(預言者), prophet과 같은 의미이다.

273) Seal of the Prophet.

부분적으로 수용하고 이를 배경으로 하여 교리를 정립했다. 그는 유대교가 지닌 선민의식과 유대인 중심의 편협하고 보편성이 뒤진 사상적 부족함[274], 기독교가 지닌 성부와 성자와 성신은 하나의 동일한 격[275]이라는 확실하지 못한 유일신 개념을 탈피했다. 그리고 신과 인간을 확연하게 구분하고 모든 혈연적·종파적·인종적 파벌 의식을 불식하고 알라신 앞에서는 모든 게 평등하다고 했다. 무함마드 이전에는 오랫동안 메카 일대의 유목민 사회를 지배해 오던 혈연에 기반한 부족 중심으로 삶이 구성되었다. 그는 유일신 종교를 매개로 하는 새로운 대규모 신앙 공동체를 구성하여 형제 사상, 사해동포주의, 평등 사상이 지배하는 새로운 삶의 방식을 정립한 것이다. 그의 가르침은 이슬람교의 유일한 경전인 코란(Quran, Koran)에 수록되어 있다. 무함마드는 글자를 읽고 쓸 수 없던 문맹자로 알려져 있다. 그는 가브리엘 천사로부터 알라신의 말씀을 직접 전해 듣고 이를 암송하듯이 사람들에게 전파했다고 한다. 그가 암송하면 필경사가 기록하는 형태로 코란이 만들어졌다고 전해진다. 따라서 암송하다는 뜻의 코란이라고 한다.

코란에 언급된 중요한 내용은 다음과 같다.

첫째는 "알라 이외의 다른 신은 없다. 그는 유일자이시고, 영생자이시며, 낳아지지도 않고, 낳지도 않으며, 그에게 버금가는 것은

---

274) 유대교의 선민사상.
275) 기독교의 삼위일체설.

없다.'[276]라는 구절이다. 이것은 이슬람교에서 가장 중요한 교리인 엄격한 유일신 사상을 나타내는 구절이다. 이를 신의 유일성을 뜻하는 타우히드(Tawhid)라고 하며 기독교의 삼위일체설과 달리 일위일체사상(一位一體思想)이라고 한다. 자매 종교인 기독교와 확연히 달라진 부분이다.[277]

둘째는 "무함마드는 알라의 예언자이다."[278]라는 구절이다. 이는 무함마드는 결코 신이 아니며 신과는 격이 다른 인간이라는 선언이다. 그리고 무함마드도 많은 예언자 가운데 한 명일 뿐이다. 앞의 두 가지 구절이 코란에 언급된 이슬람교를 대표하는 내용이다. 이슬람에서도 유대교와 기독교에서처럼 예언자 사상을 계승했다. 그는 그들의 선조 아브라함으로부터 시작된 유일신 숭배 사상을 계승하고 모세, 예수 등 다른 유일신 종교에서 등장하는 약 25명의 예언자를 인정한다. 그리고 이들을 성서의 사람들이라고 하고 가르침도 일부 인정한다. 이들은 신의 말씀을 전달하려고 노력했으나, 사람들이 곡해하거나 수용하지 않음으로써 완전한 신의 가르침을 따르는 것에는 성공하지 못한 것으로 본다. 이와 같은 문제를 해결하기 위해 신이 마지막 예언자를 보냈는데, 그가 바로 무함마드이다. 앞에서 언급된 내용이 이슬람 사상에서 핵심 중의 핵심

---

276) La ilaha illa-l-lah. God is one, the Eternal God. He begot none, nor was He begotten. none is equal to Him.
277) 이슬람에서는 알라 이외의 다른 신, 우상 등 일체 상징물을 허용하지도 인정하지도 않는다. 이슬람 교회인 모스크에는 기독교의 십자가상과 같은 일체의 상징물이 없다.
278) Muhammadun rasul Allah.

이다. 단순하면서도 엄격한 유일신 교리 체계이다.

셋째는 우주 만물은 신의 뜻에 따라 창조되고 신의 지배를 받게 이미 결정되어 있다는 것이다.[279] 이를 'Qadar'[280]라고 한다. 이슬람(Islam)이란 신의 말씀에 의존하여 평화를 이룩한다는 뜻이고, 무슬림(Muslim)은 신의 뜻에 순종하는 사람이라는 의미이다. 따라서 인간은 신에 대한 절대적으로 순종하고 복종하는 삶을 영위함으로써, 마음의 평정을 얻고 진정한 평화와 행복에 이를 수 있으며, 사회의 평화도 확립할 수 있다는 가르침이다.[281]

넷째는 신의 존재를 의식하고, 신에 대한 의무를 이행하는 마음의 상태를 유지하는 것이 현세와 내세에서 가장 인간다운 삶을 유지하는 것이다. 이를 구현하기 위해 물로써 몸을 항상 정결하게 하고, 기도를 통해 마음을 청정한 상태로 유지하는 것이 죄를 지으려는 유혹으로부터 자유롭게 되는 지름길이라는 가르침이다.[282] 또한, 모든 사람은 각자 스스로 신에 대한 의무를 다해야 하며 어느 누구도 대신할 수 없고, 그의 모든 행동에 대한 책임은 각자에

---

279) The Most High, in the name of God, the compassionate, the merciful praise the name of your Lord, the Most High, who has created all things and gave them due proportion; who has ordained their destinies and guided them.
280) 天命, 運命, 宿命思想.
281) Men are tempted by the lure of women and offspring, of hoarded treasures of gold and silver, of splendid horses, cattle, and plantations. these are the enjoyments of this life, but far better is the return to God. The only true faith in God's sight is Islam.
282) Happy shall be the man who keeps himself pure, who remembers the name of his Lord and prays. All this is written in earlier scriptures; the scriptures of Abraham and Moses.

내 인생의 나침반

게 있다고 가르쳤다.[283] 그는 인간이 신의 존재를 인식하고 신의 뜻대로 살기 위해서는 노력과 분투가 필수적이며, 자신의 한계와 약점을 보완하기 위한 지속적인 배움, 지적 성찰이 요구된다고 가르쳤다.[284] 이를 위해 "요람에서 무덤까지 지식을 좇으라.", "배움에 좀 더 시간을 투자하는 것이 기도에 시간을 투자하는 것보다 낫다."라고 가르쳤다.

아브라함에서 시작된 유일신 사상이 약 2,500년이 경과한 서기 600년대에 무함마드에 의해 새롭게 정립된 것이다. 이슬람 문화에서는 무함마드에 의해 비로소 신의 말씀이 완전하게 인류에게 전달되어 인류가 신의 말씀을 따라서 온전하게 살아갈 수 있는 이상적인 사회가 만들어졌다고 믿게 되었다.[285] 이슬람 사상과 삶의 방식에 대한 무슬림들의 자존심이 여기서부터 태동했다.

이와 같은 무함마드의 새로운 종교 사상은 처음에는 우상 숭배에 찌든 메카 사람들 일부로부터 지지를 받았지만, 곧 기득권층에 의해 박해를 받게 된다. 그는 박해가 심해지자 서기 622년경 메카를 떠나 메디나로 가서 제정일치의 새로운 신앙 공동체인 움마(umma)를 건설하고 교세를 확장한다. 그의 명성이 알려지자 점점 더 지지층이 증가하고 세력을 키워 마침내 자신을 박해하고 내

---

283) Each man shall reap the fruits of his own deeds; no soul shall bear another's burden.

284) 지하드(Jihad)라고 한다. 지하드란 무슬림이 신의 말씀대로 살기 위한 정신적, 육체적, 개인적, 사회적 모든 노력과 활동을 총칭한다. 자기 극복부터 국가의 전쟁 참여까지 포함된다.

285) The only guidance is the guidance of God! The only one best way of human life was established by Muhammadun.

쫓은 메카를 탈환하고 우상 숭배 사상을 타파하고 알라를 신봉하는 유일신 사상을 확립한다. 무함마드 사상의 독창성은 신 앞에서의 모든 인간의 평등과 형제자매 의식이다. 무함마드의 새로운 사상은 부족과 혈연 중심의 오래된 메카 일대의 삶의 방식을 새롭게 바꾸는 혁신적 사상이었다. 이슬람 공동체 내에서는 일체의 계급의식과 차별을 없애고 무슬림 간에는 전쟁이 금지되었다. 메카 탈환 이후 종교적 영향력과 세력이 점점 커지자 사우디아라비아 반도를 넘어서 중동 전역을 대상으로 포교, 이주, 정복 활동이 계속되면서 이슬람 사상은 급속도로 전파된다. 코란, 공납, 칼이라는 상징적 구호가 여기에서 유래한다. 시리아 원정대와 이라크 원정대로 구분하여 정복 사업을 진행했는데, 7~8세기에 걸쳐 약 130만명의 아랍인이 유목 지대에서 농경 지역으로 이주하여 정착하면서 새로운 이슬람 문명이 형성되었다고 전해진다.[286]

정복을 위한 원정군 사령관은 칼리프라는 무함마드의 후계자가 임명했고, 기타 모든 권한은 사령관에게 위임되었다. 정복 활동으로 얻은 전리품은 화폐로 환산하여 5분의 1은 칼리프가 갖고, 나머지는 원정에 참여한 군인들에게 공평하게 분배되었다. 공정한 신상필벌은 원정군 장병들의 사기를 높여 정복 활동을 계속하게

---

286) 예수가 정치와 종교를 분리하고 천국을 개인의 정신적 재탄생의 차원에서 가르친 반면, 무함마드는 종교와 정치는 분리할 수 없고 공동체 생활 전반에 신의 가르침이 구현되어야 한다고 가르쳤다. 이는 유대-크리스천 전통을 가진 서구 대부분의 국가가 정치와 종교를 분리하고 국가의 모든 권력이 국민으로부터 나온다는 민주주의를 채택하는 반면, 많은 이슬람권 국가가 제정일치를 채택하는 것과 관련이 있다.

내 인생의 나침반

하는 유인책으로 작용한 듯하다. 점령 지역 통치는 최대한 토착 사상과 자치를 허용하되, 이슬람으로 개종 시 세제상 혜택과 사회적 대우를 달리함으로써 자연스럽게 이슬람화를 유도했다.[287] 정복을 통해 경제적 이익을 확보하고, 이주를 통해 아랍인들의 영역을 확대하면서, 자연스럽게 이슬람교를 확장해 가는 이른바 일석삼조의 효과를 거둔 것이다. 지중해를 중심으로 로마 제국이 번성한 이후 이를 능가하는 중동, 북아프리카, 유럽의 남부·서부·동부 일대에 코란(Koran)과 시라(Sirah)[288]를 키워드로 하는 새로운 거대한 이슬람 문화권이 형성되기 시작했다. 이 모든 업적을 알라신의 은총으로 여기면서 이슬람 사상은 최종, 최고, 최선의 삶의 방식이라는 고정관념에 빠지기 시작했다. 신이 보낸 최종 예언자가 유목민의 후예인 무함마드이며, 신의 말씀을 완벽하게 기록한 글자가 아랍어이며, 신의 말씀을 완벽하게 기록하고 정리한 사람들이 아랍인이며 그 책이 코란이라는 것이다. 인간이 살아가는 가장 이상적인 길은 마지막 예언자인 무함마드가 전한 코란에 기록된 것을 실천하는 것이다. 코란과 시라를 임의적, 자의적으로 수정·보완하는 일은 신의 가르침에 어긋나며 이상적인 공동체와 살아가는 모습은 무함마드 시대 선조들이 살았던 모습을 그대로 따르면 된다는 것이 무슬림들의 세계관이고 인생관이다. 그의 가르침은 이

---

287) 아랍계 무슬림, 비아랍계 무슬림, 비아랍계 비무슬림으로 구분하여 종교적, 사회적, 경제적 차이를 두고 관리한 것으로 보인다.

288) 코란은 알라의 말씀을 가브리엘 천사가 무함마드에게 전한 것을 기록한 것이고, 시라는 무함마드의 일생을 기록한 책이다. 유대인들에게 토라와 탈무드가 있다면, 무슬림에겐 코란과 시라가 있는 것이다.

슬람 사상으로 정립되어 중동, 아프리카, 지중해 연안, 동남아시아 지역까지 광범위한 이슬람 문명권을 형성하는 데 많은 영향을 미치고 현대에도 계승되고 있다.

지금까지 언급한 동양과 서양의 문명권별 여러 사상은 각각의 출현 배경과 역사적·사회적 맥락이 상이하다. 그리고 각각 상이한 언어와 문자로 인생정로(人生正路)에 관한 교훈을 남겼다. 그러나 모두가 생각하는 사회적 동물인 인간 생각의 산물이라는 근본 정체성에는 변함이 없으며, 이는 우열을 비교하거나 경중을 다툴 사항이 아니다. 그리고 이들이 인류에게 공헌한 점은 인류가 역사적·문화적 퇴적물과 사회적 유산의 굴레에 얽매인 상태에서 수동적으로 이끌려 사는 정신적 노예 상태에서 벗어나서 주체적이고 비판적이고 창의적인 자세로 인생을 적극적으로 자유롭게 살 수 있는 새로운 길을 열어 준 것이다. 비유하자면, 그간 누구도 시도하지 않았고 시도할 생각조차 못 했던 에베레스트 정상을 정신적으로 등정하고 등산 안내 지도를 만들어서 나누어 준 것과 같다. 모든 사람에게 지도를 보면서 도전하고 노력하면 누구나 정상 등정에 성공할 수 있다는 것을 보여 준 것과 같다. 또한 인간 각 개인은 존엄하며, 무한한 잠재 능력과 가능성을 지니고 있으며, 노력 여하에 따라 그 무엇이든 성취가 가능하다는 희망을 보여 준 것이다. 따라서 이들을 인류의 위대한 스승, 성인(聖人)으로 존경하면서 그들의 사상과 가르침을 인류의 수많은 유산 중에서도 가장 으뜸되는 유산이라고 해도 지나치지 않다.

5. 한민족 선조들의
　　삶의 경험과 정신적 유산

　　앞에서 언급한 인류 선조들의 길고 긴 인생 여정이 진행됨과 함께 한반도에서도 선조들의 삶이 진행되고 경험이 축적되어 전해졌다. 한반도는 지구에서 가장 큰 유라시아 대륙의 동북단에 위치하면서 가장 큰 바다인 태평양을 향해 열려 있는 반도 지역이다. 중위도 지역이라 사계절이 순환하고 사람이 살아가는 환경 조건은 조선(朝鮮), 고려(高麗)라는 나라 명칭에 잘 나타난다. 조선이란, 아침이라는 조(朝)와 고요하고 깨끗하다는 선(鮮)이 결합된 명칭이다. 태평양의 일부인 동해에서 해가 뜨면 가장 먼저 아침을 맞이하는 조용하고 깨끗한 땅이라는 의미이다. 고려는 높을 고(高)와 곱다는 의미의 려(麗)가 결합된 명칭이다. 높다는 것은 산이 높다는 의미이며 곱다는 것은 물이 곱고 아름답다는 의미로 알려지고 있다. 원래 명칭은 산고수려(山高水麗)인데, 줄여서 고려가 되었다는 것이다. 고려가 서양인들에게 코레(coree), 코리아(korea)로 알려지면서 오늘날 대한민국(Republic of Korea)과 한국인(Korean)을 부르는 명칭으로 통용된 것이다. 국가 명칭에서 알 수 있듯이 한반도가 대륙과 해양을 접하고 있으면서 산이 높고 물이 곱고 아름답다는 것은 산에 나무가 잘 자라고 많으며, 물을 구하고 보존하기가 쉬워 동식물이 잘 자라는 자연조건을 갖추고 있다. 앞에서 이미 언급되었듯이 인류 최초의 삶은 자연과 직접적 상호 작용하는 상태로 시작되었다. 따라서 사람은 자신이 살고 있는 자연환경을 닮을 수밖에 없다. 따라서 한반도에 살아온 선조들도 높은 산과 깨끗한 물의 속성을 지닌 삶을 살았을 것으로 짐작할 수 있다.

한반도에 사는 사람을 고대 중국인들은 선인(仙人)이라고 불렀다고 한다. 산에 사는 사람들이라는 의미이다. 한반도에도 사람의 바람직한 삶과 관련된 잘 정립된 토착 사상이 있었다는 사실이 문서를 통해 전해지고 있다. 이는 중국의 고대 문명의 태동과 함께 한반도에서도 독자적으로 문명화 단계에 진입하면서 두 나라가 서로 영향을 주고받는 관계였음을 간접적으로 말해 준다. 한민족 선조들이 정립한 바람직한 삶의 방식을 선도(仙道)라고 하며, 이는 사료와 고문서를 통해 전해지고 있다.[289]

먼저, 화랑세기에 신선지도(神仙之道), 선도(仙道)에 관해 언급된 내용이다. "선도(仙道)는 본래 우주청원(宇宙淸元)의 기(氣)에서 나왔다. 시비로써 서로 다투는 것을 말하는 것이 아니다. 너희들은 모

---

289) 仙道, 神仙之道, 風流道, 花郎道, 선비 정신 등 다양하게 불리고 있다.

두 권세(權勢)와 지위(地位)로써 위(位)를 계승했기에 아랫사람을 다스릴 수 없다. 위(位)를 버리고 도(道)를 구해 참된 삶이 되도록 하라."[290]라는 내용이 있다. 이것은 필자가 앞에서 언급한 도는 높을수록 편안함이 더해지고 세는 높을수록 위험이 더해진다는 가르침과 맥락을 같이한다. 또한, "우주의 진기(眞氣)를 깊이 살펴서 물고기, 새, 꽃, 나무 등 동물과 식물이 끊임없이 생기는 이치에 정통하지 않은 것이 없었다."[291]라는 내용이 있다. 선도란 우주의 진기를 살피는 것이라는 내용이 중요하다. 우주의 진기란 자연의 생성 이치와 근본 원리를 뜻하며, 이를 살펴서 동물과 식물의 생성 원리에 통달한다는 것은 대학의 격물치지(格物致知)와 유사하다. 또한, 세속적인 권력과 부, 명예에 의존하지 말고 자연의 근본 이치에 따라야 한다는 것은 오직 도(道)만을 따를 것을 강조하는 도가와 유가의 가르침과 일맥상통한다.

다음은 선도를 구비한 인물의 특징과 행동 양상에 관한 언급이다. "공은 용맹을 좋아하고 문장에도 능했으며, 아랫사람을 자기처럼 여기고 외부 청탁에 흔들리지 않고 보살폈다. 지도자와 사회지도층에게 요구되는 정신이 이로부터 크게 일어났으며, 삼국 통일이라는 대업을 이룰 수 있었던 것은 이와 같은 정신문화가 융성한 덕분이다."[292]라는 내용이다. 이는 바람직한 인간상, 지도자상을

---

290)   화랑세기 하종조: 仙道本出于宇宙淸元之氣, 非是非相爭之謂也.
291)   화랑세기 보종공조: 雖然探察宇宙之眞氣, 魚鳥花木生 之理莫不精通. 魚鳥爲友 達觀天理 不言而化 不謀而美.
292)   화랑세기 문노조: 公好勇能文, 愛下如己. 不拘淸濁 …土風以是起秀, 統一大業.

의미하는 것으로써 문무겸전(文武兼全)의 전인적 인간상을 지향하며, 사회적 인간관계에서 직무를 수행하는 과정에서 상하동욕(上下同欲), 의도불의인(依道不依人) 원칙을 적용해야 한다는 것과 유사하다.

다음은 이와 같은 토착 사상이 외래문화와 개방적 상호 작용을 하는 현상이다. 최치원이 지은 난랑비 서문에 다음과 같은 중요한 내용이 전해진다. "나라에 현묘한 도가 있으니, 풍류라고 한다. 도가 설립된 유래에 대해서는 선사에 자세히 기록되어 있다. 유교 사상, 불교 사상, 도가 사상 등 이른바 삼교의 가르침을 모두 포괄하고 있으며, 모든 생명과 화합하여 함께 살아가는 것을 지향한다. 가정에서는 효도하고, 사회에 나가서는 나라에 충성하라는 것은 공자의 가르침과 같고, 매사를 사심 없이 순수한 마음으로 자연스럽게 하고, 말보다 직접 행동으로 모범을 통해 가르침을 행하라는 것은 노자의 가르침과 같다. 모든 악행을 하지 않고 선행을 행하라는 것은 석가모니의 가르침과 같다."[293]

이것은 매우 중요한 기록이다. 당시 세계적으로 중국과 인도에서 제자백가 사상과 불교 사상이 싹터 한반도에 전파되기 이전에 풍류도라는 토착 사상 및 윤리 체계가 있었다는 것을 시사해 주는 내용이기 때문이다. 또한, 토착 사상이 외래 사상을 큰 무리 없이 받아들이고 수용해서 새롭게 해석하는 모습을 보이는 것은 풍

---

293) 國有玄妙之道曰 風流, 設敎之源 備詳仙史. 實乃包含三敎 接化群生. 入則孝於家, 出則忠於國, 魯司寇之旨也. 處無爲之事, 行不言之敎, 周住史之宗也. 諸惡莫作, 諸善奉行, 竺乾太子之化也.

류도가 열린 사상이고 모든 생명과 화합하여 함께 살아가는 것을 지향하는 포괄성과 보편성을 지니고 있기 때문이라고 생각된다. 앞에서 언급했듯이 선인(仙人)이란 사람 인(人)과 뫼 산(山)이 결합된 문자로, 산에 사는 사람이라는 의미이다. 따라서 선도(仙道)란 산에 사는 사람들이 자연과 직접적 상호 작용을 통해 터득한 삶의 진리라는 의미가 내재되어 있다. 상기 언급된 옛 문서의 기록에도 나와 있듯이 선조들은 책이나 인위적으로 만든 상징물이 빈약한 당시의 삶의 환경에 굴복하지 않고 이를 극복하면서 자연과 직접 상호 작용하면서 자연의 가장 근원적인 기의 생성 변화를 알고자 했다. 안타깝게도 고대의 우리의 선조들은 말은 있으나 문자가 없었다. 문자는 불가피하게 이웃 국가인 중국에서 들여와 사용했다. 언어와 문자가 일치하지 않는 불편함이 있었고, 문화를 창조하고 문자로 기록하여 후세에 전달하는 과정에 어려움이 많았다. 조선 시대에 와서야 문자가 창제되어 비로소 말과 글이 일치하는 시대를 맞이할 수 있었다. 그러나 삶에 대한 기록의 역사가 시작된 이래 많은 부분이 한자로 기록되어 선조들의 삶 전반을 온전하게 후세에 기록으로 전하는 데는 제한이 많았다. 그러나 산이 많은 한반도의 자연환경에 살면서 자연스럽게 자연과의 직접적 상호 작용이 중요하고, 자연의 일부로서 순응자연하면서 모든 생명과 함께 살아가는 공동체를 이룩하는 것이 중요하다는 것을 깨달은 것은 분명해 보인다.

단군 신화에 "모든 구성원을 이롭게 하고, 이치가 지배하는 사회적 공동체를 건설한다.'[294]라는 가르침이 전해져 온다. 단군 신화와 난랑비 서문에 등장하는 "홍익인간(弘益人間), 재세이화(在世理化), 실내포함삼교(實乃包含三敎), 접화군생(接化群生)"이라는 표현 속에 한반도에 살아온 선조들의 삶에 대한 정수가 깃들어 있다고 보인다. 한반도에 살아온 선조들이 정립한 삶의 방식은 한마디로 요약하면, 자연과 직접적 상호 작용을 통해 터득한 삶의 진리는 자연의 질서를 따라서 모든 인간을 이롭게 하고, 자연의 이치에 따른 사회적 공동체의 질서를 확립하며 모든 생명에 접하여 함께 살아가는 것을 지향한다고 할 수 있다. 특히, 실내포함삼교라는 표현 속에는 풍류도가 한민족 고유의 토착 사상이며, 결과적으로 유가 사상, 도가 사상, 불교 사상 등 당시의 동아시아 지역 중요 사상의 핵심 내용이 모두 포함되어 있다. 이는 한반도의 토착 문화가 외래 문화에 대해 배타적이지 않고 열려 있는 개방된 문화였다는 것을 말해 주기도 한다. 또한, 문과 무를 겸비한 전인적 인간을 바람직한 인간 모습으로 지향했으며 공동체 구성원을 모두 하나로 여기는 조직 문화가 있었음을 말해 주고 있다.[295] 이와 같은 덕목들이 신라가 당나라와 연합하여 백제와 고구려를 대신하여 한반도를

---

294) 홍익인간(弘益人間), 재세이화(在世理化).
295) 삼국사기 기록에 의하면, 중국(당나라)은 고구려 원정이 연속 실패하자, 신라를 이용해서 백제와 고구려를 치고 한반도 전체를 지배하려는 전략으로 신라의 안보를 명분 삼아 연합 전선을 폈다. 그러나 속으로는 신라도 정벌의 대상이었다. 서기 660년 9월, 백제 정벌 후 귀국한 총사령관 소정방과 당나라 황제 현종과의 대화 내용은 "왜 백제에 이어서 곧바로 신라를 정벌하지 않았나?", "신라는 임금이 어질어서 백성들을 사랑하고, 신하들은 충성으로 임금을 섬기고 있습니다. 또한, 아랫사람은 윗사람을 부형(父兄)처럼 생각하고 섬기니 비록 나라는 작지만 도모할 수가 없었습니다."라고 전한다.

하나의 공동체로 재편성하는 삼국 통일의 주역이 되는 데 기여했다는 것을 역사 기록으로 알 수 있다.[296]

지금까지 언급한 선도, 풍류도는 필자가 이 책에서 논의하고 있는 도, 진리, 인, 신, 인간 완성 등 기타 한반도가 아닌 다른 문화권에서 사용되는 진리에 대한 궁극적 실체와 바람직한 인생에 대한 생각과 대동소이하다고 보인다. 이와 같은 사실을 알게 해 주는 기록이 앞에서 언급된 바와 같이 부분적으로 전해지고 있는 것이다. 이처럼 한반도에는 바람직한 삶과 관련하여 수준 높은 윤리 체계가 있었다. 특히 홍익인간, 재세이화, 접화군생이라는 사상 체계는 개인과 사회와 자연이 함께 공존해야 한다는 것으로, 현대적으로 새롭게 재해석되고 강조되어야 할 귀중한 덕목으로 보인다. 그리고 선도, 풍류도, 화랑도, 선비 정신으로 이어지는 토착 사상이 현대 한국을 존재하게 하는 기층 사상의 역할을 충실하게 했다. 세계적으로 잘 알려진 사상가가 없다고 해서 생각의 산물이 없었던 것은 아니며, 한반도에 살았던 선조들의 삶이 미개하거나 후진적이었다고 폄하할 수는 없다. 생각하는 사회적 동물이라는 정체성을 지닌 인류의 다양한 삶의 방식과 인간 및 인생에 대한 다양한 생각은 각각 소중하고 그 자체로 의미가 있다. 이와 같

---

296) 신라는 한반도의 남동부에 위치한 작은 나라로 출발했다. 북쪽의 고구려, 서중부의 백제에 비해 국력이 열세했다. 그러나 화랑도라고 하는 윤리, 도덕 체계로 무장하여 기강을 확립한 작지만 강한 나라였다. 비록 중국(당나라)의 힘을 빌려 삼국 통일을 달성했지만, 통일 전쟁 수행 과정에서 당나라에 토사구팽을 당하는 어리석음을 범하지는 않았다. 이는 토착적인 주체적 정신문화가 있었다는 증거이며, 이는 현대 한민족의 주체성과 문화 창조 능력의 기반이 되었다.

은 역사적 맥락에서 주체적인 토착 사상에 기반을 두면서 외래 문명도 수용하여 새롭게 적용하는 개방적 자세가 한민족 역사에 면면히 이어지고 있으며, 21세기를 살고 있는 현대의 한국인들이 보여 주는 민주 시민 의식과 수준 높은 문화 창조 능력으로 이어지고 있는 것이다. 특히, 현대의 한국은 땅에 의존하며 농경을 위주로 살아온 선조들의 삶과 매우 다르게 과학 기술을 기반으로 제품을 생산하여 세계 모든 국가를 상대로 수출을 하면서 살아가는 이른바 '세계인을 친구로, 지구촌을 일터로' 하는 새로운 삶의 패턴을 정립하고 있다. 따라서 현대를 사는 한국인은 대륙과 해양, 동양과 서양의 다양한 문화가 교차하는 지역에 위치한 한반도의 지리적 장점을 살려서 지구촌 이웃들의 다양한 생각에 대한 배타적 태도를 배제해야 한다. 이를 적극적으로 수용하고 선조들이 남긴 포용적 조화의 정신 유산을 현대적으로 계승하여 21세기 변화된 환경을 선도해야 한다. 그렇게 인간과 인간, 인간과 자연이 함께하는 새로운 삶의 방식을 정립하고 후세에 전하여 먼 훗날 한반도에서 살아가는 사람들에게 자랑스러운 유산이 되도록 해야 한다. 그리고 이것은 나아가 세계인들에게 새로운 삶의 모범으로 제시되어야 한다.

내 인생의 나침반

제3장

21세기 물질문명과
현대인들의 인생정로

1. 황금만능 사상 확산과 외물 종속화 심화

현대 사회를 네 단어로 요약하면 필자는 자유, 민주, 자본, 공화라고 생각한다. 먼저, 자유란 사회 공동체 구성원의 기본 단위를 개인으로 선정하고 각 개인의 인격의 자유와 존엄성과 자율성 창의성을 존중하는 것을 최우선 가치로 한다는 의미이다. 민주란 이와 같은 가치를 기반으로 하여 국가 권력도 각 개인으로부터 유래한다는 정치 체제를 정립한 것으로, 이를 민주주의라고 한다. 자본이란 자유 이념에 기반하여 각 개인의 사유 재산을 인정하고 경제 활동 전반에 개인의 자유와 자율 창의를 최대한 보장하는 자본주의 시장 경제 체제를 말한다. 공화란 인간이 사회적 존재라는 것을 감안하여 개인의 자유와 자율 창의성을 존중하되 사회적으로 조화와 균형을 지향하는 것을 말한다. 이와 같이 현대는 정치적으로는 민주 공화 체제, 경제적으로는 자본주의 시장 경제 체

내 인생의 나침반

제가 정립되어 작동되는 가운데 현대인이 삶을 영위하고 있다. 상기 네 가지 정신과 이념은 근대 서구를 중심으로 '인간은 무엇이며 누구인가? 이상적인 사회 공동체는 어떤 모습이어야 하는가?'라는 물음에 대하여 뜻 있는 사람들의 생각과 지혜가 모여서 도출된 결과물이다. 현대의 지구촌 대부분의 나라에서 채택하고 지향하고 있는 개인주의, 정치적 자유주의, 경제적 자본주의에 기반한 삶의 패러다임은 유구한 인류 역사의 진행 과정에서 보면 사실은 너무나 그 역사가 짧고 일시적 유행에 불과한 것일 수도 있다. 유럽을 중심으로 서구인들은 기존의 전제 왕권과 귀족 중심의 사회 체제의 모순을 극복하려 노력했다. 앞서 말한 삶의 패러다임은 상업 활동을 통해 부를 축적한 상인 계층이 사회 변화와 발전의 주도적 세력으로 성장하면서 시대적 상황적 필요에 의해 도입된 것이다.

계몽 시대의 인류는 중세 시대에 모든 것을 신에 의존하던 삶의 방식에서 벗어나서 인간 본연의 존재와 삶을 뒤돌아보기 시작했다. 오랫동안 왕과 귀족을 중심으로 권력과 부가 집중되고 사회적 비효율과 불균형, 모순이 극에 이르게 되어 혁명적 사회 변화의 시대가 도래한 것이다. 왕과 귀족만이 사회적 중심이 아닌 사회 구성원 모두가 존엄한 존재이며 자유롭게 정치적 권리를 누리고 자유로운 경제 활동과 부를 축적할 수 있어야 한다는 자유 민주주의적 삶의 방식은 천부 인권 사상을 기반으로 하는 개인주의, 자유주의, 자본주의 이념이다. 이것은 인간의 정치적, 사회적, 경제적 활동에 최대한의 자유를 보장해야 한다는 것으로, 당시 구제도하에서 기득권을 유지하던 왕과 귀족 계층에 비해 상대적으로 억압받던 상인 계층과 지식인 계층이 연대한, 시대적 필요성과 요청에 의해 탄생한 이념이다.[297] 이것은 약 2세기가 넘는 기간을 지나면서 많은 시행착오를 거치고 수정·보완되어 현대에 이르고 있으며, 현대인의 삶 전반에 영향을 미치고 있다.

계몽 시대 초기에 상인 계층이 적극적으로 주창한 자유 이념은 생각하는 사회적 동물인 인간의 삶에 필수 불가결한 개인적 자유와 사회적 평등이라는 동전의 양면과 같은 두 개의 가치를 모두 중요하게 여기면서 사회 변화를 추구했다. 자유 이념을 무기로 자본 축적과 사회의 주도권을 장악한 상인 계층과 지식인 계층이 왕과 귀족 계층이 중심이던 사회 지배 세력을 대신하게 되었다. 그러나 그들은 사회의 지배 계층과 기득권층이 된 이후에는 사회적 평등 가치 구현을 간절하고 절실하게 요청하지는 않았다. 오히려 자신들의 기득권을 확대, 강화하면서 사회적 평등 가치는 슬그머니 외면하는 노선을 추진했다. 생각하는 사회적 동물인 인간은 인격의 존엄과 자유 그리고 사회적 평등이라는 두 개의 가치를 동시에 추구해야 하는 숙명을 지니고 있다. 그러나 시간이 경과하면서 왕과 귀족에게 집중되었던 부와 사회적 지배 권력이 자본가 계층에게 집중되면서 빈익빈 부익부 현상이 발생하고 사회적 불균형은 더욱 심화되었다. 그러자 사회적 평등 가치를 중시하는 지식인과 상대

---

297) 정치 분야는 영국의 존 로크. 경제 분야는 영국의 애덤 스미스를 대표적 사상가로 볼 수 있다.

내 인생의 나침반

적으로 빈곤층에 전락한 노동자 계층을 중심으로 사회주의 사상이 대두되었다. 이들은 사회적 평등 가치를 중시하고 현실에서 이를 구현하기 위해 정치적 혁명을 통한 공산주의 국가를 탄생시켰다. 정치 경제 체제에서 자유를 우선시하는 기존의 자본주의 체제와 평등을 중시하는 공산주의 체제가 양립하면서 서로 갈등을 겪고 경쟁하게 되었다.[298]

앞에서 '인간이란 무엇인가?'라는 물음에 관해서 수차례 언급한 바와 같이 사람은 사회적 존재이다. 따라서 개인과 사회, 자유와 평등, 민주와 공화는 상호 분리될 수 없는 동전의 양면과 같다. 한 면만 바라보고 현실을 진단하면 문제를 해결할 수 없다. 이와 같은 두 개의 사상 체계가 시간이 경과하면서 갈등 조정 과정을 거쳐 정치적으로 민주 공화 체제, 경제적으로 시장 경제에 기반을 두되 국가의 일정한 역할을 강조하는 수정 자본주의 체제로 정립되었다. 정치적으로는 개인의 자유와 인권을 중시하는 민주 공화 체제, 경제적으로는 개인의 사유 재산 보장과 자유로운 경제 활동을 보장하는 자본주의 경제 체제가 대세로 자리 잡았다. 그러면서 물질을 숭상하고 황금만능 사상이 지배하는 삶의 패러다임이 지구촌 전체로 확산되었다.[299]

현대 사회는 국가가 지나치게 경제 주체인 가계와 기업의 자율적 경제 활동에 개입하면 경제의 비효율을 초래하니 국가의 최소

---

298) 독일 철학자 칼 마르크스, 프리드리히 엥겔스를 대표적 사상가로 들 수 있다.
299) 영국 경제학자 존 메이너드 케인스가 대표적 이론가이다.

간섭이 더욱 중요하다는 이론이 등장하였다.[300] 이를 신자유주의라고 한다. 신자유주의 사상은 개인주의, 자유 민주주의, 자본주의 시장 경제 이념을 기초로 하여 국가의 최소의 조정 통제 기능을 더해, 보이지 않는 손과 보이는 손의 조화와 균형으로 정치적 민주주의와 경제적 자본주의의 지속적 성장을 보장하고 민주 공화 체제의 이상을 구현한다는 사상이다. 그런데 왜 개인의 인격적 존엄성과 자유를 최우선으로 하는 현대의 삶의 방식이 실제로는 자유로운 삶, 자연스러운 삶, 여유로운 삶, 영원히 행복한 삶을 영위하기 어렵게 하는 것일까?

현대의 신자유주의적 삶의 패러다임은 명분상으로는 자유, 평등, 박애, 민주공화 이념을 지향한다. 그러나 앞에서 언급된 바와 같이 태생적으로 물질 숭배 사상을 배경으로 한다. 오늘날 자본주의 체제하에서 물질 숭배 사상이 팽배하고 권력과 부와 명예 등 외물을 더 많이 차지하기 위한 무한 경쟁적 삶의 방식이 지배하는 패러다임은 이와 같은 개인주의, 자유주의, 물질 숭배 사상을 근본이념으로 하는 시대적 맥락에서 탄생한 것이다. 따라서 현대 문명은 물질 숭배 사상을 기반으로 하여 인간의 도구적 이성과 과학 기술 그리고 자본이 결합되어 만들어진 돈 문화(Money Culture)가 지배하는 삶의 방식이라고 할 수 있다. 역사적·사회적·문화적 존재인 인간은 자신이 살고 있는 시대의 시간적·공간적 영향력을 완전히 벗어나서 살 수 없다. 현대인들은 모든 것을 신이 좌우하던 중

---

300)　오스트리아 경제학자 프리드리히 하이에크가 대표적 이론가이다.

　　　　　　　　　　　　　　　　　내 인생의 나침반

세 암흑시대에서 벗어나 근대 계몽 시대를 거쳐 자본주의 시대에 살고 있다. 중세는 신(God)이 가치 체계의 최정상을 차지하고, 성직자·국왕·귀족이 지배 계층을 형성하면서 일반 대중을 지배하던 시대였다. 모든 것이 신의, 신에 의한, 신을 위한(Of the God, By the God, For the God) 사회였다고 해도 과언이 아니다. 이에 비해 현대는 돈(Money)이 가치 체계의 최정상을 차지하고 자본가·정치인고위 관료가 지배층을 형성하고 일반 대중을 지배하고 있다. 모든 것이 돈에, 돈에 의한, 돈을 위한(Of the Money, By the Money, For the Money) 사회라고 해도 과언이 아니다.

이와 같이 현대 사회가 물질을 중시하는 삶의 구조를 형성하면서 경제적 이해관계에 주안을 두는 상품 교환적 인간관계가 심화되고 있다. 특히, 경제적·물질적 가치가 가치 체계의 정상을 지배하는 현대 사회에서 부(富)를 지향하는 무한 경쟁의 삶의 방식에 노출된 현대인은 인성을 상실하고 더욱 외물에 지배당하기 쉽다. 인간이 만든 유일신 숭배가 심화되면서 신의 노예가 되는 삶이 강요되었듯이, 현대의 삶 역시 물질 숭배 사상이 심화되면서 권력과 부, 명예 등 외물(外物)에 종속될 수밖에 없는 구조가 형성된 것이다. 현대는 겉으로는 자유, 평등, 박애와 같은 그럴듯한 명분이 강조되지만, 부지불식간에 돈을 위해 사람이 종속될 수밖에 없는 것이 삶의 실상이다. 글로벌 자본주의 체제하에서 살아남기 위해 자신의 모든 것을 걸고 오직 돈을 더 벌기 위해 무한 경쟁을 해야 하는 냉혹한 삶의 구조 속에 얽매인 불행한 상태가 된 것이다. 이와 같은 현상은 중세 시대에 신이 인간 삶의 모든 것을 지배하던 것과 같은 부정적 현상인 것이다.

유교 경전인 대학에 인간의 삶에 대한 가치관 전도가 초래할 부정적 사회 현상 출현에 대해 다음과 같이 경고했다. "덕이 근본이고 재물은 말단이다. 근본과 말단이 뒤바뀌면 사람들은 재물을 서로 많이 갖기 위해 투쟁하여 세상은 만인에 의한 싸움의 장이 된다. 수단과 방법을 가리지 않고 재물을 모으면 사람들은 떠나고, 재물을 베풀면 사람들이 모여든다. 도리에 어긋난 말을 하면 역시 도리에 어긋난 말이 되돌아오고, 정당하지 못한 방법으로 취득한 재물은 역시 정당하지 못한 방법으로 나간다."301) 성경에도 인간은 재물과 하느님을 동시에 숭배할 수 없으며302), 재물이 많은 사람이 천국에 들어가는 것은 낙타가 바늘귀를 통과하는 것보다 더 어려운 일이라고 했다. 인간이 재물을 숭상하면서 주객이 전도되면 진리에 따르는 삶을 살기가 어렵다는 의미이다.303)

개인주의, 자유주의, 자본주의를 기반으로 하는 현대의 시장 경제 기반의 민주 공화체제하에서 참다운 주인으로 사는 것, 자유롭게 사는 것, 영원히 사는 것이 왜 이렇게 어려운 상황이 되었을까? 독일의 철학자 아도르노(Theodor W. Adorno, 1903-1969)는 "현

---

301) 德者本也 財者末也 外本內末 爭民施奪. 財聚則民散, 財散則民聚. 言悖而出者 亦悖而入. 貨悖而入者 亦悖而出.
302) 마태복음 6장: God and Possession, "You can not serve both God and money."
303) 마태복음 20장: The Rich Young man, "It is much harder for a rich person to enter the Kingdom of God than for a camel to go through the eye of a needle."

대 과학 기술의 발전과 경제적인 생산력의 향상은 정의로운 사회 건설을 위한 조건을 마련할 수도 있었고 인간을 고통과 구속으로 부터 해방시킴으로써 최선의 자아를 실현할 수 있도록 도와줄 수도 있었다. 그러나 다른 한편으로는 과학 기술의 우위와 경제적 생산력 체제를 장악한 집단에 사회적 우월한 능력을 부여해서 대중을 지배하게 함으로써 다수의 대중이 구조적으로 수동적 지위에 놓이게 될 수도 있다."라고 경고했다. 현대 자본주의는 과학 기술의 끊임없는 발전과 혁신, 신기술의 지속적 개발을 유도하면서 보다 많은 재화와 용역을 산출하여 인류의 삶을 물질적으로 풍요롭게 하는 긍정적 역할도 분명히 하고 있다. 그러나 물질 숭배 가치가 인간의 존엄성에 기반한 모든 가치 위에 군림하고 있다는 것과 아도르노가 우려한 대로 '1% & 99%'라는 상징 부호가 의미하듯이 소수의 자본가에게 다수의 대중이 종속당하는 빈익빈 부익부 현상이 심화되고 있는 것이 문제이다. 특히, 현대는 물질 숭배 사상의 굴레와 권력과 부, 명예의 유혹이 너무 강하다. 외부로부터의 유혹하는 힘을 원심력이라고 하고, 내적인 평형을 유지하려는 힘을 구심력이라고 할 때, 현대는 원심력이 구심력보다 크고 강하다. 따라서 현대인들이 외물에 지배당하지 않고 외물을 지배하는 주인으로 살기 위해서는 구심력 강화에 배가의 노력이 필요하기 때문이다. 그리고 인간의 지식으로 만들어지는 과학 기술을 과도하게 신뢰하고, 상업적·물질적 이익 극대화와 인간 편의를 위해 자연을 무제한으로 정복하고 이용할 수 있다는 오만한 사고방식이

문제로 대두되고 있다.[304]

사람이 살아가면서 재물은 생존과 인간다운 생활을 위해 반드시 필요하다. 동서고금을 막론하고 재물의 소중함과 절약, 귀중하게 여기는 덕목은 어느 사회에서나 동일하게 나타나고 있다. 그러나 정도가 지나쳐서 황금만능 사상이 인간 존엄 사상을 완전히 압도하는 상태가 되면 인간은 자신이 자유롭게 잘 살기 위해 스스로 생각하여 만든 물질 숭배 사상과 정치 경제 사회 체제에 자유를 상실하고 종속되는 노예의 상태에 빠지게 된다. 이것이 현대인들이 황금만능 사상에 종속된 삶의 모순이요, 부정적 모습이다.[305]

또한, 자연의 일부인 인간을 자연과는 별도로 동떨어진 특별한 존재로 여기고 자연환경을 무제한 정복, 이용하기도 한다. 인간의 삶에 필수적으로 요구되는 적정량을 과도하게 초과하여 인간만의 편의와 생존을 위해 활용한다면, 그 부작용이 인간에게 되돌아올 것이다. 자연계의 모든 존재는 각각의 고유한 삶을 유지하면서도 자연계의 순환 질서에 반하는 불필요한 찌꺼기나 쓰레기를 남기지 않는다. 그러나 현대인들의 삶은 자연계의 순환 질서에 부담을 주고 순조로운 흐름을 방해하는 인위적 찌꺼기와 쓰레기를 너무 많

---

304) 현대 자본주의(신자유주의): 금융 자본과 과학 기술력이 결합되어 지속적 혁신을 추구하고, 이윤의 극대화를 지향하면서, 점점 더 대규모 자본과 과학 기술의 우위를 점한 소수 집단이 모든 것을 장악하는 체제로 굳어지고 있다. 소위 1%의 소수 집단이 99% 다수를 지배하고 있는 것이다.

305) 독일의 철학자 게오르크 지멜과 발터 벤야민은 자본주의를 세속화된 종교라고 했다. 인간이 형이상학적 세계의 신, 이데아, 절대정신을 만들어 스스로 종속되어 고통을 당했듯이, 형이하학적 현실 세계에 돈을 만들어서 물질 숭배 이념과 소수의 자본가 계층이 모든 것을 지배하는 새로운 고통을 당하고 있는 것이다.

이 남긴다. 이것은 인간의 삶이 자연계를 구성하는 다른 생명체들의 자연스러운 삶에 방해를 주며 뭇 생명체들의 희생과 피해를 대가로 유지되고 있다는 것을 의미한다. 또한, 이것은 모든 생명체가 다 함께 각자의 삶을 살면서도 서로를 해치지 않고, 각자 자신의 도를 따르면서도 서로 엉키지 않는 자연의 본래 모습에서 크게 벗어난 것이다. 유한한 존재에 불과한 인류가 생각의 산물인 과학 기술로 삶의 모든 문제를 해결할 수 있다는 오만함과 자만심에 빠졌다. 사람의 생각이 만들어 낸 모든 상징물을 믿고 의지하며, 상징물 속에 사는 삶이 익숙해지고 의존하게 되는 정도도 심화되었다. 그 결과 자연과의 조화를 상실하고 자연과의 직접적 상호 작용이 점점 멀어지면서 인간 스스로 인간 존재의 오류의 상태를 자각할 수가 없게 되었다. 대자연은 만유인력과 만유척력이 상호 작용하면서 존재하려는 경향성과 발생하려는 경향성을 근본 속성으로 하면서 끊임없이 안정과 균형 조화를 지향하면서 무궁전변하는 속성을 지니고 있다. 인간도 자연의 일부이다. 인류 공동체의 삶이 사람과 사람 사이, 인간과 자연 사이에 균형과 조화를 상실하고 불균형이 극에 달하면 조화와 균형을 지향하는 새로운 질서를 창출하기 위한 대변화가 반드시 도래한다는 것이 자연의 법칙이며 역사의 교훈이다. 인류 스스로가 이를 자각하고 반성하면서 해결하려고 노력하지 않으면 외부적 요인에 의해 변화를 강요당할 수밖에 없다. 현대인들이 직면한 삶의 문제는 인간의 도구적 이성과 자본과 과학 기술만으로는 해결할 수 없는 새로운 차원의 문제이다.

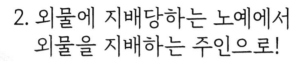

2. 외물에 지배당하는 노예에서 외물을 지배하는 주인으로!

이와 같이 현대인의 삶 자체가 물질 숭배 사상에 지배당하고 있다. 앞 장에서 여러 차례 언급된 성현들의 가르침을 따라서 외물에 종속되지 않고 진리에 합당한 삶을 살아가는 것은 쉬운 일이 아니다. 특히, 물질을 숭상하고 돈이 인생의 모든 것을 좌우하고 모든 문제를 해결해 준다는 사고방식은 인간성을 더욱 상실하게 한다. 그러나 세상이 아무리 변해도 생각하는 사회적 동물이라는 인간의 근본적 속성은 변하지 않는다. 자연의 일부로서 현대인들의 삶도 무궁전변(無窮轉變)하는 자연의 질서에서 벗어날 수 없으며, 태어남과 성장, 성숙, 거듭 태어남의 연속이다. 제1의 탄생은 생물학적 탄생이다. 제2의 탄생은 육체적 성장, 정신적 성숙, 사회적 독립이다. 제3의 탄생은 사회적 성숙, 정신적 완숙이다. 제4의 탄생은 죽음과 재탄생이다. 이처럼 삶은 잠시도 머무르지 않고 끊임없이 변화하고 있다. 이와 같은 삶의 실상에 대해서 앞서 언급된 바와 같이 인도의 철학자이며 정치가인 라다크리슈난(S. Radhakrishnan, 1888-1975)은 "생(生)은 사물(事物)도 아니요, 사물(事物)의 상태도 아니다. 생(生)은 끊임없는 움직임(動)이요, 변화(變化)이다."라고 했다.

그렇다면 왜 현대인들은 물질 숭배 사상의 굴레를 벗어나서 도에 이르는 삶을 살아야 할까? "도는 높을수록 편안함도 더해지며, 세는 높을수록 위험이 증가한다. 사회적 직책이 높을수록 몸은 위태롭고, 재물이 많으면 목숨이 위태롭다."[306]라는 교훈은 현대에도 적용된다. 그리고 "덕이 근본이고 재물이 말단인 것이 정상 상태이다. 자연의 존재 실상은 만물이 모두 각자 위치에서 자라고 있으면서도 서로 해를 끼치지 않고, 만물이 각각의 삶을 영위하면서도 서로 어긋나지 않는 균형과 조화 상태가 유지된다. 그런데 본말이 전도되어 재물을 우선시하고 덕을 경시하면 사람들은 수단과 방법을 가리지 않고 재물을 더 많이 차지하기 위해 다투게 된다. 사회적 인간관계에서 도에 어긋난 말은 도에 어긋난 상태로 되돌아오고, 도에 어긋난 재물을 취하면 역시 어긋난 상태로 나가게 된다."[307]라는 가르침은 예나 지금이나 변하지 않기 때문이다. 또한, 앞에서 수차례 언급된 바와 같이 사람들이 중요하게 여기고 탐하고 집착하는 권력, 부, 명예와 같은 세속적인 모든 가치는 원래 그

---

306) 道高益安, 勢高益危. 位尊身危, 財多命殆.
307) 德本財末, 萬物竝育而不相害, 道竝行而不相悖, 外本內末, 爭民施奪. 言悖而出者, 亦悖而入, 貨悖而入者, 亦悖而出.

실체가 없다. 원대한 인류 삶의 역사와 자연의 운행 법칙에서 바라보면 정말 보잘것없는 미미한 것이다. 인류가 지구상에 출현한 이후 수많은 축적된 삶의 경험과 시행착오를 거치면서 얻은 삶의 교훈이 성현들의 가르침을 통해 고전의 형태로 전수되고 있다. 따라서 현대인들이 가장 인간답고 보람 있게, 의미 있게 사는 길도 지금까지 필자가 본 책에서 언급한 성현들이 제시한 도(道)의 길이며 진리(眞理)의 길이라고 볼 수 있다. 장자는 인간이 권력과 부와 명예 등 일체외물에 종속되지 않고 자연 상태에서 자유롭게 사는 지혜를 '연독이위경(緣督以爲經), 승물이유심(乘物以遊心)'으로 제시했다. 삶의 순간순간에 어디에도 치우치지 않는 중도를 나침반으로 삼고, 일체외물에 종속되지 않고 외물에 내 마음이 노닐게 한다는 의미이다. 이와 같은 맥락에서 황금만능 사상이 지배하는 삶의 패러다임 속에서 살아가는 현대인들이 도에 의존하되 외물에 종속되지 않고 산다는 것은 돈을 벌되 돈의 노예는 되지 않으며, 권력을 추구하되 권력에 얽매이지는 않으며, 명예를 숭상하되 명예에 유혹당하지 않는 삶이라고 할 수 있다. 따라서 21세기 인류에게 필요한 올바른 삶은 앞에서 성현들이 제시한 교훈을 본받아 외물의 노예 상태에서 벗어나 인간의 본성을 회복하고 자연의 일부로서 자주적으로 자유롭고 자연스럽게 스스로 자연법칙에 따라 순응자연하는 삶을 사는 것이라고 요약할 수 있다.

 사람이 학문과 수양을 통해 최고·최상·최적의 의식 균형 상태에 도달한 것을 유교 사상에서는 격물치지(格物致知), 불교에서는 무상정각(無上正覺), 기독교에서는 정신적 재탄생(spiritual rebirth)이라고 표현하고 있다. 공자의 진리가 따로 있고 예수의 진리가 별도로 존재하는 것이 아니다. 또한, 공자 시대의 진리가 별도로 있고 21세기 진리가 별도로 존재하는 것도 아니다. 진리는 조작될 수도 만들어질 수도 없으며 말과 글로써 설명될 수도 없다.[308] 진리는 성현들의 출현과 무관하게 세상과 함께 존재하고 있으며 영원히 계속할 것이다. 또한, 진리는 소리도 없고 냄새도 없으며 지극한 그 상태 자체이다.[309] 인간의 본성을 회복한다는 것은 몸과 마음의 자연 상태를 회복한다는 말과 같은 맥락이다. 또한, 진리와 함께하는 삶을 의미하고 도의 세계에 도달한 삶을 뜻하며 순간순간 나와 사회와 자연이 하나 된 상태를 유지하는 것을 말하기도 한다. 보통 사람들의 삶은 대부분이 자신이 감각 기관을 통해서 인식한 세계에 머무르면서 이를 실제 세상으로 착각하고 집착하면서 외물에 종속되는 삶을 살아간다. 이와 반대로 성현들의 삶과 후대에 남긴 가르침은 자신과 사회와 자연을 알기 위해 공부하기를 좋아하고 성실하게 정진하고 노력해야 한다는 것이다. 그리고 도의 상태에 이르기 위해서는 몸과 마음을 순수하고 정결한 상태에 머무르게 하여 지극히 부분적이고 지엽적인 도식화된 세상을 실제 세상 전부로 여기는 잘못된 의식 상태에서 벗어나서 세상을 있는 그대로 올바르게 봐야 한다는 것이다. 그리고 기본에 충실하면서

---

308) 諸佛菩提 一切文字 所不能宣 一切音聲 所不能及 一切言語 所不能說 但隨所應 方便開示. 道可道非常道, 名可名非常名.
309) 上天之載 無聲無臭 至矣.

마침내 진리에 도달하여 자기 자신이 주인공이 되어 순간순간의 생각과 말, 행동이 사회와 자연과 적절함과 조화를 이루어서 화를 입지 않고 천수를 다하는 삶을 사는 것이 최선이라는 것이다.

왜 몸과 마음의 자연 상태를 회복하고 유지하는 것이 중요할까? 자연의 구성 원소로 이루어진 인체는 유기체의 항상성을 유지하기 위해 외부 환경과 끊임없이 상호 작용한다. 외부 환경 변화에 따라 인체는 활성화 모드가 작동해야 할 경우에는 흥분 및 경고 과정을 거쳐 저항하고 적응한다. 인체가 활성화되어 에너지가 소진되면 안정화 모드가 작동되어 회복 단계를 거쳐 정상 상태로 복귀하게 된다. 인간 유기체는 이와 같은 작동 원리에 따라 생명 유지 활동이 지속되면서 건강이 유지된다. 그러나 활성화 모드가 지속적으로 작동되어 유기체가 감당할 수 없는 만성적 소진 상태가 지속되면, 이상 불안 상태가 야기되고 정신과 육체적으로 적응 실조성 질환이 발생하게 된다. 인체의 혈액 산성도는 자연 상태의 오염되지 않은 물과 동일하다고 알려져 있다. 사람의 몸이 약 70%가 물로 구성되어 있다는 점을 감안하면 건강하다는 것은 곧 자연의 순수성을 회복한 상태와 같다는 의미이며 질병에 걸렸다는 것은 자연 상태에서 벗어났다는 의미이다. 인간 본연의 자연 상태를 회복하여 활성화 모드와 안정화 모드의 조화와 균형을 유지하는 것이 건강한 삶이며 자연스러운 삶이라는 것이다. 이와 같은 맥락에서 성현들의 가르침은 지나치게 활성화 모드에 치우친 인간의 삶을 안정화 모드로 되돌리기 위한 처방에 비유할 수 있다. 그리고 현대인들의 삶은 지나치게 활성화 모드가 작동되고 있는 것이다. 성현들의 삶의 교훈이 말해 주듯이 사람의 지식이 축적되고 앎이 궁극적인 경지에 이르면 개인과 사회와 자연이 별도로 분리된 존재가 아니고 하나로 연결되어 있다는 것을 깨닫게 된다고 했다. 인간, 자연, 식물, 동물, 무생물 등 인간의 사량 분별심이 만든 모든 사물은 더 이상 분리될 수 없는 개별 존재의 형태로 더 이상 변하지 않는 영원불변의 상태로 이 세상에 존재하지 않는다. 모든 존재는 그 물망처럼 상호 연결되어 있고 오직 자연의 법칙에 따라 끊임없이 변화, 생성, 소멸하는 과정만 있을 뿐이다.

이와 같은 사실은 현대 양자 물리학에서도 규명하여 입증하고 있다. 과학자들이 물질을 쪼개고 또 쪼개어서 더 이상 분리할 수 있는 극미(極微)의 소립자(素粒子) 단계까지 이르러 보니 더 이상 분리할 수 없는 독립 입자의 형태로는 존재할 수 없고 존재하려는 경향성과 발생하려는 경향성을 보이면서 서로 당기는 힘과 밀어내는 힘이 지속적으로 상호 작용하면서 조화와 균형을 이루는 과정으로만 존재한다는 것이다. 이와 같은 우주 만물의 존재 실상을 유가에서는 명(命)·성(性)·기(氣)·이(理), 도가에서는 도(道), 불교에서는 불성(佛性) 수냐(공, 空), 유대교에서는 여호와, 기독교에서는 God, 이슬람에서는 알라라고 각각 지칭한다. 명칭만 상이할 뿐 모두가 우주의 존재 실상을 상징적으로 표현한 것으로 이해할 수 있다. 따라서 진리 탐구라는 것은 자신을 알고(知己), 사회를 알고(知人), 자연을 아는(知 天命) 과정을 의미한다. 진정한 앎, 최고의 앎,

궁극적인 앎은 나와 사회와 자연이 분리될 수 없는 동일체라는 것을 몸소 체험하고 그러한 상태를 유지하는 것이다. 자연계를 구성하는 원소의 집합체인 사람도 자연의 일부이며 인생도 자연의 운행 법칙을 따른다. 따라서 인생에서 변하지 않고 영원한 것은 없다. 인생은 끊임없이 흐르고 있는 큰 강물 위에 작은 배를 타고 있는 나그네의 모습에 비유할 수 있다. 강물의 흐름은 일정하지 않다. 때로는 잔잔하게 흐르기도 하고 때로는 빠르게 흐르기도 한다. 폭포를 이룰 때도 있고, 급류와 파도를 일으키기도 한다. 작은 배는 큰 강물의 흐름을 거슬러 역류할 수 없다. 큰 강물이 흘러 마침내 바다에 이르면 바닷물이 된다. 넓고도 넓은 망망대해에서 작은 배는 너무나도 보잘것없는 존재이다. 머지않아 바닷물에 용해되어 자연의 일부가 된다. 바닷물은 자연의 순환에 따라 증발되어 구름이 되고 비가 되며, 땅에 내린 비는 다시 수많은 생명체를 존재하게 하는 생명의 근원이 된다. 이와 같은 순환과 흐름은 자연계의 기본 법칙인 질량 보존의 법칙에 따라 불생불멸, 부증불감 상태에서 영원히 지속된다. 나도 자연의 일부이며, 너도 자연의 일부이며 우리는 모두 자연의 일부로서 천지여아병생(天地與我竝生), 만물여아위일(萬物與我爲一)이 되는 것이다. 이와 같은 맥락에서 인생이라는 진리의 실제 세계는 모양과 형태는 변형되지만 우주에서의 영원한 실존이 우리 모두의 참모습이다. 부모의 몸을 받아 태어나는 것도 삶의 한 과정이며 성장하고 늙고 병들고 죽는 것도 삶의 한 과정이다. 이 모든 생멸 현상은 자연계의 생명 순환의 일부분

내 인생의 나침반

이다. 어느 누구도 이를 거역 할 수 없다. 따라서 외물에 종속되거나, 의존하거나, 집착하지 않으면서, 순간순간 스스로가 주인이 되어야 한다는 것이다. 그리고 인연을 따라서 순간순간의 생각과 말, 행동이 실제 세계와 조화와 일치를 이루며 우주의 근본 질서에 부합해야 한다. 그물에 걸리지 않는 바람처럼 모든 인위적 걸림과 속박 장애와 고통에서 해방된 절대 자유의 세계에서 무애자재하는 삶을 영위하라는 것이다. 단 하루를 살더라도 이렇게 사는 것이 진리에 합당한 삶이며 자연과 함께하는 삶이며 하느님의 뜻에 따라 사는 길이며 영생의 길이라는 것이다.

그리고 인능홍도 비도홍인(人能弘道, 非道弘人)이라는 말처럼 도의 상태에 이르는 주체는 자기 자신이며 사람은 노력하지 않는데 도가 저절로 사람을 도의 상태에 이르게 하지는 않는다. 따라서 진리는 각자가 발견하고 도달하는 것이며, 스스로 체득하여 진리의 상태에 각자가 머무르는 것이다. 이를 어느 누구도 대신해 줄 수 없다. 자신을 항상 바르게 유지하면서 순간순간의 맑은 마음, 집중된 마음, 한마음의 상태에 머무르면서 상황과 장소에 따라서 하는 생각과 말, 행동이 항상 적절함과 조화의 상태를 유지해야 한다. 그것이 도의 세계, 진리의 세계이고 자신의 인격이 완성된 상태이며 최고의 행복에 머무르는 상태인 것이다.[310] 이와 연계하여 일생 동안 화(禍)를 당하지 않고 무탈하게 사는 것이 최고의 행복이다. 인류가 지구상에 출현한 이래 유구한 역사가 흘렀다. 수많

---

310) 법구경: 無病最利, 知足最富, 厚爲最友, 泥洹最樂.

은 삶의 경험이 축적되고 교훈이 도출되면서 집약된 가르침은 이와 같이 하나로 귀결된다고 볼 수 있다. 또한, 각자의 성실한 노력에 따라 이에 도달할 수 있다는 것을 동양과 서양을 막론하고 인류의 삶의 지혜가 농축된 고전의 가르침에서 확인할 수 있다.

이와 같이 동양과 서양을 막론하고, 진리를 알고 진리를 따르고 진리와 함께하는 것이 최고의 삶이라는 것이 고전의 가르침이다.[311] 진리(眞理), 도(道), 신(神)이라고 명명되는 절대의 영역은 오직 하나이며, 이것은 인간의 감각 기관으로 인식하거나 인간이 만든 언어나 글로 정의하거나 설명할 수 없다. 장자는 이와 같은 도의 실상에 대하여 "도(道)라는 것은 정의하거나 개념화 할 수 없는 절대적인 것인데 인간의 말과 글로써 표현되면서 상대화되고 개념화되어 실상에서 벗어나는 오류를 가져오게 되었다."라고 비판했다.[312] 보통 사람들의 인식 수준은 대부분 극히 제한적이고 유한하다. 인간의 감각 기관과 인식 능력에 기반하여 눈으로 보고, 귀로 듣고, 손으로 만지고, 혀로 맛보고, 코로 냄새를 맡는 등 느낀 것에 얽매여, 스스로 만든 인식의 틀에 종속된다. 이로 인해 자신과 외물을 별도로 분리하고, 구분하고, 분별한다. 나아가 이것에 집착하고, 부분을 전체로, 지도를 영토로 착각하면서 허상을 따르면서 외물에 이끌려 살아간다. 지도는 영토가 아니다. 사진은 실물이 아니다. 도가도 비상도(道可道 非常道), 명가명 비상명(名可名 非

---

311) 神莫大於化道, 福莫長於無禍.
312) 夫道未始有封, 言未始有常, 爲是而有畛也.

234   내 인생의 나침반

常名)이라는 말은 진리를 인간의 말과 글로써 표현한 것은 진리 그 자체가 아니며, 진리에 대해 정의하는 순간에 이미 진리와는 거리가 있는 상태가 된다는 것이다. 왜 그럴까? 우주 만물의 존재 실상은 움직임의 과정이고 변화의 과정이며 그 어느 누구도 정지하거나 불변의 상태로 환원할 수 없는 무궁전변(無窮轉變)의 세계이기 때문이다. 각 개인은 이와 같은 세계의 일원이며 인간의 삶이라는 것도 한순간도 정지함이 없이 움직이는 우주의 변화 물결에 따라 요동치고 있는 지극히 작은 먼지에 불과한 것이다.

옛 도인(道人)들이 자신들이 깨달은 삶의 진리를 제자들이나 사람들에게 전수할 때, 외물에 종속되어 진리에서 벗어난 함정과 굴레에 빠지지 않고 진리 그 자체를 직시하게 하기 위해 다양한 방법을 동원했다고 한다. 비유하자면 사과에 대한 설명 없이 직접 사과를 먹고 사과 자체를 있는 그대로 느끼게 하는 방법이라고 할 수 있다. 사과에 대한 지식이 아무리 많아도 직접 사과를 먹지 않고 관련 지식만 축적해 봐야 아무런 의미가 없다는 것이다. 직접 사과를 먹고 느끼고 자신의 몸과 하나가 되게 하는 것이 사과에 대한 참다운 지식을 습득하는 것이며 사과를 진정으로 아는 최선의 방법이라는 것이다. 또한, 음식에 대한 지식이 아무리 많아도 음식을 직접 먹는 것만 못하다. 이른바 교외별전(敎外別傳)이라고 전해지는 불교의 선(禪) 수행 방법은 사과를 직접 먹는 행위에 비유할 수 있다. 이처럼 참다운 학문과 공부는, 진리에 대한 지식 습득 차원에 머무르는 것이 아니라, 자신의 삶이 진리 그 자체이게 하는 것

이다.[313]

그러면 어떻게 해야 진리에 도달하고 인식할 수 있을까? 조선 시대 성리학자 서경덕과 중국의 시인 도연명의 시에 줄 없는 거문고(無絃琴)가 나온다. 보통 사람들 생각으로는 '줄 없는 거문고를 어떻게 연주하여 소리를 내는가?'라고 물을 수 있지만, 눈에 보이고 귀에 들리는 유형유성(有形有聲)의 한계를 초월하여 무형무성(無形無聲)의 세계에 진입해야 한다는 깊은 의미이다. 눈으로 보지 말고 마음으로 보고, 귀로 듣지 말고 마음으로 듣는다는 깊은 뜻이 담겨 있는 것이다. 노자 도덕경에도 도(道)에 관하여 "보아도 보이지 않으니 이(夷)라고 한다. 들어도 들리지 않으니 희(希)라고 한다. 만지려 해도 만져지지 않으니 미(微)라고 한다. 이 세 가지는 감각으로는 헤아릴 수가 없는 것이다."[314]라고 언급하고 있다. 예수도 의심 많은 제자 토마에게 "눈에 보이는 것만 진리로 여기고 믿으려고 하지 말고, 보지 않고도 진리를 체득하는 경지에 도달하라."[315]라는 가르침을 남겼다. 금강경에도 "만약 눈에 보이는 것과 귀에 들리는 것으로 진리를 구하려고 하는 것은 잘못된 길이다. 그 길로는 여래를 볼 수 없다."[316]라고 했다. 다양한 독서와 깊은 사색을 통해 감각 기관의 한계를 넘어서 마음을 다해 성현들이 도달한 최

---

313) Do not study knowledge about truth, do study and let your life be truth itself.
314) 視之不見, 名曰夷. 聽之不聞, 名曰希. 搏之不得, 名曰微. 此三者, 不可致詰.
315) 요한복음 21장: Jesus said to Thomas, "Do you believe because you see me? How happy are those who believe without seeing me!"
316) 若以色見我, 以音聲求我, 是人行邪道, 不能見如來.

고 깨달음의 경지는 인식의 주체인 자기 자신과 인식의 대상인 외물이 별도로 분리되는 상태로 존재하는 것이 아니라 동일체로 존재한다는 것이다. 이는 마음이 텅 비고 순수하며 완전히 맑은 상태에 이르러서 한결같아야 도달 가능한 최고(最高), 최적(最適), 최상(最上)의 경지이다.[317] 이렇게 되면 인간이 감각 기관을 통해서 입력된 외부 정보에 의존하여 자신의 마음이 구축한 제한된 경계에서 벗어나서 모든 집착을 버리고 순간순간 한결같은 상태를 유지하면서 자연과 하나 되어 자연의 운행 법칙에 따르면서 자연스러운 삶을 영위하게 된다는 것이다.

이와 같이 도, 진리, 인, 등 다양하게 명칭이 부여된 진리의 세계는 사람의 특정한 정신 상태 생각하는 사회적 동물인 인간의 의식이 삶의 순간순간에 균형과 평형을 이룬 마음의 특이점(singularity of mind) 상태를 나타낸 것으로 볼 수 있다.[318] 근사록에서는 "인에 관해 질문하니 인이란 그것을 물은 사람이 마음속에 있다.[319]"라고 했다. 예수도 천국은 "네 안에 있다."라고 했다. 또한,

---

317) 노자는 이를 至虛極, 守靜篤, 萬物竝作이라고 표현했다. 장자는 심재, 좌망, 順應自然, 主客一體라고 했다. 순자는 道心, 虛壹而靜, 大淸明, 大人이라고 했다. 화엄경에서는 若有欲知佛境界, 當淨其意如虛空, 遠離妄想及諸取, 令心所向皆無礙라고 했다. 예수는 'Pure in heart will see god.'이라고 했으며, 이슬람교에서는 'Happy shall be the man who keeps himself pure, who remembers the name of his Lord and prays.'라고 표현했다.

318) 예수는 산상수훈에서 마음이 순수해야 하느님을 볼 수 있으며, 이와 같은 사람이 진정으로 행복한 사람이라고 했다(Happy are the pure in heart, they shall see the God). 의식의 균형 상태, 집중된 마음, 맑은 마음, 넓은 마음, 본마음, 한마음, 一心, 壹心, 正心, 直心, 不動心, 平常心, 淸淨心, 般若心, 無心, 佛心 등 다양한 용어로 호칭한다.

319) 問仁, 伊川先生曰, 此在諸公自思之.

"네 자신의 십자가를 지고 나를 따르라."라고 했다. 그리고 항상 마음의 평화를 유지할 것을 강조했다. 이와 같이 각자의 마음의 상태가 각 개인의 우주를 형성하는 것이다. 순간순간의 맑고 집중된 마음의 상태를 유지하면서 생각과 말, 행동이 주변 상황과 조화와 균형을 이루게 될 때 인간은 도의 상태에 존재한다. 도의 세계는 사람으로부터 멀리 떨어진 곳에 별도로 존재하는 것이 아니며 각자의 마음속에 존재하는 것이다. 스스로 도를 구하고, 도를 얻고, 도와 하나 되어 도와 함께할 뿐인 것이다. 그리고 일상에서 도가 구현되는 모습은 전등록 제2권 시야다 선사편에 다음과 같이 제시되어 있다.

> "나는 도를 애써서 구하지도 않지만 내 마음과 생활이 도에 어긋나지도 않았다. 나는 부처님께 예배도 드리지 않지만 오만불손한 마음도 지니지 않는다. 나는 고행도 하지 않고, 게으름을 피우지도 않고 방탕하지도 않다. 나는 하루에 식사를 한 끼만 하지도 않고 공연히 간식을 자주 하지도 않는다. 나는 만족하지도 않고 욕심을 내지도 않는다. 추구하는 마음, 소유하려는 마음, 안타까워하는 마음이 없이 항상 여여한 상태가 진리(眞理)이며 도(道)의 상태이다."

공자의 인(仁)이 구현된 모습도 "마음이 맑고 집중된 상태에서 자연스럽고, 주변 상황과 조화와 적절함을 이룬 순간순간의 생각과 말, 행동"320)을 의미하는 것으로 여러 차례 강조하고 있다. 석가모니도 잘 조율된 거문고 줄과 같은 일상적 삶의 상태, 머무르지도 않고 발버둥 치지도 않으면서 거센 강물을 건너는 지혜가 바로 자신이 얘기하는 중도의 의미라고 했다. 중용에서도 "성인의 경지는 억지로 애쓰지 않고도 조화와 균형을 이루고, 생각하지 않고도 얻는다."321)라고 했다.

조선 중기 고승 서산대사는 깨달음을 얻은 후 감회를 다음과 같은 시로 남겨 후세에 전했다.

> "사람의 육신은 세월과 함께 변화한다. 몸은 늙고 머리카락은 백발이 된다. 그러나 사람의 본마음은 세월이 가도 변하지 않고 항상 그대로이다. 옛사람들이 인생의 근본 의미와 진리의 세계를 체험하고 이처럼 전해 왔는데 나는 오늘에서야 닭 울음소리를 듣고 그 의미를 제대로 깨닫게 되었다. 사람이 세상에 태어나서 반드시 해야 할 일을 다 한 듯하여 마음이 홀가분하다. 이 세상에서 산다는 것과 존재의 근본 의미를 홀연히 깨달은 상태에 이르러 보니, 세상 만물이 모두 조화롭고 본모습 그대로이다. 그동안 깨닫기 위해 만천금과 같이 보물처럼 귀중하게 소장하던 경전들이 원래 빈 종잇조각에 지나지 않는구나."322)

---

320) 從心所慾不踰矩. 居處恭, 執事敬, 與人忠, 與物宜.
321) 誠者, 不勉而中, 不思而得, 從容中道, 聖人也.
322) 髮白心非白, 古人曾漏泄, 今聞一聲鷄, 丈夫能事畢. 忽得自家底, 頭頭只此爾, 萬千金寶藏, 元是一空紙.

이 모든 것이 도와 진리가 일상에서 구현되는 모습을 글로 설명하는 것으로 보인다. 따라서 끊임없는 수도(修道)의 과정을 겪으면서 도의 상태에 도달하도록 노력하는 삶을 살 때, 그것을 인간다운 삶이라고 할 수 있다.

이와 같은 연유로 고전에서 "인격 완성을 통해 성인이 되겠다는 인생의 목표를 뚜렷이 가진 연후에 학문을 하고, 성실하게 학문을 하여 마음이 안정되고 도심으로 향하게 된 연후에 도에 이를 수 있다. 생각이 더욱 깊어져서 도를 얻었을 때 스스로 설 수가 있다. 스스로 서는 것은 곧 도와 하나가 되는 것이다. 도와 하나가 되어야 자신의 생각과 말, 행동이 자연스럽고 모든 상황에 조화와 균형을 유지하는 중도의 상태에 머무른다. 중도의 상태에 도달해야 걸림이 없고 스스로 자유로운 가운데 자기가 하는 생각과 말, 행동이 곧 진리 상태에 이를 수 있다. 학문이란 넓게 배우고 깊고 세심하게 묻고 신중하고 진실되게 생각하고 분명하게 식별하며 독실하게 행하는 것이다. 이와 같은 다섯 가지 중에 하나라도 빠지면 올바른 학문이 아니다. 군자는 인격 완성을 목표로 학문을 하여 마침내 자신을 완성하고 외물과 하나가 되지만, 소인은 외물을 목표로 학문을 하여 마침내 자신을 잃고 만다. 오직 천하의 지극한 성실함만이 자신의 인격을 완성할 수 있고, 지극한 성실함만이 도와 하나가 될 수 있다."라고 강조하고 있는 것이다. 그리고 노력하면 반드시 이룬다는 것이 고전의 가르침이고, 성현들의 인생이 이를

증명해 주고 있다.[323)]

---

323) 有求爲聖人之志, 然後可與共學. 學而善思, 然後可與適道. 思而有所得, 則可與立.
立而化之, 則可與權. 博學之, 審問之, 愼思之, 明辯之, 篤行之, 五者廢其一非學
也. 君子之學而爲己, 其終至於成物. 小人之學而爲物, 其終至於喪己. 唯天下至誠
爲能盡其性, 唯天下至誠 爲能化.

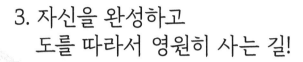

3. 자신을 완성하고
도를 따라서 영원히 사는 길!

앞에서 필자가 '인간이란 무엇인가?'라는 물음을 언급하며 첫 번째로 논의한 주제가 '사람은 생각하는 존재'이다. 생각은 곧 사람의 마음과 관련된 것이라고 여러 차례 언급했다. 사람이 도를 구하고 도를 얻고, 도의 상태에 머무르는 것도 결국은 마음의 문제라고 할 수 있는 것이다. 근사록에서는 "인(仁)이란 무엇입니까? 이천 선생 왈, '진리란 무엇입니까?'라고 질문하는 그대의 생각 속에 있다. 성현들이 언급한 진리에 대한 말씀을 유추하고 종합해서 스스로 마음속에 새기고 터득해야 한다.'324)라고 했다. 이것은 진리를 인식하는 주체는 각자의 마음이며, 각자의 마음이 진리를 인식하고 진리와 함께할 수 있다는 것이다. 예수도 사람들이 천국이 어디에 있으며, '천국은 어떤 모습인가?'라는 질문에 대한 답변으로 "천

---

324)   問仁, 伊川先生曰, 此在諸公自思之. 將聖賢所言仁處, 類聚觀之, 體認出來.

국은 눈에 보이는 유형의 형태로 존재하지 않고 네 마음속에 있다."라고 했다.[325]

그러면 마음이 어떤 상태에 놓여야 진리를 인식할 수 있을까? 고대 중국인의 마음과 관련하여 오래된 경전이라고 할 만한 시경에 인간의 마음과 하늘과의 관계에 대한 내용이 언급되어 있다. "상제가 임하고 있으니 네 마음을 두 가지로 지니지 말고, 또한 마음이 두 가지로 갈라지지 않고 근심 걱정이 없으면 상제가 임한다."[326] 라고 했다. 상제란 하느님과 같은 의미이다. 마음이 여러 가지 생각이나 근심, 걱정 등으로 산만하지 않고, 일심(一心) 상태를 유지하면 하느님이 마음에 임한다는 의미이다. 이는 마태복음에 "마음이 순수하면 하느님을 보게 된다(Pure in Heart shall see God)."라는 가르침과 일맥상통하는 개념이다. 근사록에서는 "마음이 맑고 고요한 상태를 벗어나지 아니하면, 상제를 대하는 것이 가능하며, 마음이 진실된 상태를 유지하는 것이 바로 하늘 마음과 같은 상태에 있는 것이다."[327]라고 했다. 유교 사상에서는 인(仁)의 상태에 도달하고 유지하기 위한 마음과 관련하여 지성(至誠: 지극히 깨끗하고 순수한 마음), 성의(誠意: 마음에 거짓이 없는 상태), 거경(居敬: 마음에 잡념이 없이 하나로 집중된 상태), 신독(愼獨: 진실된 마음이 하나로 유지되는 상태), 사무사(思無邪: 거짓 없는 생각) 등 여러 가지로 표현하고 있

---

325) The Kingdom of God does not come in such in such a way as to be seen. No one will say, look, here it is! Or there it is! Kingdom of Heaven is within you.

326) 上帝臨女, 無貳爾心, 又曰, 無貳無虞, 上帝臨女.

327) 毋不敬, 可以對越上帝. 慎其獨, 所以對越在天也.

다. 인에 도달하기 위해서는 잡념이 없고 하나로 집중된 마음, 거짓이 없고 진실된 마음이 중요하다는 것을 강조하는 것으로 볼 수 있다. 노자도 올바른 앎을 위해 마음의 텅 빔과 맑고 고요함에 대해 언급했다. "마음을 텅 비우는 것을 지극하게 하고, 맑고 고요함을 돈독하게 유지하면 만물이 다 함께 본래 모습으로 존재하고 있음을 올바르게 보게 된다. 나는 본래의 나의 상태로 돌아왔음을 알게 된다. 근본의 상태로 되돌아간다는 것은 맑고 고요함을 뜻하며, 맑고 고요함은 자연의 운행 법칙에 돌아옴을 뜻한다. 자연의 운행 법칙은 항상 일정하며, 그 일정함을 알면 마음이 밝아진다. 마음이 밝음을 유지하지 못하면 허황한 것을 만들고 흉하게 된다."[328]라고 했다. 또한, "영혼(정신)을 잘 간수하여 순일무잡(純一無雜)한 상태에서 벗어나지 않아야 한다. 마음을 깨끗이 씻어 낸 상태에서 현묘한 관찰력을 지녀 잘못이 없도록 하여야 한다."[329]라고 강조했다. 그리고 도와 하나가 되어 마음의 청정성과 순수성을 회복한 모습을 어린아이에 비유했다.[330] 노자를 계승한 장자도 마음의 문제와 관련하여 심재(心齋)와 좌망(坐忘)의 중요성을 언급하고 강조했다. "마음을 하나로 전일하게 유지하고, 귀로 듣지 말고 기로 받아들여야 한다. 기라는 것은 텅 빈 상태에서 만물을 대하는 것이다. 도는 오직 텅 비어 있는 곳에 모여든다. 텅 비우는 것이 마

---

328) 致虛極, 守靜篤, 萬物竝作, 吾以觀其復. 歸根曰靜, 靜曰復命, 復命曰常, 知常曰明, 不知常妄作凶.
329) 載營魄抱一, 能無離乎. 滌除玄覽, 能無疵乎.
330) 含德之厚, 比於赤子.

내 인생의 나침반

음을 가지런하게 하는 것이다.'[331]라고 했다. 또한, "눈과 귀 등 감각 기관의 작용에 의한 앎의 상태를 초월하고 모양을 떠나고 지식에 얽매인 상태를 벗어나 큰 도와 하나가 된다. 이것을 좌망이라고 한다. 큰 도와 하나가 되면 좋아하고 싫어하는 상대적 가치 판단이 없고, 모든 것이 무상하다.'[332]라고 했다. 도가 사상에서 언급되는 허정(虛靜), 반본환원(反本還原), 반박귀진(反璞歸眞), 귀근(歸根)은 사람이 원래의 순수한 자연 상태로 되돌아간다는 의미를 지니고 있다. 이것은 중국 고대로부터 천명, 물리, 인성, 인심처럼 명칭은 다르지만 사람의 마음에 하늘 마음이 내재하고 있으며, 이를 체험하려면 일심(一心), 진심(眞心), 정심(靜心)의 상태를 유지해야 한다는 의미로 해석할 수 있다.

이와 같은 중국 고대로부터 전해지던 인간의 본성 회복과 관련된 마음 관리의 문제는 유가 사상을 집대성한 순자에 의해 더욱 강조되고 체계화된다. 순자는 마음이 닫히지 않고 열려야 부분적 앎을 전부로 여기는 병폐에서 벗어날 수 있다고 가르쳤다.[333] "사람은 무엇으로 도를 아는가, 도는 마음으로 알 수 있다. 마음은 어떻게 도를 아는가, 마음이 텅 비고 한결같고 고요해지는 것으로 알 수 있다. 마음이 텅 비고 한결같고 고요한 것을 크게 맑고 밝다고 한다. 마음이 대청명(大淸明) 상태가 되면 만물이 형체가 있는 것이라면 보이지 않는 것이 없게 되고, 보이는 것들은 모두 조리가 없

---

331) 若一志, 無聽之以耳, 而聽之以氣, 氣也者虛而待物者也, 唯道集虛虛者心齋也.
332) 黜聰明, 離形去知, 同於大通, 此謂坐忘, 同則無好, 化則無常.
333) 道心, 虛壹而靜, 大淸明, 大人.

는 것이 없으며, 조리가 있는 것들은 자기 자리를 잃는 것이 없게
된다. 방 안에 앉아 있으면서도 온 세상을 볼 수 있게 되고, 현재
에 살고 있으면서도 먼 옛일을 논할 수 있게 된다. 만물을 꿰뚫어
보아 그 실정을 알게 되고 천지 만물이 제대로 존재할 수 있도록
한다."[334] 그는 사람은 마음이 텅 비고(虛), 한결같고(壹), 고요해지
는(靜) 상태(大淸明)에서 도를 알게 된다고 했다. 현대의 뇌·신경과
학으로 해석하면 사람은 나면서 '감각-지각-인식-기억-저장-인출' 등
의 두뇌 활동을 하게 된다. 뉴런의 다양한 연결망과 세상에 대한
인식이 마음속에 형성되면서 여러 가지가 쌓이게 된다. 그러나 기
존에 쌓여 있는 것들 때문에 새롭게 받아들이려는 것들이 방해를
받지 않는 것을 텅 빈 상태(虛)라 한다. 마음은 생길 때부터 지각
이 있고, 지각은 여러 가지를 동시에 분별하게 된다. 저쪽의 하나
때문에 이쪽의 하나가 방해받지 않는 것을 한결같은 상태(壹)라 한
다. 마음은 깨어 있을 때나 잠을 잘 때나 항상 생각을 하고 움직이
며 활동한다. 그러나 몽상이나 번잡한 생각 때문에 지각이 어지러
워지지 않는 것을 고요한 상태(靜)라고 한다. 마음이 텅 비고, 한결
같고, 고요한 상태를 크게 맑고 밝다(大淸明)고 한다. 이러한 마음
을 지닌 사람을 대인(大人)이라고 하는데, 대인의 마음은 가려지지
않는다고 했다. 그리고 "보통 사람들의 병폐는 마음이 어느 한쪽
으로 치우치고 가려져서 큰 이치에 어둡다는 것이다. 세상의 진리

---

334) 人何以知道? 曰, 心. 心何以知? 曰, 虛壹而靜. 虛壹而靜, 謂之大淸明. 萬物莫形而
不見, 莫見而不論, 莫論而失位. 坐於室而見四海, 處於今而論久遠, 疏觀萬物而
知其情, 經緯天地而材官萬物.

내 인생의 나침반

는 하나이며, 성인은 두 마음을 지니지 않는다. 예로부터 마음이 여러 가지로 갈라지면 아는 것이 없고 기울어지면 맑지 못하며 둘로 갈라지면 의혹에 빠지게 된다고 했다. 성인들은 마음에 내재된 우환을 알고 마음이 가려지고 막힘으로써 생기는 화에 대하여 올바로 알고 대처한다. 따라서 욕심도 없고, 미워함도 없고, 시작도 끝도 없으며 가까운 것도 없고, 먼 곳도 없고, 넓지도 얕지도 않고, 과거도 없고 현재도 없는 듯이 마음을 유지한다.[335)]라고 했다.

　예수도 산상수훈에서 "마음이 순수하고 청정한 사람이 행복하다. 그들은 하느님을 볼 것이다."[336)]라고 했다. 이것은 예수 기독교 사상의 핵심 중의 핵심인 가르침이라고 해도 과언이 아니다. 신약성경에 제시된 모든 가르침을 딱 한 줄로 요약하라면 필자는 '삶의 순간순간 마음(영혼)을 순수하고 진실된 상태로 유지하는 것이 하느님과 함께하는 것이며 신의 말씀대로 삶을 사는 것'이라고 해도 무리가 아니라고 본다. 그리고 마음이 순수하고 진실된 모습을 어린아이에 비유하고 어린아이와 같은 상태가 되어야 천국에 들어갈 수 있다고 가르쳤다.[337)] 동양과 서양을 막론하고 생각하는 사회적 동물의 가장 바람직한 실존과 관련하여 결국은 순수하고 청정한

---

335)　凡人之患, 蔽於一曲, 而闇於大理, 天下無二道, 聖人無兩心. 故曰, 心枝則無知, 傾則不精, 貳則疑惑. 聖人知心術之患, 見蔽塞之禍, 故無欲無惡, 無始無終, 無近無遠, 無博無淺, 無古無今.

336)　Happy are those who pure in heart, they shall see God.

337)　마가복음 10장: Jesus Blesses Little Children, "I assure you that whoever does not receive the Kingdom of God like child will never enter it."

마음의 문제로 귀결되고 있음을 상징적으로 보여 주는 내용이다.

석가모니의 불교 사상은 유가나 도가에 비해 마음의 문제를 더 집중적으로 다루고 강조한다. 불교 사상은 기본적으로 모든 것을 마음의 문제로 바라본다. 법구경에 마음이 모든 법의 근본이며, 모든 것은 마음의 작용으로 비롯된다. 자기 마음을 스승으로 삼고 자기 아닌 다른 것을 스승으로 삼지 않아야 한다. 자기 자신을 스승으로 삼고 정진하면 참다운 자신을 찾을 수 있다고 했다.[338] 불교 경전 중에 최고의 경전으로 일컬어지는 화엄경에 다음과 같은 내용이 있다. "만약 사람이 과거, 현재, 미래의 모든 일을 온전하게 알려고 하면 세상 만물의 존재 실상을 꿰뚫어 보아야 한다. 세상 만물의 존재는 모두가 마음이 만들어 낸 것이다."[339] 그리고 "석가모니 부처가 도달한 진리의 세계를 알고자 하면 마음을 텅 비게하고 맑은 상태를 유지하고 모든 망상을 떠나서 그 어떤 외물에도 마음이 머물지 않아야 한다."[340]라고 했다. 금강경에서도 "인간이 만든 모든 인위적 지식은 꿈이요, 허깨비요, 물거품이요, 그림자요, 이슬이요, 번개와 같다. 이렇게 보아야 올바로 보는 것이다."[341]라고 강조하고 있다. 이와 같은 맥락에서 금강경에는 세상 만물 존재의 실상을 올바로 보기 위해서는 "인간의 생각이 만든 모든 상은 실체가 없는 허망한 것이며, 상을 상 아닌 것으로 보면 그것이

---

338) 心爲法本, 心尊心使. 自己心爲師, 不隨他爲師, 自己爲師者, 獲眞智人法.
339) 若人欲了知, 三世一切佛, 應觀法界性, 一切唯心造.
340) 若有欲知佛境界, 當淨其意如虛空, 遠離妄想及諸取, 令心所向皆無礙.
341) 一切有爲法, 如夢幻泡影, 如露亦如電, 應作如是觀.

　　　　　　　　　　내 인생의 나침반

바로 여래를 보는 것이다."342)라고 강조하고 있다. 또한, 불교 초기 경전으로 알려진 숫타니파타에 "소리에 놀라지 않는 사자처럼, 그물에 걸리지 않는 바람처럼, 진흙에 물들지 않는 연꽃처럼, 무소의 뿔처럼 혼자서 가라."343)라는 가르침이 있다. 자신의 마음이 어디에도 종속되거나 머물지 않는 순수하고 동요되지 않는 상태를 유지하라는 뜻으로 이해할 수 있다. 금강경에도 항상 맑고 고요한 마음을 일으키고, 감각 기관에 의존하여 외물에 종속되는 마음을 일으키지 않아야 한다고 강조하고 있다.344) 도와 함께하고 도의 상태에서 이탈하지 않기 위해 마음의 텅 비고 고요함 그리고 외물에 종속되거나 머물지 않는 순수하고 자연스러운 마음 상태를 유지하는 것이 중요함을 반복적으로 강조하고 있다. 명상(瞑想)이란 눈을 감고 고요히 깊은 생각을 하는 것을 말한다. 석가모니 출현 이전부터 고대 인도에서는 마음 수양 문제가 중요시되고 있었다고 한다. 범어(梵語) 드야나(Dhana)는 마음을 집중하고 순수한 상태를 유지하기 위한 훈련 방법을 말하는데, 사마타(Samatha)와 비파사나(Vipasyana)로 구분된다. 사마타는 조용한 곳에 머물면서 외물을 향한 온갖 잡념과 번뇌, 망상을 일단 멈추고(止) 생각을 하나로 통일하는 것을 말한다.345) 비파사나는 생각이 하나로 모인 상태에서 오직 한 가지 물건이나 어떤 대상을 집중해서 관찰하는 것

---

342) 凡所有相, 皆是虛妄, 若見諸相非相, 卽見如來.
343) 如獅子聲不驚, 如風不繫於網, 如蓮花不染塵, 如犀角獨步行.
344) 應如是生淸淨心, 不應住 色生心, 不應住聲香味觸法生心.
345) 현대 심리학에서는 통찰 명상(opening-up meditation)이라고 한다.

(觀)을 말한다.[346] 이와 같은 훈련이 계속되어 마음에 잡념이 생기지 않고, 순간순간 집중된 상태를 유지하는 것을 사마디(Samadhi)라고 한다. 이와 같은 인도에서 유래된 용어가 중국에 전래되어 한자로 번역되는 과정에 드야나가 선나(禪那), 선(禪), 좌선(坐禪), 참선(參禪)으로 불리게 되었으며 사마디는 삼매(三昧)로 불리게 되었다. 이는 외물을 향하고 외물에 종속되기 쉬운 마음의 상태를 명상이라는 훈련을 통해 안정적으로 관리하기 위한 방법이다.

인도에서 중국으로 불교를 전한 달마대사는 불법의 진수를 제자에게 전하면서, 외부를 향하는 일체의 마음의 작용이 멈추고, 내적으로도 일체의 마음의 움직임이 없어 마치 장벽과 같은 상태를 유지해야 도에 이를 수 있다고 강조했다.[347] 이와 같은 잡념이 없고 집중된 순간순간의 마음의 상태를 일정하게 유지하는 것은 불교에서 특히 강조하는 가르침의 하나이다. 중국의 혜능대사는 문자를 모르는 문맹의 상태에서 마음 관리를 통해 불도(佛道)를 이룬 것으로 유명하다. 그는 마음공부를 학문적 대상으로 여기지 않고 일상생활에서 생각과 말, 행동을 하나로 일치시키는 독창적 수도 방법을 실천했다. 그는 석가모니 불교 사상이 중국에 전래된 후 고착된 학문적이고 사변적인 성격의 형식적인 불교 수행 방법을 탈피하고 모든 것을 직접 마음 관리의 문제로 접근하는 방법을 새롭게 정립하고 실천했다. 그는 불교의 전통적 수행 방법인 좌선과 계

---

346) 현대 심리학에서는 집중 명상(concentrated meditation)이라고 한다.

347) 外息諸緣, 內心無喘, 心如牆壁, 可以入道.

정혜 삼학에 대해 간결한 설명을 위해 무념, 무상, 무주를 핵심 사상으로 정립했다. 무념이란 생각에서 생각을 떠난 것이고, 무상이란 모양에서 모양을 떠난 것이며, 무주란 본성(本性)이 원래 머무름이 없는 것이다. 또한, 밖으로 모든 경계 위에 생각이 일어나지 않는 것이 좌(坐)이며, 안으로 본성을 깨달아 어지럽지 않음이 선(禪)이다. 밖으로 상(相)을 떠난 것을 선(禪)이라 하고, 안으로 본성이 어지럽지 않음이 정(定)이다. 마음에 사악함(邪)이 없는 것이 계(戒)이고, 마음에 어지러움(喘)이 없는 것이 정(定)이며, 마음에 어리석음(愚)이 없는 것이 혜(慧)이다. 마음이 미혹하면 경전에 의해 굴림을 당하고, 마음이 깨달은 상태에 있으면 경전을 스스로 굴린다고 했다. 그는 석가모니 부처님 이래 전승되어 온 불교의 가르침을 '오직 사람의 본마음을 일체외물에 종속되지 않고 삶의 순간순간에 바르고 곧게 유지하여 현재일념일행의 상태를 유지하라.'라는 뜻으로 해석하고 쉽게 가르쳤다.[348]

무함마드도 우상 숭배와 번뇌, 망상으로 가득 찬 산만한 마음에서 탈피하고 몸과 마음의 청정성과 순수성을 유지하면서 신의 존재를 의식하고 신에 대한 경외심에 집중된 상태[349]를 유지하는 것이 현세와 내세에서 가장 인간다운 삶이라고 가르쳤다. 필자는 이것이 유가에서 언급한 신독(愼獨)·사무사(思無邪)·무불경(毋不敬), 노

---

348) 三學, 一行三昧: 一切時中, 行住坐臥, 常行直心. 直心(無貳心 + 無礙心 + 無邪心), 無念, 無相, 無住. 心迷 法華轉, 心悟 轉法華.

349) 이를 Taqwa라고 한다. 반대는 Shirk라고 한다. 불교가 무명심(無明心)을 벗어나 정각심(正覺心)을 이루기 위해 노력할 것을 가르친다면, 이슬람은 Shirk에서 벗어나 Taqwa를 이루기 위해 노력하라고 가르친다고 볼 수 있다.

자의 허정(虛靜), 석가모니의 청정심(淸淨心), 예수의 영혼의 순수함 (Pure in Heart)과 같은 맥락의 가르침이라고 생각한다. 도에 이르고 신의 말씀을 온전하게 체득하기 위한 마음과 영혼의 순수성과 청정성에 관한 문제가 동양과 서양 성현들에 의해 공통으로 언급되고 강조되고 있음을 알 수 있다.

그렇다면 왜 인간은 마음을 순수하고 청정하게 유지해야 도를 인식할 수 있을까? 필자가 앞에서 인간이 생각하는 존재라고 언급하면서 인간의 마음은 우주 삼라만상, 세상만사를 모두 담을 수 있는 큰 바다와 같다고 했다. 그러나 인간의 마음에 담긴 우주 삼라만상, 세상만사는 실상이 아니고 인식되고 그려진 가상이다. 왜 실상과 차이가 있을까? 앞에서 언급한 것처럼 도(道)의 실체는 무형무성무취(無形無聲無臭)의 세계이다. 그런데 인간의 생각은 감각 기관이 외부의 정보를 수집하는 것으로부터 시작되며 인간의 감각 능력은 한계가 있다. 일정량 이상의 자극이 주어져야 이를 감각하고 지각하여 접수하게 된다. 현대 심리학에서는 이를 절대 역치라고 한다. 인간의 눈, 코, 귀, 혀, 촉각 등 감각 기관의 능력은 근본적으로 한계가 있다. 사람은 외부로부터 주어지는 무한대의 정보를 인간이 수신 가능한 것만 선별적으로 접수한다. '감각-지각-인식-기억-저장-인출' 등의 과정에 따라 각종 정보를 처리하여 도식화(圖式化)하여 활용하게 된다. 이러한 과정은 사람이 태아 시절 뇌 세포가 형성되면서부터 시작하여 늙어서 죽는 순간까지 계속된다고 알려져 있다. 따라서 각 개인의 두뇌에는 자신만의 세상을 인식

내 인생의 나침반

하고 바라보는 고유한 환경 모델이 있는 것이다. 폴란드 출신 미국의 철학자 알프레드 코지프스키(Alfred Korzybski, 1879-1950)는 우주의 실상을 영토에 비유하고, 사람의 마음속에 약도의 형태로 도식화된 우주를 지도에 비유하여 "지도는 영토가 아니다."라고 했다. 이와 같이 사람의 두뇌 속에 형성된 도식화된 상태로 세상을 보는 것은 우주의 실상을 제한된 능력의 감각 기관이 인식한 제한된 정보를 자기 자신의 방식으로 도식화해서 자신의 두뇌에 약도의 형태로 만든 지도일 뿐이다. 따라서 사람의 생각이 만들어 낸 모든 것은(一切有爲法, perceived reality) 진실여상(眞實如常, actual reality)이 아닌 것이다.

물리학의 대가 아인슈타인(Einstein)은 "수학의 법칙들로 실재(實在)에 관해 언급하는 것은 확실하지 않고, 그것들이 확실하다면 실재를 지칭하지 않는다."라고 했다. 인간이 발명한 수학이라는 기호와 부호 체계는 가치 중립적이고 객관적인 자연 기술 방법이라고 여겨지지만, 사실은 수학도 다른 언어나 문자와 동일하게 인간의 생각이 만들어 낸 생각의 산물이다. 아무리 수학적인 방법으로 우주의 실상을 기술해도 이 또한 인식된 세계를 기호로 표현한 것에 지나지 않는다. 그러나 인간은 지도를 영토로 착각하면서, 수학적 기호로 표현된 것을 자연의 실재라고 다소 오만불손한 자세로 착각하면서 살아간다. 인간의 마음에 내재된 이와 같은 속성을 망각한 채로 사람이 외물에 접하여 생각하고, 인식하고, 그것에 따라서 맹목적으로 행동하는 습관이 축적되면 인간은 자신이 인식한 세계를 실제 세상 전부로 믿고 이에 종속되고 얽매이게 된다. 자신이 만든 생각과 행동의 틀에 포획된 상태가 되어 반복적 생각과 사고, 행동을 지속하면서 자연의 실상과 멀어지고 스스로 모든 고통을 만들면서 고통의 수레바퀴를 굴리면서 살아가게 되는 것이다. 필자가 앞에서 석가모니 불교 사상을 언급하면서 논의한 삼세육도윤회(三世六道輪廻)란 바로 이와 같은 보통 사람들의 마음 상태를 지칭하는 말이다. 인간이 인식한 세계와 실제 세계는 항상 차이가 있다. 근원적으로 차이가 있는데 차이가 없는 것으로 착각하면 인식된 세계와 실제 사이에 괴리가 발생하고 이에 따르는 고통이 발생한다. 이를 모르고 살다 보면 결국은 도에서 벗어난 잘못된 삶을 살게 되는 것이다. 이와 같은 연유로 금강경에서는 우주의 실상을 진정으로 올바르게 보는 것(如理實見)은 인간의 감각 기관으로 인식한 모든 것을 실체가 없는 허망한 것으로 보고, 감각 기관으로 인식한 모든 형상을 실제 형상이 아닌 것으로 인식하는 것이라고 했다.[350] 또한, 중용 첫 장에서 도의 실체가 인간의 감각 기관을 초월한 곳에 존재한다는 사실을 명심하고 군자는 보이지 않는 곳에 계신(戒愼)하고 들리지 않는 곳에 공구(恐懼)하며 항상 신독(愼獨)의 상태를 유지해야 한다고 강조했다.[351] 마음이 신독(愼獨: 참마음이 하나로 유지되는 상태)의 상태에 있어야 진리를 느끼고 도에서 벗어나지 않게 된다는 것이다. 앞에서 언급된 것을 반복하면 노자

---

350) 凡所有相 皆是虛妄, 若見諸相非相, 則見如來.
351) 君子戒愼乎其所不睹, 恐懼乎其所不聞. 莫見乎隱, 莫見乎微, 故君子愼其獨也.

내 인생의 나침반

의 허정(虛靜), 석가모니의 청정심(淸淨心), 예수의 마음의 순수함
(Pure in Heart), 무함마드의 신을 향한 몸과 마음의 순수성·청결
유지는 모두 같은 맥락의 가르침이다.

왜 문화권이 다른 성현들의 가르침이 공통적으로 마음의 순수
함과 청정 문제로 귀결될까? 인간이 생각하는 사회적 동물이라는
것은 지구촌에 사는 모든 인류에게 공통적으로 해당하며, 생각은
곧 마음의 문제이기 때문이다. 따라서 올바른 깨달음이란 사람이
자신의 본성을 유지하고 외물에 종속되는 상태에서 벗어나 감각
기관을 통해 인식한 세계와 실제 세계와의 관계를 정확하게 바라
보는 것이다. 금강경에서는 이것을 여리실견(如理實見)이라고 표현
하고 있다. 우주 만물의 실상인 영토와 인간의 마음이 인식한 지
도와의 관계와 속성을 있는 그대로 바라보는 것이 올바른 깨달음
(正覺)인 것이다.[352] 올바로 깨닫게 되면 지도는 지도일 뿐이라는
견해를 지니고 지도에 얽매이지도 않고 지도에 종속되지도 않으면
서 대자연의 존재 원리인 도(道), 진리(眞理)와 하나가 되어 스스로
영원토록 자유롭게 존재하게 되는 것이다.[353] 이와 같은 맥락에서
현대인들이 물질 숭배 사상이 팽배한 현실적 삶의 현장에서 자신
의 본성을 회복하고 획득한 진정한 자유란 무엇일까? 권력과 부와
명예 등 일체외물을 향해 세속적 욕망을 무제한적·자의적(恣意的)

---

352) 불교 경전의 가장 핵심적인 내용이 수록된 가르침으로 알려지고 있는 반야심경
(般若心經) 첫 부분에 '조견오온개공(照見五蘊皆空) 도일체고액(度一切苦厄)'이라
고 표현되어 있다.
353) 반야심경 마지막 부분에 원리전도몽상(遠離顚倒夢想) 구경열반(究竟涅槃)이라
고 표현되어 있다.

으로 구사하고 발현하는 것이 아니다. 삶의 주체로서 자신의 인격과 자존심을 견고히 유지하고 외물을 생각하면서도 외물의 노예 상태에는 머물지 않는 것이 참다운 자유를 회복한 상태라고 할 수 있다.[354] 이것은 외물(外物)을 접하되 종속되지 않고, 생각하되 생각에 머물지 않으며, 일상생활에서 생각과 말, 행동이 자주적이며, 자유롭고, 자연스럽게 발현되는 상태라고 볼 수 있다. 인간은 생각하는 사회적 동물이다. 데카르트는 "나는 생각한다. 고로 존재한다."라는 유명한 명제를 남겼다. 이처럼 인간은 생각을 떠나서는 존재할 수 없다. 그러나 생각하되 생각에 머물지 않는 사람만이 참다운 자유를 누리고 진정 실존 상태의 삶을 산다. 따라서 현대인들도 권력과 부, 명예 등 일체외물을 생각하지만 그것에 함몰되고 종속되지 않은 상태에서 정당한 권력, 깨끗한 부, 고결한 명예를 지향해야 한다. 그러면서 자신의 인격과 자존심을 확고히 하고 삶의 모든 순간에 주인으로서 역할을 다하면서 자유롭고 자연스럽게 스스로 살아야 한다. 그것이 진리의 상태에서 참다운 삶을 사는 것이다. 그러나 이는 쉽게 달성할 수 없다. 법구경에 "무거운 바위가 바람에 흔들리지 않는 것처럼, 지혜롭고 뜻이 견고한 사람은 부와 귀와 명예에 흔들리지 않는다."[355]라고 했다. 순자도 "뜻과 의지가 확고하게 수양되어 있으면 부귀에 초연하며, 도덕 관념과 의로움이 충만하면 임금과 정승 앞에서도 당당하다. 내면적 정신적

---

354) 念而不念 無住者 爲人本性.
355) 譬如厚石 風不能移 智者意重 毁譽不傾.

내 인생의 나침반

가치에 비추어 보면 권력과 부, 명예 등 외적인 모든 것은 보잘것없기 때문이다. 따라서 군자는 외물에 종속되지 않고 외물을 제어하면서 살고, 소인은 외물에 종속되어 제어를 당하면서 산다."[356]라고 했다. 또한, "성실한 군자는 명예에 유혹당하지 않고 외부의 비방을 두려워하지 않으며 물질적 유혹에 기울지 않는다. 오직 도를 따르고 실천하며 자신을 올바르게 유지한다."[357]라고 했다.

사서의 하나인 중용 제1장에 천명지위성(天命之謂性)이란 말이 처음 언급된다. 천(天)이란 하늘과 땅, 사람을 포함한 자연 자체를 뜻한다. 명(命)이란 존재하게 하는 힘을 뜻한다. 성(性)이란 심(心)과 생(生)의 합성어로, 마음이 끊임없이 생겨나고 지속되는 상태를 말한다. 다시 말하면 중용 첫 장에 언급된 천명지위성이란 하늘과 땅, 사람을 존재하게 하는 근원적인 힘을 성이라고 한다는 의미이며, 성이란 마음이 끊임없이 생겨나는 것을 의미한다. 고대 중국인들이 한자로 인간의 자연 상태를 '心+死', '心+止'로 표현하지 않고 '心+生'으로 표현한 것은 깊은 철학적 의미를 함축하고 있다. 다시 말하면 하늘과 땅과 사람이 존재하는 진실여상(眞實如常)은 일체의 인위적이고 자의적인 요소의 개입이 없이 끊임없이 생겨나고 지속하는 상태(生), 움직이는 상태(動), 변(變)하려는 상태이다. 이를 성(誠)이라고 표현하고 자연의 도라고 했다.[358] 공자는 이와 같은 도

---

356) 志意修則驕富貴, 道義重則輕王公, 內省而外物輕矣, 君子役物, 小人役於物.
357) 誠 君子, 不誘於譽, 不恐於誹, 不爲物傾側, 率道而行, 端然正己.
358) 誠者, 天之道.

의 실체에 대해 "밤낮을 가리지 않고 흐르는 강물과 같다."[359]라고 표현했다.

솔성지위도(率性之謂道)란, 이와 같은 본성에 따르는 것을 도라고 한다는 것이다. 인간의 도는 이와 같은 자연의 명에 도달하기 위해 노력하는 것이라고 했다.[360] 천명이 인간에게 발현된 본성(本性)은 자연의 존재 실상과 마찬가지로 원래 끊임없이 생겨나고 머무름이 없다. 사람은 도를 떠나서는 살 수가 없는데 도에 따라 산다는 것은 천명이 부여한 성(性)의 상태를 유지하는 것을 의미한다고 볼 수 있다. 데카르트가 "나는 생각한다. 고로 존재한다."라고 했듯이 생각하는 사회적 동물인 사람은 생각을 떠나서는 존재할 수 없다. 따라서 사람이 생각을 하되 순간순간의 생각에 머물거나 종속되지 않으면 앞의 생각과 지금 생각과 뒤의 생각이 끊어지는 일이 없게 된다. 이렇게 되면 사무사(思無邪), 무사심(無邪心), 무불경(毋不敬), 무이심(無貳心), 무불명(毋不明), 무애심(無礙心) 상태가 구현된다. 이는 순수하고 한마음으로 집중된 마음이 유지되면서 현재일념일행(現在一念一行)이 지속되는 상태이며, 도에 따르는 삶이 된다. 또한, 이와 같은 상태는 하늘과 땅, 사람을 존재하게 하는 근원적인 힘(性)에 따라 자연스럽게 사는 상태가 된다. 이런 맥락에서 금강경에서는 어디에도 머무름이 없이 마음을 일으키고, 어디에도 머무름이 없이 행동하라고 가르치고 있다.[361] 삶의 순간순간 생각

---

359) 逝者如斯夫, 不舍晝夜.
360) 誠之者, 人之道.
361) 應無所住而生起心, 應無所住行於布施.

과 말, 행동이 일체외물에 얽매이거나 속박됨이 없이 자연스럽고 자유롭게 하라는 의미로 해석할 수 있다. 그러나 사람이 생각하는 중에 한순간이라도 생각이 머무르게 되면 생각마다 머무르는 상태가 되고, 생각이 머무르면 모양에 머무르게 되고, 모양에 머무르면 외물에 얽매이는 상태가 된다. 머무르고 얽매이는 상태는 곧 정지한 상태이고, 정지한 상태는 생각이 지속되는 본성에서 벗어난 상태가 되는 것이다. 이는 곧 하늘과 땅, 사람을 존재하게 하는 근원적인 힘에 따라 자연스럽게 사는 것이 아닌 도에서 벗어난 부자연스럽고 속박의 삶이 된다. 이와 같은 맥락에서 필자는 데카르트의 "나는 생각한다. 고로 존재한다."라는 표현을 "나는 생각한다. 그러나 생각에 머물지 않는다. 고로 나는 자유롭게 지속한다."라고 수정해서 표현하고자 한다. 독자들이 본 책의 부제목인 '도에 의존하되, 외물에 종속되지 않는다.'라는 말의 의미를 더욱 쉽게 이해했으면 한다.

수도지위교(修道之謂敎)란 인간이 이와 같이 도에서 벗어난 상태가 되지 않기 위해 노력하고 수련하는 것을 교라고 한다는 의미이다. 따라서 학문, 수도. 구도 등 사람이 태어나서 행하는 모든 활동의 궁극적 목표는 도(道)를 따라서 성(性)의 상태를 지속하는 삶을 살기 위한 것이라 해도 과언이 아니다. 근사록에 나오는 내용이다.

"어떤 사람이 물었다. '성인(聖人)은 배워서 될 수가 있는 것입니까?' '있다. 마음을 전일(專一)하게 해야 한다. 일(一)이란 무욕을 뜻하고, 무욕하면 마음이 고요하고 허(虛)해지며, 마음이 사물을 느끼더라도 올바르게 움직인다. 마음이 고요하고 어디에도 사로잡힘이 없으면, 천하의 이치에 통하게 된다. 이렇게 되면 이미 성인이라 할 수 있다.362)"

"하늘에는 명이 있고, 만물에는 이가 있으며, 사람에게는 성이 있고, 사람 몸의 주인을 마음이라고 한다. 명칭을 다르게 하고 있으나 사실은 하나이다. 하늘과 같은 큰마음은 천하 만물을 능히 하나로 받아들인다. 받아들이지 못하는 외물이 있으면 마음에는 밖이 있게 된다. 세상 사람들은 자신이 보고, 듣고, 얻은 협소한 마음에 머문다. 그리고 보고 들은 것으로 마음을 구속한다. 그리하여 사람과 만물을 다르게 보게 된다. 성인은 자신의 본마음을 온전히 활용한다. 보고 들은 것으로 마음을 구속하지 않는다. 따라서 천하의 만물이 모두 자신과 하나라고 여긴다. 하늘 마음은 크고 밖이 없다. 마음에 밖이 있으면 하늘 마음에 부족한 것이니 하늘 마음에 합하여 하나가 되어야 한다. 맹자는 마음을 지극하게 하면 성을 알고 하늘을 안다고 했는데 바로 이를 두고 한 말이다. 사물의 이치를 궁구하고 마음을 지극하게 하면 하늘 마음에 이른다고 하는 것도 이를 말함이다."363)

---

362) 一爲要, 一者無欲也. 無欲則靜虛動直, 靜虛則明, 明則通.
363) 在天爲命, 在物爲理, 在人爲性, 主於身爲心, 其實一也. 大其心則能體天下之物, 物有未體則心爲有外, 世人之心止於見聞之狹, 以見聞梏其心, 其視人物有別. 聖人盡性, 不以見聞梏其心, 其視天下無一物非我. 天大無外故有外之心, 不足以合天心. 孟子謂盡心則知性知天以此. 窮理盡性至命爲一亦如是.

"군자는 텅 빈 순수한 마음으로 사람을 받아들인다. 내 마음과 외물이 하나가 될 때 그것이 도의 큰 실마리를 보게 되는 것이다. 나누어지지 않고 사심이 없는 공평한 마음을 갖춘 상태를 인이라고 한다. 공평한 마음은 자신과 외물을 동시에 비춘다. 따라서 인자는 내 마음을 헤아려 상대방을 대하고 자신과 외물을 다르다고 여기지 않는다."[364]

또한, 안으로 마음의 집중과 순수성을 유지하면서(敬而直內) 밖으로 의롭게 발휘되는 상태(義而方外)를 유가에서는 인(仁)이라고 했다. 경천애인(敬天愛人)을 구현하기 위한 경이직내(敬而直內), 의이방외(義而方外)가 공자 가르침의 결론이라고 볼 수 있다. 공자는 이를 거처공(居處恭), 집사경(執事敬), 여인충(與人忠)이라고 더욱 세부적으로 언급했다. 공자도 이와 같은 인의 상태를 계속 유지하는 것이 정말 어려운 일이라며 지속적으로 수도할 것을 제자들에게 강조했다. 법구경에서도 "마음이 하나로 집중된 상태가 곧 올바른 상태이며, 마음이 하나로 집중되지 않고 흔들리는 것이 곧 올바름에서 벗어난 상태이다. 이와 같은 원리를 깨달아 올바름에서 벗어나지 않도록 노력하여 마침내 마음의 올바름을 이루어야 한다."라고 가르치고 있다.[365] 예수도 가장 으뜸 되는 계명은 하느님 사랑과 이웃 사랑이라고 했다. 그리고 내적으로 마음의 순수성(inter-

---

364) 君子以虛守人. 合內外平物我, 此見道之大端. 公而以人體之故爲仁, 只爲公則物我兼照. 故仁所爲能忠恕, 能無分別物我.

365) 念應念則正, 念不應則邪, 慧而不起邪, 思正道乃成.

nal purity of soul)을 유지하고, 외적으로 행동의 의로움(external justice of behavior)을 유지하는 것이 계명을 올바로 지키는 것이라고 가르쳤다. 그리고 예수가 제자들에게 보여 주고 가르친 천국과 평화, 사랑을 온전하게 구현하기 위해서는 마음의 순수성과 청정성(Pure in Heart)을 유지하고, 외부의 어떤 상황에도 마음이 흔들리지 않는 평화의 상태(Jesus Peace)를 지니고 유지할 것을 간곡히 당부했다.

이와 같이 도(道)란 인간이 궁극적으로 도달해야 할 완성의 세계이며 개인이 지닌 생각하는 잠재력이 최고·최적의 상태로 발현되는 것이라고 할 수 있다. 이것은 결국 마음 관리의 문제이며 인간 의식의 동적 균형 상태를 어떻게 유지할 것인가 하는 물음과 관련이 있다. 경전과 고전에서 다양하게 언급하는 일심, 정심, 직심, 부동심, 평상심, 청정심, 반야심, 무심, 불심, 자연심, 진심, 본심[366] 등은 명칭은 상이하지만 모두가 수도를 통해 관리된 마음의 균형 상태를 지칭하는 것으로 볼 수 있다.[367] 이와 같은 마음 관리와 도의 관점에서 보면 물질 숭배와 돈 문화(Money Culture)가 지배하는 현대인들에게 수도의 과정은 현실적으로 쉬운 일이 아니다. 현대인들의 삶은 외부 물질적 요소에 너무나 많이 노출되어 있고, 외물의 영향력이 너무나 크기 때문이다. 그러나 현대인들의 삶도 도를 떠날 수 없다. 과거, 현재, 미래를 불구하고 생각하는 사회적 동

---

366) 一心, 正心, 直心, 不動心, 平常心, 淸淨心, 般若心, 無心, 佛心, 眞心, 自然心, 本心.
367) 성경에서는 Presence of Holy Spirit, Received God's Spirit, Tranquillity, Calmness, Serenity, Peacefulness 등으로 표현하고 있다.

내 인생의 나침반

물인 인간이 살아가는 바른길은 도를 구하고, 도를 얻고, 도를 따르는 삶이다. 그리고 구도(求道)의 길이란 승려들이 산속의 사찰에서, 수사들이 수도원에서, 수녀들이 수녀원에서, 신부들이 성당에서, 목사들이 교회에서 수도하고 기도하는 것만이 아니다. 모든 사람이 각자의 생업에 종사하는 일 자체가 구도의 길이며, 삶의 모든 순간이 도가 구현되는 현장이다. 사람이 태어나서 살아가면서 순간순간 하는 생각과 말, 행동이 모두 나 자신과 사회, 자연을 올바르게 알기 위한 공부이며 수도의 과정이다.

바르다는 의미의 정(正)이란, 하나 일(一)과 그칠 지(止)가 결합된 문자이다. 정(正)은 하나에 그친다는 의미를 지니고 있다. 하나의 상태에 머무르면서 일관성을 유지하는 것, 하나에 집중하면서 지속적으로 일관성 있게 완성을 향해 노력하고 추구하는 것을 의미한다. 이와 같은 맥락에서 현대인들에게 구도(求道)를 향한 노력은 자신이 마음속에서 진정으로 좋아서 선택한 한 가지 일에 집중하면서 지속적으로 정진하는 것이다. 자신이 잘할 수 있고, 즐겁고 재미있는 일을 스스로 선택하여 외부의 물질적 유혹과 영향력에 함몰되지 않고 외물에 종속되지 않으면서 지극정성으로 집중하고 지속하면 언젠가는 완성을 이루고 도에 도달한다는 것이 고전의 가르침이다.[368] 그러므로 세상에는 오직 하나의 정도(正道)만 있는 것이 아니다. 모든 사람이 각자 하는 일에 집중하고 지속하는 것

---

368) 중용 23장: 其次致曲, 曲能有誠, 誠則形, 形則著, 著則明, 明則動, 動則變, 變則化, 唯天下至誠爲能化.

이 정도(正道)인 것이다. 앞에서 이미 언급한 바와 같이 중용에 우주 만물이 다 함께 자라나고 있으면서도 서로에게 해를 끼치지 않으며, 각각 다른 모습으로 각자의 길을 가고 있지만 그 길이 서로 엉키지 않고 각각의 바름을 유지하고 있는 것과 같은 맥락인 것이다.[369]

성(聖)은 귀(耳), 입(口), 왕[王=一(하늘)+一(땅)+一(사람)+ㅣ(뚫을 곤)]이 결합된 글이다. 하늘과 땅, 사람의 존재 실상과 세상 이치에 통달하고 순간순간의 생각과 말, 행동을 자연의 존재 원리에 부합하게 하는 사람이라는 의미를 함축하고 있다. 학문을 하고 도를 구하는 것은 '완성된 인격은 영원한 예술'이라는 말처럼 자신이 지닌 천부적 역량을 온전하게 발휘하여 자신의 인격을 완성하고 정체성을 유지하면서 있는 그대로의 모습대로 온전한 삶을 살기 위함이다. 성(聖)이란 인간이 자신의 인격을 완성하여 사람, 사회, 자연과의 관계에서 가장 이상적이고 바람직한 상태에 도달한 것을 의미한다. 공자는 사람의 유형을 학문과 인격 완성의 수준에 따라 보통 사람, 선비, 군자, 현인, 대성으로 구분하고 인격이 완성된 사람을 대성이라고 하였다.[370] 그리고 대성이란 지혜가 큰 도에 통하여 변화하는 상황에 적절히 대응하며 막힘이 없고 만물의 실상과 본성을 잘 분별하는 사람이라고 했다.[371] 그리고 인격이 완성된 사람을 성인, 진인, 신인, 무위진인, 무의도인, 대장부, 부처 등 다양하게

---

369) 중용 30장: 萬物竝育而不相害, 道竝行而不相悖.
370) 子曰, 人有五儀, 有庸人, 有士, 有君子, 有大聖.
371) 所謂大聖者, 知通乎大道, 應辯而不窮, 辨乎萬物之情性者也.

호칭하고 있으나 이는 모두가 같은 맥락이다. 대성(大聖), 문성(文聖), 무성(武聖), 시성(詩聖), 악성(樂聖), 의성(醫聖) 등 각 분야별·기능별 완성의 경지에 도달한 사람을 여러 가지 명칭으로 부르고 있으나 도통위일(道通爲一)이라는 관점에서 보면 모두가 자신을 완성했다는 의미이다.[372] 따라서 각자가 종사하는 직업에는 귀천, 우열이 있을 수 없다. 정치인에게는 정도(政道)가 있고, 상인에게는 상도(商道)가 있으며, 의료인에게는 의도(醫道)가 있고, 군인에게는 전도(戰道), 예술인에게는 예도(藝道), 각 직업에 따라서 각자의 도(道)가 있을 뿐이다. 오직 "도를 따르되 외물에 종속되지 않는다."라는 일관된 마음가짐으로 권력과 부, 명예 등 일체외물의 유혹을 멀리해야 한다. "오직 천하의 지극한 성실함만이 자신의 인격을 완성할 수 있고, 오직 천하의 지극한 성실함만이 도와 하나가 될 수 있다."[373]라는 교훈을 가슴에 새기고 각자 자신의 분야에서 성실하게 정진하여 인격 완성에 이르러야 한다. 그리고 인격 완성을 이루면 큰 도와 하나로 통하게 된다. 즉, 사람이 순간순간 생각하고, 말하고, 행동하는 모든 것이 자연의 운행 법도와 하나가 되는 것이다. 이것은 히말라야 최고봉에 오르는 등산로는 여러 가지지만 최고봉에 도착해 정상에서 바라본 모습은 같은 것과 유사하다. 이와 같이 인생이란 바로 정(正), 도(道), 성(聖)에 이르는 긴 여정이라고 볼 수 있다. 도를 구하고, 도를 얻고, 도를 실천하면서 살아가는

---

372)   요한복음: God called those people gods, the people to whom his message was given.

373)   唯天下至誠 爲能盡其性, 唯天下至誠 爲能化.

삶이 생각하는 사회적 동물인 인간이 가장 인간답게 살아가는 모습이며 가장 의미 있는 삶을 사는 것이다. 이것이 성현들이 고전에서 전하는 공통적인 교훈이다.

맺음말

사람은 누구나 자기 자신의 삶을 살아간다. 자기 자신을 가장 아끼고 사랑하며 자신의 이익을 극대화하기 위해 삶의 순간순간에 생각하고, 판단하고, 행동한다. 그러나 자기가 누구이며 무엇인지 올바른 이해가 부족하다. 게다가 자신을 구성하는 것 가운데 가장 귀중한 것이 무엇이며, 가장 큰 이익이 무엇인지 깊이 생각하지 않는다. 이런 까닭에 자신에 대한 사랑과 이익 추구가 핵심을 벗어나 주변에 머무르는 삶을 산다. 인간과 사회, 자연이 하나로 연결되어 무궁전변(無窮轉變)하는 삶의 현장, 인간은 세상에서 단 하나뿐인 존엄한 존재이다. 하늘이 자신에게 부여한 단 한 번뿐인 유일회성 인생을 100% 발현할 수 있도록 완전한 자아를 실현하는 것이 최선의 길이다. 그럼에도 불구하고 대부분의 사람은 현실에서 당장 보이고, 들리고, 만져지고, 느껴지는 권력과 부, 명예 등 외물(外物)을 더욱 소중하게 여기며 외물에 종속되는 삶을 산다. 무한한 능력과 가능성을 구비한 자기 자신에 대한 올바른 이해의 부족이 자기에 대한 왜곡된 사랑으로 이어지고, 눈앞의 작은이익 추구에 몰입하면서 결과적으로 자신이 본원적으로 구비한가장 소중한 본성을 사장하고 자신을 잃어버리는 소탐대실(小貪大失)의 우(愚)를 범하게 되는 것이다. 이와 같은 어리석음을 더 이상 반복하지 않도록 인류의 위대한 스승들은 선조들의 유구한 삶의 경험과 시행착오 결과를 종합하여 '도를 따르되, 외물에 종속되지 말라.'라고 요약하여 후손들에게 삶의 나침반으로 남겼다. 공자는 소인하달(小人下達)의 삶을 지양하고 군자상달(君子上達)의 삶을지향하라고 했고, 석가모니는 향진몰입(向塵沒入)의 삶을 버리고 멸진합각(滅塵合覺)의 삶을 살라고 했다. 그리고 예수도 세속적 부유함(Riches in Earth)을 추구하는 삶에서 벗어나 천국에서 부유함(Riches in Heaven)을 추구하는 삶을 살 것을 강조했다. 이는 외물을 향한 끊임없는 유혹에서 벗어나 삶의 방식을 근본적으로 바꾸면 천국은 가까이 있다는 의미이다. 문자와 표현 방법은 다르지만모두 같은 맥락의 가르침이다. 생각하는 사회적 동물인 인간이 학문을 하고 도를 구하는 이유는 이와 같은 어리석음에서 벗어나 진정한 자기 삶의 주인공으로서 자유롭고 지혜롭게 온전한 삶을 살기 위함이다. 따라서 사람은 학문에 대한 돈독한 믿음을 지니고공부를 해야 한다. 생각하는 존재, 사회적 존재, 자연의 구성원으로서 동물적 존재인 인간은 오직 학문과 구도를 통해서만 자신의 인격을 완성할 수 있기 때문이다. 그리고 학문을 하고 도를 구하는 일은 무언가에 길들여지고 익숙해지며 얽매이고 종속되는 것이 아니다. 사람이 학문을 하는 근본적 이유와 목적은 진리에 대해서 배우는 수준에 머무르는 것이 아니라, 내 인생이 진리와 하나 되어 자유롭고 자연스러우며 주체적으로 스스로 존재하는 삶을 사는 것이다.

사람은 동물적 존재이며 자연의 일부로서 물과 음식을 지속적으로 공급하지 않으면 신체적 건강을 유지할 수 없다. 세상 만물이 자신의 육체적 생명을 유지하기 위해 먹이 활동을 하듯이 인간도 물과 음식을 구하는 일을 계속하지 않고는 생존할 수 없다. 그러나 사람은 유한한 육체적 욕구를 만족시키는 것에 모든 것을 걸고 삶을 유지해서는 안 된다. 공자는 "군자는 도를 구하기 위해 노력하고 먹을 것 구하는 일에만 몰입하지 않는다. 도를 얻지 못함을 걱정하며 가난을 걱정하지 않는다."라고 했다.[374] 법구경에서도 "화려하게 꾸며진 왕의 마차도 언젠가는 부서지고 없어지며, 인간의 육신도 늙고 죽은 후에 썩어 없어진다. 그러나 현자가 남긴 진리는 결코 사라지지 않는다. 진리는 다음 현자에게 이어서 계속 전해지기 때문이다."라고 했다.[375] 이와 같은 맥락에서 학문의 목적은 인격 완성에 있지, 돈벌이에 있지 않다. 먹고사는 문제를 도외시할 순 없지만 학문은 반드시 벼슬을 할 목적으로 하는 것이 아니다.

---

374) 君子 謀道, 不謀食. 憂道, 不憂貧.
375) 老則形變, 喩如故車, 法能除苦, 宜以力學.

따라서 벼슬길에 나아가면 반드시 배운 대로 실천해야 한다.[376] 사회에 나가서 직업을 갖고 일을 하는 것도 궁극적으로는 자신의 인격을 완성하기 위한 학문의 연장선이며 수도의 과정이기 때문이다. 또한, 학문을 통한 구도의 길에 지름길은 없다. 오직 성실한 자세로 수시로 공부하고, 익히고, 생각하여 사물의 모든 이치에 통달해야 한다. 그렇게 자신을 완성하고 궁극적으로 자연의 근본 법칙에 통달하는 것이 최선의 길이다. 그리하여 인간과 사회와 자연의 존재 원리에 통달하고 자연과 하나가 되어야 비로소 학문이 완성되는 것이다. 독일 출신 시인이며 건축가로서 티베트 불교를 유럽에 소개한 라마 고빈다(Lama Anagarika Govinda, 1898-1985)는 "깨달은 사람의 마음은 우주를 포용하고, 우주는 그의 몸이 된다. 그의 몸과 마음이 우주적 마음(universal mind)과 일체가 되어 순간순간의 생각과 말, 행동이 우주적 마음이 현현(顯現)할 때 그가 하는 생각과 말, 행동은 지고한 실재(實在, true reality)의 표현이 된다."라고 했다. 순간순간의 생각과 말, 행동이 그 사람의 인격이고 시간적·공간적으로 축적된 것이 각자의 인생이다. 사람의 마음이 외물에 종속되지 않고 완전한 동적 균형을 이룬 가운데 순간순간의 생각과 말, 행동이 주위와 조화를 이룰 때 인격이 완성된다. 개인의 인격이 완성되어 온전히 발현될 때 사람과 사람, 개인과 사회, 인간과 자연 등 모든 관계에 진정한 조화와 균형이 정립된다. 그래야만 자연스러운 상태가 지속된다는 것이 인생과 관련하여 성

---

376) 學者非必爲仕, 而仕者必如學.

현들이 남긴 교훈의 결론이다. 그러나 인격 완성은 저절로 이루어지는 것이 아니다. 이 책에서 언급한 성현들이 모범을 보여 준 삶처럼 지극정성으로 성실하게 노력해야 도달할 수 있는 어려운 과정이다.

또한, 사회적 동물인 인간은 각 개인의 자질과 능력에 따라 공동체 유지를 위해 사회적 역할과 책임을 다하면서 살아가야 한다. 그러나 현대인들은 '선(先) 개인적 자질과 능력 개발', '후(後) 사회적 직책 및 역할 담당'이라는 순리에 따르지 않고, 외부의 다른 요인들에 의존하면서 권력과 부, 명예 등 외부적 유인 요인에 집착한다. 더 큰 권력, 더 많은 부, 더 높은 명예를 획득하기 위해 수단과 방법을 가리지 않고 외물에 종속되는 삶을 영위하면 반드시 위험에 빠지게 된다.[377] 그리고 학문이 인격 완성을 지향하지 않고 권력과 부, 명예를 획득하기 위한 수단으로 전락할 때, 그 사람의 인생은 외물에 종속되면서 나락으로 떨어진다. 근사록에서는 "옛사람들은 학문을 오직 자신의 인격 완성을 위해 정진하여 마침내 모든 것을 이룩하였는데, 현대인들은 오직 외물을 지향하는 학문을 하여 마침내 자신을 잃게 된다."라고 했다.[378] 필자가 본 책에서 반복적으로 언급한 바와 같이 이런 배경에서 성현들이 오직 도를 따르되 외물에 종속되지 말라는 인생의 교훈을 남긴 것이다. 그러므로 학문을 연마하여 자신의 인격과 역량을 구비하고 언행일치

---

377) 三危: 少德多寵, 才下位高, 小功厚祿.
378) 古之學者爲己, 其終至於成物. 今之學者爲物, 其終至於喪己.

를 이루어야지, 배운 것을 팽개치고 세상에 아부하는 행동은 하지 않아야 한다.[379] 고전에서는 "군자가 관직에 나아가면 국가·사회적으로 처한 어려운 문제를 해결하여 백성들의 어려움을 덜어주고 임금의 명예는 두텁게 해야 한다. 그렇게 하지 못하면서 계속 그 직위에만 머무르면 임금과 백성을 속이는 것이고 일은 잘하지 못하면서 대우만 후하게 받으면 도둑질을 하는 것과 같다."라고 했다.[380] 따라서 학문을 하면서 세상에 큰 도가 펼쳐지면 나아가서 자신이 배우고 터득한 원칙에 입각하여 자신의 직분을 성실하게 완수하여 세상을 구하고 세상 사람들과 함께 선을 구현해야 한다. 또한, 세상이 혼탁하여 자신의 밝은 도를 펼칠 수 없거나 자신의 능력이 부족하여 자신에게 부여된 직책을 감당할 수 없으면 즉시 물러나야 한다. 그리고 초야에 은거하면서 오직 자신의 인격 완성을 위해 진력하고 자신의 뜻을 보존하고 스스로 원칙에 입각한 삶을 지속하면서 학문을 완성하여 후세에 도움이 될 수 있는 가르침을 남기는 삶을 살아야 한다. 공자는 세상 사람들이 알아주지 않아도 화내지 아니하고, 오직 도를 따르면서 세상을 벗어나 은거하면서 자신의 길을 가는 것을 후회하지 않는 것이 군자의 삶이며 인격이 완성된 성인의 삶이라고 강조했다.

자연의 일부이며 원소로 이루어졌던 인간의 육체는 세상을 살다가 생물학적 수명을 다하면 자연의 물리적, 화학적, 생물학적 법

---

379) 務正學以言, 無曲學以阿世.
380) 君子進, 則能益上之譽, 而損下之憂. 不能而居之, 誣也, 無益而厚受之, 竊也.

칙에 따라 썩고 분해되어 자연으로 되돌아간다. 그러나 사람은 죽고 나면 가족과 재산, 자신이 쌓고 베푼 선행을 세상에 남긴다. 이른바 유족, 유산, 유덕이다. 가족은 자신의 생물학적 유전자를 후세에 전하기 위한 본능적 활동의 결과이다. 그러나 자신의 유전자 중 절반만 자식에게 전할 수 있다. 인간은 아버지 염색체 24개와 어머니 염색체 24개가 수정되어 48개의 염색체로 이루어진다. 이는 세포 분열을 일으키면서 새로운 유기체로 탄생한다. 따라서 자식이라도 부모와 완전히 동일한 상태가 될 수는 없고 절반만 동일한 상태인 것이다. 유산은 자신이 세상을 살면서 생명 유지에 필요한 물질적 수단으로써 확보하고 사용한 재산 가운데 남은 것을 상속의 형태로 남기는 것이다. 재산은 죽은 사람의 경제 능력에 따라 물려줄 재산이 있을 경우, 자녀에게 유산으로 상속될 수도 있고 사회에 환원할 수도 있다. 유덕(遺德)은 한 개인이 일생 동안 살아오면서 생각과 말, 행동을 통해 가족과 사회에 긍정적 영향을 끼친 모든 것을 일컫는다. 유덕은 가족과 재산이 물질적이고 유한성을 지닌 것인 데 반해 정신적이고 불멸성을 지니고 있으며 공동체 전체를 대상으로 하는 보편성을 지닌다. 이른바 삼불후(三不朽)라고 알려진 입덕(立德), 입공(立功), 입어(立語)가 그것이다. 입덕은 법을 세워 널리 써 민중을 구제하는 것을 말하고, 입공은 재난을 구제하고 어려움을 없애 그 시대를 구제하는 것을 말하며, 입언은 학문적 업적이 뛰어나 후대에 교훈을 전할 수 있는 것을 말한다.[381] 유대인들의 삶의 지혜가 종합된 탈무드에는 "인생에는 재산과 가족과 선행 등 3가지 친구가 있다. 그가 죽고 나면 가장 먼저 떠나는 것은 재산이다. 가족들은 장례식에 참석하고 그의 곁을 떠난다. 선행은 그와 함께 무덤까지 영원히 함께한다."라고 전하고 있다. 성경에서는 이것을 천국에서의 부유함(Riches in Heaven)을 추구하라고 가르치고 있다.[382] 이와 같은 맥락에서 동양과 서양 고전에서도 세록(世祿)보다 불후(不朽)가 더 귀중하고 가치 있는 일이라고 전하고 있는 것이다. 인류 삶의 역사가 진전되면서 사람들은 권력과 부를 누리고 이를 세습하기 위해 부단히 노력해 왔다. 그러나 유구한 역사가 흐르면서 삶의 경험과 교훈이 축적된 결과, 권력과 부 등 죽고 나면 썩어 없어지는 것을 갖기 위해 집착하고 노력하는 삶보다 죽은 후에도 영원히 지속하는 것을 지향하는 삶이 더 보람되고 가치 있는 삶이라는 것을 깨닫기 시작했다. 그리고 세상에서 개인은 유일한 존재이며, 사람으로서의 삶은 단 한 번 주어지며, 완성에 도달할 수 있는 잠재력은 누구에게나 동일하게 주어진다는 엄연한 사실을 깨닫게 되었다. 인생을 살면서 가족과 재산을 유족과 유산으로 남기는 것은 보통의 업적이다. 그러나 한 단계 더 나아가서 학문과 수도를 통한 인격 완성을 이루고 불후(不

---

381) 立德謂創制垂法, 博施濟衆. 立功謂拯厄除難, 功濟於時. 立言謂言得其要, 理足可傳.

382) 마태복음 6장: Rich in Heaven. Do not store up riches for yourselves here on earth, where moths and rust destroy, and robbers break in and steal. Instead, store up riches for yourselves in heaven, where moths and rust can not destroy, and robbers can nor break in and steal.

朽)와 영생(永生)의 삶을 사는 것이 인생의 가장 가치 있고 보람된 것이다. 동양과 서양을 막론하고 고대로부터 성현들의 가르침은 이와 같은 영원히 썩어 없어지지 않는 세 가지의 유덕을 남기는 것을 인생의 최고 의미 있고 가치 있는 일로 여겨왔음을 보여 주고 있다. 그리고 이것이 인간의 삶이 지구상의 다른 종과 구별되는 특별한 점이며, 이는 인간의 존엄성과 정체성을 상징적으로 보여 주는 지표이기도 하다. 따라서 인간은 자신의 본성(本性)을 완성하여 온전한 자아를 실현하기 위한 학문과 구도의 노력을 포기해서는 안 된다. 자신의 인격 완성을 포기한다는 것은 자신에게 구비된 보석을 캐내지 않고 사장하는 어리석음을 범하는 것이며, 또한 영원히 살 수 있는 길을 버리고 유한한 삶을 사는 것이다.

　21세기 인류의 삶은 농업 혁명, 산업 혁명, 정보 혁명을 거치면서 점점 더 도시화, 산업화, 복잡화되었다. 전 지구적 차원에서 축적된 과학 기술은 인간의 편의와 부의 확대를 위해 점점 더 정교한 도구 제작 및 활용에 집중했다. 이는 인간성 상실과 소외 현상 심화, 자연환경의 파괴를 불러왔다. 현대인은 인간이 만든 문명과 도구의 편리함에 길들면서 외물의 노예 상태가 되어 자연의 일부로서 본연의 모습을 상실하고도 이를 자각하지 못하는 어리석음을 범하고 있다. 또한, "도는 높을수록 편안함이 더해지고, 세는 높을수록 위험이 증가한다."[383]라는 전통적인 교훈은 점점 빛을 잃고, "권력과 부, 명예가 높고 많을수록 편안한 삶이 보장되고

---

383)　道高盆安, 勢高盆危.

도는 높아질수록 빈곤과 불편함이 증가한다."[384]라는 왜곡된 황금 만능 사상과 물질 숭배 패러다임이 심화되고 있다. 이와 연계하여 인간의 생각하는 능력을 활용하여 인간의 삶에 대한 근본적 성찰과 고민은 외면하고 원칙과 정도는 경시하면서, 수단과 방법을 가리지 않고 오직 돈을 많이 벌고 즐기는 일에 집중하고 있다. 그리고 성현들의 가르침을 운운하면 세상 물정 모르는 시대에 뒤진 사람으로 취급받는다. 인간이 생각하는 능력을 활용하여 도구를 만들고 문화와 문명을 이루는 것은 사람이 주체가 되어 외물을 지배하면서 인간다운 삶을 살기 위한 것이지, 외물에 종속당하는 삶을 살기 위한 것이 아니다. 그리고 아무리 인간 생각의 산물인 지식이 많이 축적되고 과학 기술이 획기적으로 발달해도 인간이 자연의 일부임에는 변함이 없으며, 자연의 근본 운행 법칙인 도에서 벗어난 인간의 삶은 존재할 수 없다.

인류 문명은 기존의 사상보다 더 보편적이고 창의적이고 탐구적인 것이 출현할 때 융성의 길을 가고, 부분적이고 폐쇄적이며 현실에 정체될 때 쇠퇴의 길을 걸었다. 필자가 이 책에서 제시한 동양과 서양의 대표적인 성현들이 남긴 가르침은 인간이 인위적으로 만든 기존의 역사적·사회적·문화적 축적물에 맹목적으로 종속되지 말고, 기존의 것을 현대적으로 수용하여 새롭고 창의적인 자기 자신의 것으로 재탄생시키라는 것이다. 그리고 일체외물에 종속되지 말고 스스로 주체적으로 도를 구하고, 도를 얻고, 도에 따르는

---

384) 勢高益安, 道高益貧.

삶을 살아야 한다. 개인은 세상에서 오직 하나뿐인 존엄한 존재이며, 각자의 인생은 단 한 번만 주어지는 유일회성 삶이다. 자신의 생각과 말, 행동은 각자의 인생이 되며 자연의 일부인 인간의 삶은 자연 운행의 근본 법칙인 도에서 잠시라도 벗어날 수 없다. 이와 같은 연유에서 정(正), 도(道), 성(聖)을 추구하는 삶을 인생정로로 정립하고, 각자 자신의 위치에서 근본에 힘쓰면서 도를 얻기 위해 노력해야 한다. 마침내 도를 얻고, 오직 도를 따르면서, 도에 근본을 두고 시의적절함을 유지해야 한다. 그렇게 항상 만족의 상태를 유지하고, 화를 당하지 않고, 천수를 누리는 삶이 최선이다. 그리고 이것이 생각하는 사회적 동물인 사람이 가장 인간답고 보람되게 바람직한 삶을 사는 길이다.

비록 졸저이지만 이 책과 인연을 맺는 모든 분이 행복과 천국은 각자가 종사하는 생업의 현장(現場)과 현재(現在) 삶의 모든 순간 순간에 내재되어 있으며, 그것은 도(道)가 구현되고 발현되는 순간 나타난다는 것을 깨달았으면 한다. 모두가 인생의 참다운 주인공으로서 불후(不朽)와 영생(永生)의 삶을 살아가기를 기원한다.

──────────── 참고 문헌 ────────────

- 강신주 외, 『나는 누구인가』, 21세기북스, 2016.

- 금장태, 『선비의 가슴속에 품은 하늘』, 도서출판 지식과 교양, 2012.

- 권수영 외, 「한국인, 우리는 누구인가」, 21세기북스, 2016.

- 김예호, 『한비자』, 한길사, 2010.

- 김용옥, 『중용, 인간의 맛』, 통나무, 2011.

- 김정위, 『중동사』, 대한교과서, 1987.

- 김태길, 『인간의 존엄성과 성실』, 삼육출판사, 1979.

- 김혜법, 『불교의 바른 이해』, 우리출판사, 1988.

- 노자, 『노자』, 김학주 역해, 을유문화사, 2000.

- 마아빈 토케이어, 『탈무드』, 김상기 역, 태종출판사, 1983.

- 마틴 아론슨, 『위대한 스승 예수와 노자의 대담』, 손원재 역, 주변인의길, 2001.

- 메리언 다이아몬드·재닛 홉슨, 『매직트리, 뇌과학이 밝혀낸 두뇌성장의 비밀』, 최인수 역, 한울림, 2006.

- 미야자키 마사카쓰, 『지도로 보는 세계사』, 노은주 역, 이다미디어, 2005.

- 미야자키 마사카쓰, 『하룻밤에 읽는 세계사』, 이영주 역, 중앙M&D, 2000.

- 밀알기획실, 『산은 산 물은 물의 이성철 스님』, 밀알, 1983.

- 민경국, 『경제사상사 여행』, 21세기북스, 2014.

내 인생의 나침반

- 『반야심경, 금강경, 법화경, 유마경, 회쟁론, 육조단경』, 홍정식 역해, 동서문화사, 2008.

- 박혜경, 『법화경 입문』, 범우사, 1985.

- 법구 편, 『마음의 향기를 품은 법구경』, 차평일 역, 뜻이있는사람들, 2016.

- 법정, 『산방한담』, 샘터사, 2000.

- 서종범, 『불교를 알기 쉽게』, 밀알, 1984.

- 소광희 외, 『인간에 대한 철학적 성찰』, 문예출판사, 2005.

- 손자·오자, 『(新完譯)孫子.吳子』, 김학주 옮김, 명문당, 1999.

- 순자, 『순자』, 김학주 편, 을유문화사, 2009.

- 숭산, 『선의 나침반』, 현각 편, 허문명 역, 열림원, 2001.

- 시바야마 게이타, 『조용한 대공황』, 전형배 역, 동아시아, 2013.

- 야마모토 다이스케, 『3일만에 읽는 뇌의 신비』, 박선무·고선윤 역, 서울문화사, 2002.

- 이규호, 『사람됨의 뜻』, 좋은날, 2000.

- 이기동, 『논어강설』, 성균관대학교 출판부, 2008.

- 이기동, 『대학.중용강설』, 성균관대학교 출판부, 2007.

- 이상규, 『한 권으로 보는 화엄경』, 서울, 해조음, 2016.

- 이상옥 역해, 『육도삼략』, 명문당, 2007.

- 이석호, 『인간의 이해』, 철학과현실사, 2001.

- 이종욱, 『화랑』, 휴머니스트, 2003.

- 장자, 『장자, 내편』, 김창환 역, 을유문화사, 2010.

- 주희·여조겸, 『근사록』, 성원경 역, 명문당, 2004.

- 존 보슬로우, 『스티븐 호킹의 우주』, 홍동선 역, 책세상, 1990.

- 지아우딘 사르다르·메릴 윈 데이비스, 『이슬람, 우리는 무엇을 알고 있나?』, 유나영 역, 이후, 2007.

- 지안, 『조계종 표준 금강경 바로 읽기』, 조계종 출판사, 2010.

- 최영길, 『무함마드』, 21세기북스, 2015.

- 프리초프 카프라, 『현대 물리학과 동양사상』, 김용정·이성범 역, 범양사, 2008.

- 한상복·이문웅·김광억, 『문화인류학』, 서울대학교출판문화원, 2011.

- 『한영 성경전서』, 대한성서공회, 2002.

- 한영우, 『한국선비지성사』, 지식산업사, 2010.

- 『(대역) 화랑세기』, 김대문·이종욱 역주해, 소나무, 2005.

- Chao-Chuan Chen & Yu-Ting Lee, *Leadership and Management in China*, CAMBRIDGE UNIVERSITY PRESS, 2008.

내 인생의 나침반

- EBS 〈자본주의〉 제작팀·정지은·고희정, 『자본주의 사용설명서』, 가나문화콘
  텐츠, 2014.

- Edward E. Smith 외, 『힐가드와 애트킨슨의 심리학 원론』, 장현갑 외 공역,
  박학사, 2004.

- N. J. DAWOOD, *The KORAN*, PENGUIN BOOKS, 2006.